西南林业大学经管学术文库

▶ 国家自科基金项目"农民合作社参与对乡村治理绩效的影响机理及效果研究"（项目编号：72163030）

▶ 云南省哲学社会科学创新团队"云南森林生态产品价值实现理论与实践"项目资助

中国森林生态产品价值实现理论与实践研究

张连刚◎主编

李 娅 付 伟 邱守明◎副主编

Research on the Theory and Practice of
Value Realization for
Forest Ecological Products in China

经济管理出版社
ECONOMY & MANAGEMENT PUBLISHING HOUSE

图书在版编目（CIP）数据

中国森林生态产品价值实现理论与实践研究 ／ 张连刚主编；李娅，付伟，邱守明副主编. -- 北京：经济管理出版社，2025. 6. -- ISBN 978-7-5243-0240-7

Ⅰ. F762.4

中国国家版本馆 CIP 数据核字第 20254PZ116 号

组稿编辑：郭　飞
责任编辑：郭　飞
责任印制：张莉琼
责任校对：王淑卿

出版发行：经济管理出版社
　　　　　（北京市海淀区北蜂窝 8 号中雅大厦 A 座 11 层　100038）
网　　址：www.E-mp.com.cn
电　　话：（010）51915602
印　　刷：唐山玺诚印务有限公司
经　　销：新华书店
开　　本：720mm×1000mm/16
印　　张：17.75
字　　数：273 千字
版　　次：2025 年 6 月第 1 版　　2025 年 6 月第 1 次印刷
书　　号：ISBN 978-7-5243-0240-7
定　　价：88.00 元

目　录

理论篇

1 云南省域森林康养产业竞争力组合评价模型与实证研究①

邹再进 刘 芳

摘要： 森林康养作为国内新兴产业，在践行"两山"理论以及建设美丽中国等方面将发挥至关重要的作用。以森林资源丰富，发展森林康养产业具有较大潜力的云南省为例，从资源、市场、基础条件以及环境四个方面构建森林康养产业竞争力评价指标体系，通过模糊Borda组合模型对四种单一方法的评价结果进行组合分析，结果表明：相较于其他四种评价模型，模糊Borda组合评价模型效果更优，对于省域森林康养产业竞争力评价具有较强适用性；云南省森林康养产业竞争力总体上呈现"西部及南部地区较高，东部地区较弱"的空间特征；滇西南、滇西北、滇中等区域森林康养产业竞争力较强；滇西森林康养产业竞争力相对较弱；滇东北、滇东、滇东南、滇南等区域的森林康养产业竞争力最弱，且与竞争力最强的昆明市差距悬殊。

关键词： 森林康养；模糊Borda组合模型；产业竞争力

---

① 本文发表于《生态经济》2022年第8期，全文保持发表格式。

Combination Evaluation Model and Empirical Study on the Competitiveness of Forest Health Industry in Yunnan Province

ZOU Zaijin　LIU Fang

Abstract：As a domestic emerging industry, forest health care will play a vital role in practicing the "two mountains" theory and building a beautiful China. Taking Yunnan Province, which is rich in forest resources and has great potential to develop forest health care industry, as an example, the competitiveness evaluation index system of forest health care industry is constructed from four aspects: Resources, market, basic conditions and environment. The evaluation results of four single methods are combined and analyzed through the fuzzy Border combination model. The results show that the fuzzy Border combination evaluation model is more effective than the other four evaluation models, It has strong applicability for the competitiveness evaluation of provincial forest health industry; The competitiveness of forest health care industry in Yunnan Province generally presents the spatial characteristics of "higher in the western and southern regions and weaker in the eastern region"; The competitiveness of forest health industry in southwest, northwest and middle regions of Yunnan is strong; The competitiveness of forest health care industry in western Yunnan is relatively weak; The competitiveness of forest health care industry in northeast, east, southeast and south Yunnan is the weakest, and there is a wide gap with Kunming, which is the most competitive.

Key words：forest health; fuzzy Borda combination; industrial competitiveness

森林康养作为一项新兴产业正在全国各地如火如荼地展开，其发展不仅能促进新时代生态文明观的确立和普及，也可助推实现碳达峰碳中和的目标。2015 年 1 月，习近平总书记对云南提出努力成为"生态文明建设排头兵"的战略定位，要求云南把生态环境保护放在更加突出的位置；《云南省国民经济和社会发展第十四个五年规划和二〇三五年远景目标》把碳达峰碳中和纳入全省生态文明建设整体布局，均与森林康养产业发展具有密切联系；2019 年，国内出台了第一部关于促进森林康养产业发展的专门而系统的政策《关于促进森林康养产业发展的意见》，在全国掀起了森林康养产业发展的高潮。对云南省森林康养产业竞争力进行评价，可明晰其发展优势及不足，有利于后续森林康养产业的科学有序发展，也可为后续其他省份进行森林康养产业竞争力评价提供借鉴与参考。

1 文献综述

森林康养概念于 19 世纪 40 年代起源于德国，随着工业革命持续推进，欧洲城市环境状况急速恶化，由于工作压力过大以及缺乏锻炼，很多人患上了"城市文明病"，因此德国人开始注意到森林环境的保健作用，自然疗法开始在欧洲盛行。之后"欧洲水疗之父"塞巴斯蒂安·克奈圃在巴特·威利斯赫恩镇创立了至今闻名世界的克奈圃疗法，利用森林和水进行保健和疾病的预防[1]。1982 年，日本前林野厅长官前田直登倡导引进了森林疗法，提出了森林浴的概念，成为森林康养的开端[2]。

目前学界对于森林康养产业发展十分关注，对其进行大量的调查与研究，内容不限于森林康养对于人体健康的有效性研究[3-6]、森林康养与"两山"理论转化通道研究[7]、森林康养模式划分[8] 等多个方面，相关研究已经基本成熟；对于产业竞争力，以往学者从不同维度分析了多个行业产业竞争力的影响因素[9-12]。另外在竞争力评价的研究方法上，常见采用主成分分析、灰色关联分析、模糊综合评价以及模糊层次分析方法进行竞争力实证分析[13-17]；近年开始出现 AHP-熵权法进行组合权重、熵权

TOPSIS 法进行竞争力测度，以及利用熵值法与层次分析法综合确定指标权重，利用 TOPSIS 法建立评价模型的方法[18-20]。尽管国内外学者对于森林康养以及产业竞争力相关研究已经成果丰硕，然而目前研究森林康养产业竞争力的文献却极少，对于森林康养产业竞争力评价没有合适的指标体系和方法可以运用，但现有的关于产业竞争力评价模型及方法的研究为省域森林康养产业竞争力的评价提供了一定的借鉴[21-22]。目前关于竞争力评价大多采用单一模型进行分析，但在采用不同评价模型时所得出的结论往往存在较大差异，为了克服这一缺陷，拟采用组合评价模型将多种方法评价结果进行组合分析，提升评价结果的科学性与可靠性，本研究将以森林资源丰富的云南省为例，采用组合评价模型对云南省 16 个州市的森林康养产业竞争力进行评价，验证组合评价模型的科学性与合理性，并根据评价结果精准施策。

2　评价指标体系构建

已有研究所运用的竞争力评价指标体系大多基于迈克尔·波特的钻石模型[23]或中国人民大学的国际竞争力模型[24]进行构建。钻石模型由四个关键因素和两个辅助因素构成，其中，四个关键因素分别为生产要素、需求条件、相关与支持产业、企业战略与企业结构、竞争对手；机遇和政府是两个辅助要素。而国际竞争力模型包括核心竞争力、基础竞争力和环境竞争力三个层次。由于钻石模型中的企业战略与企业结构、竞争对手、机遇和政府等多个因素在本研究中均难以量化，因此选用中国人民大学的国际竞争力模型加以修正构建云南省森林康养产业竞争力评价指标体系。其中模型中的核心竞争力即能为森林康养产业带来比较竞争优势的特有资源，其内容可能涵盖基础竞争力及环境竞争力中的部分指标，考虑到指标体系中的各层指标均要保持相对独立性，尽可能不相互重叠，因此修正模型拟选取资源竞争力、市场竞争力、基础条件竞争力、环境竞争力四个维度来构建评价指标体系。

考虑到指标体系的系统性、科学性以及数据可行性，从资源竞争力、

市场竞争力、基础条件竞争力、环境竞争力四个维度构建评价指标体系
（见表1），对不同要素的观测指标说明如下。

表1　云南省森林康养竞争力评价指标体系

一级指标	二级指标	三级指标	单位	指标属性
森林康养产业竞争力	资源竞争力	森林覆盖率	%	+
		森林蓄积量	万立方米	+
		森林面积	万公顷	+
		森林康养基地试点建设单位	个	+
		森林康养基地试点建设乡镇	个	+
	市场竞争力	城镇人口	万人	+
		城镇居民人均可支配收入	元	+
		每万人接待国内外游客人次	万人	+
		人均旅游消费	万元/人	+
		森林康养基地知名度	分	+
	基础条件竞争力	单位面积公路通车里程	千米/万公顷	+
		单位面积载客汽车拥有量	万辆/万公顷	+
		单位面积载货汽车拥有量	万辆/万公顷	+
		单位面积机场数	处/万公顷	+
		单位面积航线数	条/万公顷	+
	环境竞争力	单位面积工业废气治理设施套数	套/万公顷	+
		单位面积工业废气排放量	亿立方米/万公顷	−
		单位面积工业废水排放量	亿吨/万公顷	−
		单位面积农药使用量	万吨/万公顷	−

（1）资源竞争力。资源竞争力主要选取对于森林康养产业发展发挥
关键影响作用的物质资源，应当包括：①森林资源状况：包括森林覆盖
率、森林蓄积量、森林面积；②森林康养试点单位现状：森林康养基地试
点建设单位数量以及森林康养基地试点建设乡镇数量。

（2）市场竞争力。市场竞争力通常围绕消费者数量以及消费水平来
进行，且参与森林康养活动的群体以城镇人群居多，因此首先选用城镇人

口数以及城镇居民人均可支配收入两项指标；由于森林康养服务需求与旅游业发展具有强关联性，此处加入每万人接待国内外游客人次以及人均旅游消费两项指标；知名度在一定程度上也可以反映出本产业的市场竞争力状况，因此加入森林康养基地知名度指标。

（3）基础条件竞争力。基础条件竞争力主要选取了支撑森林康养产业发展的基础设施建设情况，反映其交通运输条件，此处均选用相对指标，以此反映各个州市的基础条件优劣，具体包括单位面积公路通车里程、单位面积载客汽车拥有量、单位面积载货汽车拥有量、单位面积机场数以及单位面积航线数量。

（4）环境竞争力。环境竞争力主要选取单位面积工业废气治理设施套数、单位面积工业废气排放量、单位面积工业废水排放量、单位面积农药使用量四项相对指标，其中单位面积工业废气治理设施套数为正向指标，其余均为负向指标。

由于云南省各个州市的人口数量和土地面积存在较大差异，为了削减在评价时因此可能导致的误差，在市场竞争力、基础条件竞争力以及环境竞争力三个层面的绝大部分指标均采用平均指标；而丰富的物质资源基础是森林康养产业发展壮大的先决条件，其对于森林康养产业竞争力发挥着关键性作用，重要性不容小觑，因此资源竞争力指标选用总量指标。

3 数据来源

研究数据主要来源于《云南统计年鉴 2021》以及云南省各州市国民经济与社会发展统计公报；森林康养基地试点建设单位以及试点建设乡镇数据源于中国林业产业联合会 2015-2020 年发布的《全国森林康养基地试点建设单位名单》；各州市机场及航线数量源于中国民用航空局发展计划司发布的《2021 年全国民用运输机场生产统计公报》；森林康养基地知名度由选取课题组成员打分取均值得来。其中森林资源数据较难获取，数据来源难以统一，所用数据为各州市统计公报、政府门户网站、各地日报等途径汇总整理而来，因此时间不相统一，但不影响整体评价结果。

4 云南省森林康养产业竞争力组合评价模型

目前，有关竞争力评价模型的研究已经相对成熟，但在采用不同的评价模型进行研究时得出的结论往往都存在一定的差异，由于运用单一的模型进行评价分析时，对决策的科学性与可靠性会有所限制，为了克服这一缺陷，本文将采用组合评价模型，运用 Kendall 协同系数法检验不同方法评价结果的一致性，继而采用模糊 Borda 法组合不同评价方法的结论[25]。

首先，为了消除量纲影响，对指标值进行规范化处理。常用的方法有建立评价等级表、简单归一化法、向量归一化法、线性比例变换法以及极差变换法。

此处采用极差变换法对原始数据进行标准化处理。

设有 m 个被评价对象，n 个评价指标，X_{ij} 为第 i 个被评价对象的第 j 个指标的数值（i=1，2，…，m；j=1，2，…，n），若 $X_j^* = \max\limits_{1 \leq i \leq m} X_{ij}$，$X_j^0 = \min\limits_{1 \leq i \leq m} X_{ij}$，则对于正向指标：

$$V_{ij} = \frac{X_{ij} - X_j^0}{X_j^* - X_j^0}（1 \leq i \leq m，1 \leq j \leq n）\tag{1}$$

对于负向指标：

$$V_{ij} = \frac{X_j^* - X_{ij}}{X_j^* - X_j^0}（1 \leq i \leq m，1 \leq j \leq n）\tag{2}$$

4.1 熵值法

熵值法即通过熵值的计算来判断某个指标的离散程度，离散程度越大说明其影响程度越大，具体步骤为：

（1）计算第 i 个评价对象第 j 个指标值在所有方案中占的比重 P_{ij}：

$$P_{ij} = \frac{V_{ij}}{\sum\limits_{i=1}^{m} V_{ij}}\tag{3}$$

（2）计算各指标的信息熵 E_j：

$$E_j = -k \sum_{i=1}^{m} P_{ij} \ln P_{ij} \quad (k = 1/\ln m) \tag{4}$$

（3）计算各指标的差异系数 G_j：

$$G_j = 1 - E_j \tag{5}$$

（4）计算各指标的权重 W_j：

$$W_j = \frac{G_j}{\sum_{j=1}^{n} G_j} \tag{6}$$

（5）计算各个评价对象的森林康养产业竞争力：

$$S_i = \sum_{j=1}^{n} W_j V_{ij} \tag{7}$$

4.2　熵权-TOPSIS 法

熵权-TOPSIS 法是指在运用熵值法确定指标权重 W_j 后，再通过 TOPSIS 法（优劣解距离法）计算各评价对象与最优解之间的相对接近度[26]，相对接近度越大，说明竞争力水平越高，其基本步骤为：

（1）将通过熵权法得出的指标权重代入公式，得到加权矩阵：

$$Z = [Z_{ij}]_{m \times n} = [W_j \times V_{ij}]_{m \times n} \tag{8}$$

（2）确定理想解 S^+ 和负理想解 S^-：

$$\begin{cases} S^+ = \max(Z_{1j}, Z_{2j}, \cdots, Z_{nj}) \\ S^- = \min(Z_{1j}, Z_{2j}, \cdots, Z_{nj}) \end{cases} \tag{9}$$

（3）计算各评价对象与理想解、负理想解之间的欧氏距离 D_i^+、D_i^-：

$$\begin{cases} D_i^+ = \sqrt{\sum_{j=1}^{n} (S^+ - Z_{ij})^2} \\ D_i^- = \sqrt{\sum_{j=1}^{n} (S^- - Z_{ij})^2} \end{cases} \tag{10}$$

（4）计算各评价对象与最优解之间的相对接近度 C_i：

$$C_i = \frac{D_i^-}{D_i^- + D_i^+} \tag{11}$$

式中：$C_i \in [0, 1]$，C_i 值越大表明省份 i 的森林康养产业竞争力水平最优。

4.3 灰色关联度法

灰色关联度法是将各州市情况与最优解相比较，得出与最优解关联度排序，其基本步骤如下：

（1）确定参考序列与比较序列。设参考序列为 $X_0 = \{X_{01}, X_{02}, \cdots, X_{0n}\}$，取值为各评价指标的最优值；第 i 个评价对象的比较序列为 $X_i = \{X_{i1}, X_{i2}, \cdots, X_{in}\}$。

（2）对参考序列与比较序列进行无量纲化处理，转换后参考序列为 $Y_0 = \{Y_{01}, Y_{02}, \cdots, Y_{0n}\}$，比较序列为 $Y_i = \{Y_{i1}, Y_{i2}, \cdots, Y_{in}\}$。

（3）计算第 i 个评价对象第 j 个指标的关联系数：

$$\xi_{ij} = \frac{\min\limits_i\min\limits_j |Y_{0j} - Y_{ij}| + \rho\max\limits_i\max\limits_j |Y_{0j} - Y_{ij}|}{|Y_{0j} - Y_{ij}| + \rho\max\limits_i\max\limits_j |Y_{0j} - Y_{ij}|} \tag{12}$$

式中：ξ_{ij} 为灰色关联系数；$|Y_{0j} - Y_{ij}|$ 为参考序列与比较序列的绝对差；ρ 为灰色分辨系数，通常取 0.5。

（4）计算灰色关联度。对各个州市分别计算其各指标与最优解对应元素的关联系数的均值，以反映各州市与最优解的关联关系，并称其为关联度：

$$\gamma_{0i} = \frac{1}{n}\sum_{j=1}^{n} \xi_{ij}(i = 1, 2, \cdots, m; j = 1, 2, \cdots, n) \tag{13}$$

（5）根据各评价对象的关联度，进行排序，得出综合评价结果。

4.4 熵权—灰色关联度法

熵权—灰色关联度法是指在完成关联系数计算之后，运用熵值法求出的各指标权重与关联系数构建成加权矩阵，进行关联度计算：

$$r_{0i} = \sum_{j=1}^{n} \xi_{ij}W_j \tag{14}$$

4.5 模糊 Borda 组合模型

模糊 Borda 法可以同时考虑不同方法所得结果的得分差异以及排名差

异，可以很好地利用已有的评价信息，将各种方法的结论进行组合，使评价结果具有较高的合理性和优越性，其具体步骤为：

（1）计算隶属优度：

$$u_{ij} = \frac{x_{ij} - \min\limits_{j}\{x_{ij}\}}{\max\limits_{j}\{x_{ij}\} - \min\limits_{j}\{x_{ij}\}} \quad (i=1, 2, \cdots, 16; j=1, 2, 3, 4) \quad (15)$$

式中：x_{ij} 表示第 i 个州市第 j 个评价方法的结果，u_{ij} 表示第 i 个州市在第 j 种评价方法下属"优"的程度，即隶属度。在运算过程中，趋于 0 的值可能会导致其结果为 0，可能会影响最终结果，因此将上式改为：

$$u_{ij} = \frac{x_{ij} - \min\limits_{j}\{x_{ij}\}}{\max\limits_{j}\{x_{ij}\} - \min\limits_{j}\{x_{ij}\}} \times 0.9 + 0.1 \quad (16)$$

（2）计算模糊频数：

$$P_{hi} = \sum_{j=1}^{4} \delta_{hi}\widehat{u_{ij}} \, (h = 1, 2, \cdots, 16) \quad (17)$$

式中：$\delta_{hi} = \begin{cases} 1, & \text{城市 i 排在第 h 位} \\ 0, & \text{其他} \end{cases}$，$\widehat{u_{ij}} = \text{diag}(u_{i1}, u_{i2}, \cdots, u_{im})$。

（3）计算模糊频率：

$$W_{hi} = \frac{P_{hi}}{\sum\limits_{h} P_{hi}} \quad (18)$$

（4）将排序转化为得分：

$$Q_{hi} = \frac{1}{2}(n-h)(n-h+1) \quad (19)$$

（5）计算模糊 Borda 分，FB_i 值越大，名次越靠前。

（6）$FB_i = \sum\limits_{h=1}^{n} w_{hi}Q_{hi} \quad (20)$

5 组合评价实证分析

5.1 各评价模型综合评价结果

熵值法、熵权-TOPSIS 法、灰色关联度法、熵权—灰色关联度法评价结果，分别见表 2 至表 5。

表 2　熵值法评价结果

地区	综合竞争力	资源竞争力	市场竞争力	基础条件竞争力	环境竞争力
	得分	得分	得分	得分	得分
昆明	0.7252	0.1300	0.1688	0.3554	0.0710
曲靖	0.2218	0.0374	0.0629	0.0625	0.0590
玉溪	0.2522	0.0389	0.0760	0.0887	0.0487
保山	0.3913	0.1200	0.0808	0.1476	0.0429
昭通	0.1830	0.0203	0.0253	0.0962	0.0411
丽江	0.5162	0.1952	0.1463	0.1232	0.0515
普洱	0.3806	0.2038	0.0726	0.0547	0.0495
临沧	0.2227	0.0453	0.0280	0.0951	0.0543
楚雄	0.3329	0.1788	0.0704	0.0288	0.0549
红河	0.2737	0.1170	0.0674	0.0439	0.0453
文山	0.1676	0.0148	0.0477	0.0518	0.0533
西双版纳	0.3631	0.0790	0.1260	0.1033	0.0547
大理	0.3052	0.0492	0.1212	0.0790	0.0558
德宏	0.3043	0.0413	0.0636	0.1463	0.0531
怒江	0.1556	0.0614	0.0332	0.0039	0.0572
迪庆	0.3110	0.1480	0.0822	0.0312	0.0497

表 3　熵权–TOPSIS 法评价结果

地区	综合	资源	市场	基础条件	环境
	C_i	C_i	C_i	C_i	C_i
昆明	0.707	0.505	0.721	0.835	0.718
曲靖	0.217	0.128	0.308	0.167	0.624
玉溪	0.248	0.126	0.332	0.225	0.586
保山	0.373	0.462	0.372	0.338	0.331
昭通	0.191	0.069	0.176	0.218	0.346
丽江	0.498	0.752	0.548	0.339	0.363
普洱	0.351	0.605	0.356	0.151	0.358

地区	综合	资源	市场	基础条件	环境
	C_i	C_i	C_i	C_i	C_i
临沧	0.225	0.156	0.135	0.251	0.397
楚雄	0.394	0.712	0.324	0.089	0.400
红河	0.276	0.457	0.295	0.121	0.386
文山	0.152	0.068	0.209	0.125	0.382
西双版纳	0.330	0.234	0.511	0.300	0.401
大理	0.259	0.158	0.506	0.176	0.409
德宏	0.285	0.137	0.284	0.338	0.434
怒江	0.168	0.204	0.209	0.019	0.398
迪庆	0.310	0.503	0.370	0.128	0.359

表 4　灰色关联度法评价结果

地区	综合竞争力	资源竞争力	市场竞争力	基础条件竞争力	环境竞争力
	γ_{0i}	γ_{0i}	γ_{0i}	γ_{0i}	γ_{0i}
昆明	0.6661	0.4943	0.7297	0.8366	0.5883
曲靖	0.4335	0.3926	0.4224	0.4248	0.5092
玉溪	0.4691	0.4088	0.4728	0.5269	0.4674
保山	0.5329	0.4878	0.4704	0.5947	0.5899
昭通	0.4381	0.3674	0.3599	0.4954	0.5524
丽江	0.6425	0.6135	0.7457	0.4746	0.7596
普洱	0.5845	0.8495	0.4492	0.3864	0.6701
临沧	0.4792	0.4518	0.3676	0.4681	0.6670
楚雄	0.5243	0.5962	0.4794	0.3736	0.6792
红河	0.4567	0.4780	0.4256	0.3899	0.5526
文山	0.4392	0.3489	0.3951	0.3777	0.6843
西双版纳	0.5739	0.5663	0.6419	0.4032	0.7116
大理	0.5282	0.4484	0.5918	0.4193	0.6844
德宏	0.4770	0.4337	0.4230	0.5096	0.5577
怒江	0.4885	0.5176	0.3740	0.3387	0.7825
迪庆	0.5636	0.6343	0.5402	0.3598	0.7593

表5 熵权—灰色关联度法评价结果

地区	综合竞争力	资源竞争力	市场竞争力	基础条件竞争力	环境竞争力
	r_{0i}	r_{0i}	r_{0i}	r_{0i}	r_{0i}
昆明	0.7347	0.1687	0.1641	0.3540	0.0760
曲靖	0.4064	0.1212	0.0935	0.1538	0.0581
玉溪	0.4341	0.1225	0.1005	0.1740	0.0575
保山	0.4954	0.1566	0.1043	0.2071	0.0536
昭通	0.4005	0.1150	0.0813	0.1697	0.0536
丽江	0.6129	0.2392	0.1634	0.1855	0.0647
普洱	0.5112	0.2422	0.1012	0.1485	0.0597
临沧	0.4203	0.1282	0.0816	0.1713	0.0605
楚雄	0.5011	0.2364	0.1023	0.1413	0.0606
红河	0.4211	0.1550	0.0937	0.1458	0.0524
文山	0.3884	0.1132	0.0873	0.1464	0.0604
西双版纳	0.4955	0.1505	0.1436	0.1638	0.0627
大理	0.4558	0.1286	0.1320	0.1559	0.0608
德宏	0.4415	0.1257	0.0934	0.1887	0.0546
怒江	0.4039	0.1409	0.0844	0.1339	0.0682
迪庆	0.4782	0.1868	0.1143	0.1422	0.0661

5.2 评价的一致性检验及组合评价

5.2.1 Kendall 协同系数法进行相容性检验

采用 Kendall 协同系数法检验多种综合评价结果是否兼容，Kendall 协同系数是用于确定两组或多组数字序列之间相关性大小的一个描述工具，能够反映出数字序列之间的内在关联度。因此，应用在多种评价方法对同一组对象评价中，能够在一定程度上体现出评价方法的内在属性。其过程为：（1）假设 H0：四种方法的评价结论不存在显著的一致性；H1：四种方法的评价结论存在显著的一致性。（2）运用 IBMSPSSStatistics 进行 Kendall 协同系数检验，观察其渐进显著性 P 以及 Kendall 协同系数值。（3）若 P < 0.05，则拒绝原假设，说明四种方法的评价结论具有相容性；Kendall 系

数取值位于 0~1 之间，越接近于 1，说明其结论一致性程度越高。进行 Kendall 协同系数检验结果显示 P 值为 0.000001，P<0.05，因此拒绝 H0，接受 H1，即四种方法的评价结论存在显著的一致性；Kendall 系数值为 0.932，说明四种方法所得综合评价结果的一致程度高达 93.2%，通过一致性检验。接下来对各个二级指标层评价结果进行 Kendall 协同系数检验，由表 6 所示的结果可知，综合排名以及资源、市场、基础、环境排名均通过一致性检验，且一致程度极高，可以将四种评价结果进行组合。

表6 一致性检验

检验对象	综合排名	资源排名	市场排名	基础排名	环境排名
P 值	0.000001	0.0000004	0.0000004	0.0000008	0.005
Kendall 系数	0.932	0.971	0.982	0.953	0.549

5.2.2 模糊 Borda 法进行综合分析

由于各个方法的计分方式不尽相同，因此在利用模糊 Borda 法进行综合分析前，需先用简单归一化法对各方法评价结果进行标准化处理。将各种方法评价结果进行标准化处理后，运用模糊 Borda 法进行对各种方法评价结果进行组合，结果如表 7 所示。

表7 Borda 法组合评价结果

地区	综合	资源	市场	基础条件	环境
	得分	得分	得分	得分	得分
昆明	120.00	68.36	115.61	120.00	86.31
曲靖	3.62	3.14	12.77	25.23	54.34
玉溪	16.24	5.86	32.81	69.54	29.08
保山	73.28	49.08	49.72	104.21	3.57
昭通	1.75	1.00	0.27	50.18	1.45
丽江	105.00	105.32	105.72	80.76	68.86
普洱	85.06	117.66	36.32	14.63	17.51

续表

地区	综合	资源	市场	基础条件	环境
	得分	得分	得分	得分	得分
临沧	14.16	15.44	0.87	50.32	34.34
楚雄	50.70	91.08	36.78	1.20	46.09
红河	16.52	44.00	20.77	7.92	8.00
文山	0.79	0.00	6.00	7.77	40.77
西双版纳	61.67	50.57	91.00	40.58	68.33
大理	31.72	19.00	78.00	28.00	64.58
德宏	21.15	10.00	13.07	82.23	18.31
怒江	5.15	29.18	3.00	0.00	93.13
迪庆	53.10	90.67	64.90	4.67	43.63

5.2.3 事后检验

为了检验模糊 Borda 法所得结果的合理性，选用综合竞争力组合评价结果与其他模型评价结果进行比较分析。由表 8 可知，模糊 Borda 法组合评价结果与其他四种方法评价结果的最大序差为 4，四种单一方法评价结果的最大序差为 7，说明模糊 Borda 法组合评价结果与其他方法评价结果存在的差异更小。

表 8   云南省森林康养产业综合竞争力（五种方法分析表）

地区	模糊 Borda 法	熵值法	熵权-TOPSIS 法	灰色关联度法	熵权—灰色关联度法
	得分	得分	得分	得分	得分
昆明	120.00	0.7252	0.707	0.6661	0.7347
曲靖	3.62	0.2218	0.217	0.4335	0.4064
玉溪	16.24	0.2522	0.248	0.4691	0.4341
保山	73.28	0.3913	0.373	0.5329	0.4954
昭通	1.75	0.1830	0.191	0.4381	0.4005
丽江	105.00	0.5162	0.498	0.6425	0.6129
普洱	85.06	0.3806	0.351	0.5845	0.5112
临沧	14.16	0.2227	0.225	0.4792	0.4203

续表

地区	模糊 Borda 法	熵值法	熵权-TOPSIS 法	灰色关联度法	熵权—灰色关联度法
	得分	得分	得分	得分	得分
楚雄	50.70	0.3329	0.394	0.5243	0.5011
红河	16.52	0.2737	0.276	0.4567	0.4211
文山	0.79	0.1676	0.152	0.4392	0.3884
西双版纳	61.67	0.3631	0.33	0.5739	0.4955
大理	31.72	0.3052	0.259	0.5282	0.4558
德宏	21.15	0.3043	0.285	0.4770	0.4415
怒江	5.15	0.1556	0.168	0.4885	0.4039
迪庆	53.10	0.3110	0.31	0.5636	0.4782

由表9可知，前四种评价模型与模糊 Borda 组合评价的 Spearman 相关系数检验值都在 0.809 以上，均通过 1% 显著性水平下的双尾检验。每一种评价模型与其他评价模型的检验系数平均值分别为 0.943、0.925、0.870、0.950、0.957，其中模糊 Borda 组合评价模型与其他模型的检验系数均值最大，直接显示组合评价比前四种方法评价效果更优（表10）。通过观察各种方法结果所得排名的序差以及各种方法两两之间的检验系数，模糊 Borda 法组合评价结果都优于其余四种模型评价结果，且所得结果较切合实际发展状况，证实其对于省域森林康养产业竞争力评价具有较强适用性。

表9 Spearman 相关系数检验

模型	熵值法	熵权-TOPSIS 法	灰色关联度法	熵权—灰色关联度法	模糊 Borda 法
熵值法	1	0.971**	0.856**	0.968**	0.976**
熵权-TOPSIS 法	0.971**	1	0.809**	0.968**	0.950**
灰色关联度法	0.856**	0.809**	1	0.888**	0.926**
熵权—灰色关联度法	0.968**	0.968**	0.888**	1	0.974**
模糊 Borda 法	0.976**	0.950**	0.926**	0.974**	1

注：上标 ** 表示在 0.01 级别（双尾）相关性显著。

表 10　检验系数均值

模型	熵值法	熵权-TOPSIS 法	灰色关联度法	熵权—灰色关联度法	模糊 Borda 法
均值	0.943	0.925	0.870	0.950	0.957

5.2.4　组合评价结果分析

从模糊 Borda 法组合评价结果可知：云南省森林康养产业综合竞争力最强的昆明（得分 120）与竞争力最弱的文山（得分 0.79）模糊 Borda 分相差悬殊，综合竞争力差异显著。云南省 16 个州市综合竞争力的平均得分为 41.24，其中 7 个州市综合得分高于平均得分，即森林康养产业竞争力水平高于平均水平的州市约占 44%；综合得分低于平均得分的州市有 9 个，约占 56%，说明一多半的州市森林康养产业竞争力水平仍然较弱。

根据模糊 Borda 法组合评价结果，运用 ArcGIS10.8win 软件绘制各州市综合得分示意图，用自然间断点分级法将 16 个州市根据森林康养产业竞争力综合得分分成五类，颜色由深到浅分别代表竞争力综合水平高低，绘制结果如图所示：

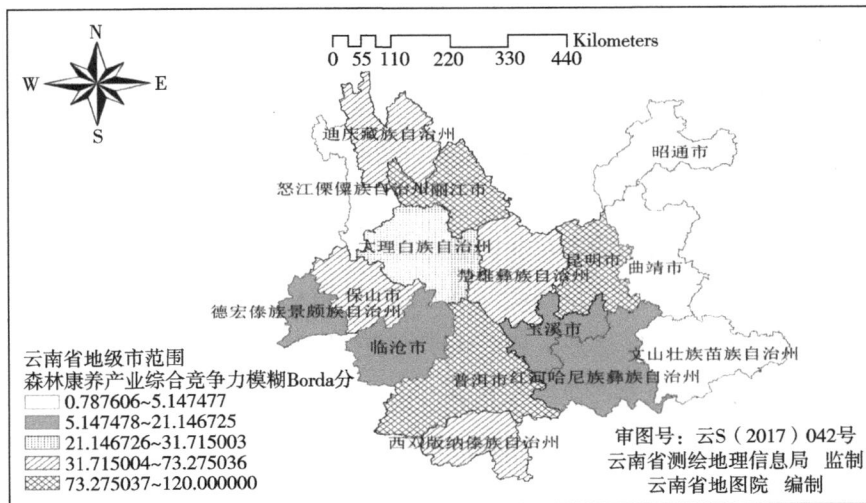

图 1　云南省各州市森林康养产业综合竞争力得分状况

从整体来看，云南省森林康养产业竞争力总体上呈现"西部及南部地区较高，东部地区较弱"的空间特征。滇西南（普洱、西双版纳、临沧）、滇西北（丽江、迪庆）、滇中（昆明、玉溪）等区域森林康养产业竞争力较强；滇西（楚雄、大理、怒江、保山、德宏）森林康养产业竞争力相对较弱；滇东北（昭通）、滇东（曲靖）、滇东南（文山）、滇南（红河）等区域的森林康养产业竞争力最弱，且与竞争力最强的昆明市差距悬殊。

根据评价结果可以看出，云南省森林康养产业竞争力较强的州市（昆明、丽江、普洱、保山、西双版纳、迪庆）均为森林资源优势明显且旅游业发展态势较好的地区。其中昆明、丽江、西双版纳各层面竞争力发展状况较为均衡；而普洱资源竞争力排名第一，但其基础条件及环境竞争力较弱；保山基础条件竞争力排名第二，但其环境竞争力排名位于 15 位，近乎垫底；迪庆基础条件竞争力排名居 14 位，发展状况也极不均衡。楚雄、大理、德宏、红河、玉溪、临沧 6 个州市的综合得分介于 14 到 51 之间，森林康养产业竞争力相对较弱。其中楚雄的资源竞争力排名第三，市场及环境竞争力排名第七，而基础条件竞争力居于 15 位，其基础条件发展状况严重阻碍了森林康养产业发展进程；怒江、曲靖、昭通、文山 4 个州市的综合得分不足 6 分，森林康养产业竞争力水平极低，且其资源竞争力水平不高，不宜发展森林康养产业。

6　结论及建议

研究以云南省森林康养产业竞争力为切入点，从资源竞争力、市场竞争力、基础条件竞争力以及环境竞争力四个维度构建评价指标体系，运用熵值法、熵权-TOPSIS 法、灰色关联度法以及熵权—灰色关联度法分别对云南省各州市森林康养产业综合竞争力以及各二级指标竞争力进行评价，而后采用 Kendall 协和系数法检验四种方法评价结果的一致程度，检验发现综合竞争力、资源竞争力、市场竞争力、基础条件竞争力以及环境竞争力均通过一致性检验检验，且一致程度极高，可以进行组合分析。利用模糊 Borda 组合模型将四种方法评价结果进行组合分析，结果表明：从各方法所得序差以及各种方法两两之间的检验系数均值来看，模糊 Borda 法组合评价结果远远优于其余四种评价模型所得评价结果，且评价结果更加贴近现实情况，其对于省域森林康养产业竞争力评价具有较强适用性，实现了单一评价模型的优势互补，可为省域森林康养产业竞争力评价提供一定的借鉴。

根据模糊 Borda 法所得结果可以看出云南省森林康养产业竞争力总体上呈现"西部及南部地区较高，东部地区较弱"的空间特征；滇西南（普洱、西双版纳、临沧）、滇西北（丽江、迪庆）、滇中（昆明、玉溪）等区域森林康养产业竞争力较强；滇西（楚雄、大理、怒江、保山、德宏）森林康养产业竞争力相对较弱；滇东北（昭通）、滇东（曲靖）、滇东南（文山）、滇南（红河）等区域的森林康养产业竞争力最弱；昆明、丽江、普洱、保山、西双版纳、迪庆为综合竞争力排名前六位的州市，模糊 Borda 分均高于 50 分，发展态势及发展潜力最为乐观，是云南省森林康养产业发展的先锋队，而曲靖、昭通、文山等地的模糊 Borda 分不足 4 分，与昆明等地差异悬殊。结合各层面竞争力得分情况来看，昆明、丽江、西双版纳发展状况较为均衡，各方面发展态势良好；普洱、保山、迪庆、楚雄虽然综合得分较高，但发展不均衡现象较为突出；而怒江、曲靖、昭通、文山在四个准则层排名几乎全部垫底，不适宜发展森林康养产业。根据以上研究结果，针对各个州市在森林康养产业发展中的不足之处，建议如下：

（1）各州市应注重各方面竞争力的均衡发展。森林康养产业发展壮大需要多方面因素支撑，任何一层条件的欠缺都将阻碍森林康养产业的发展进程。各州市应针对自己的不足向竞争优势区域借鉴经验，补齐森林康养产业发展的短板。对于森林康养各层竞争力发展不均衡的州市（如普洱、保山、迪庆、楚雄），应针对其弱势采取相应提升举措：普洱、迪庆、楚雄应保持其资源竞争力优势，同时当地政府应提升基础设施建设水平，改善交通条件，为森林康养产业发展提供强有力的支撑；普洱、保山环境竞争力的提升则需要注重环境保护，加大节能减排宣传力度，为森林康养发展营造良好的环境。

（2）政府应加大其政策扶持力度，制定相应的帮扶措施，助力各州市的森林康养产业发展。一要加大基础设施建设资金投入力度，改善公共交通设施，提升运输服务水平，提高安全保障能力，加强医护人员力量，提升医疗环境，为森林康养产业发展保驾护航；二要不断加强综合服务设施建设，合理规划现有的服务设施，并逐步加强星级酒店、餐厅、游步道、公共厕所以及游客集散中心的建设，且加强对旅行社的规范化管理；三要加强校企合作，加大林业专业人才的培养力度，同时对相关专业人才就业提供一定的补助或采取相应的激励措施。

（3）森林康养产业竞争力较强的昆明、丽江、普洱、保山、西双版纳、迪庆均为森林资源优势明显且旅游业发展态势较好的地区，说明森林康养产业发展与旅游业兴衰有着紧密的联系，应注重各区域森林康养与旅游业及相关产业的融合发展，同时周边地区的医疗、养老、娱乐等多个产业的互动共融也会与森林康养产业形成强大合力，成为一个优质产业群；同时对于资源竞争力排名垫底的州市，如玉溪等，在推动森林康养产业发展过程中不宜用力过猛，由于其基础资源状况相对较差，因而其森林康养产业只宜适度规模和特色化发展。

参考文献

[1] 张志永，叶兵，刘立军，等．森林疗养发展历程与特征分析及研究展望[J]．世界林业研究，2020（4）：7-12.

[2] 南海龙，王小平，陈峻崎，等．日本森林疗法及启示[J]．世界林业研究，2013（3）：74-78.

[3] Morita E, Imai M, Okawa M, et al. A before and after Comparison of the Effects of Forest Walking on the Sleep of a Community-based Sample of People with Sleep Complaints [J]. BioPsychoSocial Medicine, 2011, 5（1）：1-7.

[4] Lee J, Tsunetsugu Y, Takayama N, et al. Influence of Forest Thera-

py on Cardiovascular Relaxation in Young Adults ［J］. Evidence-Based Complementary and Alternative Medicine，2014（2）：234-239.

［5］ Bang K S，Kim S，Song M K，et al. The Effects of a Health Promotion Program Using Urban Forests and Nursing Student Mentors on the Perceived and Psychological Health of Elementary School Children in Vulnerable Populations ［J］. International Journal of Environmental Research and Public Health，2018，15（9）：58-69.

［6］ Kim H，Lee Y W，Ju H J，et al. An Exploratory Study on the Effects of Forest Therapy on Sleep Quality in Patients with Gastrointestinal Tract Cancers ［J］. International Journal of Environmental Research and Public Health，2019，16（14）：2449.

［7］ 孙一，牟莉莉，江海旭，等．供给侧改革推进森林康养产业化发展的创新路径 ［J］. 湖南社会科学，2021（1）：72-79.

［8］ 李甜江，马建忠，王世超，等．云南森林康养典型模式研究 ［J］. 西部林业科学，2020（3）：60-65.

［9］ 蓝庆新，窦凯．中国数字文化产业国际竞争力影响因素研究 ［J］. 广东社会科学，2019（4）：12-22，254.

［10］ 刘丽君．我国商贸流通产业竞争力评价及影响因素研究 ［J］. 商业经济研究，2018（24）：153-156.

［11］ 姚宽一，金维兴，王战宏．中国建筑业产业竞争力关键影响因素分析 ［J］. 建筑经济，2007（4）：1-4.

［12］ 甘俊伟，杨龙，李进军．基于 DEMATEL 的川藏旅游产业竞争力影响因素研究 ［J］. 干旱区资源与环境，2017（3）：197-202.

［13］ 王杜春，刘雪华．旅游产业竞争力影响因素实证分析——以黑龙江省为例 ［J］. 商业时代，2014（35）：143-145.

［14］ 薛琨．山东省体育产业竞争力影响因素研究 ［J］. 山东体育科技，2014（4）：34-37.

［15］ 杨丽，付伟，凡哲，等．云南省绿色产业竞争力评价与空间分

布态势研究［J］. 林业经济，2020（12）：70-82.

　　［16］胡红安，刘丽娟. 我国高技术产业竞争力的主导影响因素分析
［J］. 经济问题探索，2014（5）：45-49.

　　［17］陈雪钧，李莉. 旅游养老产业竞争力评价——以十三个旅游养
老目的地为例［J］. 企业经济，2018（4）：133-139.

　　［18］纪培端. 我国体育产业竞争力评价与实证研究——以江苏省为
例［J］. 调研世界，2019（12）：46-50.

　　［19］徐菱，丁小东，陈佳，等. 成都轨道交通产业竞争力水平综合
评价研究［J］. 铁道运输与经济，2021（7）：65-71.

　　［20］张震，刘佳. 中国省域在线旅游竞争力评价与发展类型识别
［J］. 统计与决策，2020（22）：185-188.

　　［21］尹政清，白京羽，林晓锋. 我国各区域生物产业竞争力评价及
实证分析［J］. 生物工程学报，2020（10）：2216-2225.

　　［22］毕凌燕，李紫忆，李丹丹. 我国省域跨境电商产业竞争力评价
与聚类分析［J］. 商业经济研究，2019（14）：78-81.

　　［23］王军，井业青. 基于钻石理论模型的我国绿色产业竞争力实证
分析——以山东省为例［J］. 经济问题，2012（11）：36-40.

　　［24］杨雪星. 中国绿色经济竞争力研究［D］. 福州：福建师范大
学，2016.

　　［25］曾伟，田时中，田家华. 科技期刊学术影响力综合评价模型与
实证［J］. 中国科技期刊研究，2016（3）：316-323.

　　［26］王刚，陈伟，曹秋红. 基于 Entropy-Topsis 的林业产业竞争力
测度［J］. 统计与决策，2019（18）：55-58.

2　中国森林食品标准重构探讨①

刘文畅　彭志远

摘要：发展森林食品是"两山"理论的重要实践，森林食品标准对森林食品产业健康发展起到关键作用。森林食品现行标准体系存在 3 个主要问题：基础性标准缺位；团体标准裂化且缺乏有效性；森林食品品质定位不清晰。因基础性标准缺位必然导致标准裂化，现行标准缺少对森林食品的准确定位，重构标准成为必然。重构森林食品标准的关键是将森林食品定位为"具有森林元素的有机食品"，以有机食品标准为基准，重构森林食品行业标准，在此基础上发展地方标准、团体标准。

关键词：森林食品；有机食品；标准；重构

Discussion on the Reconstruction of Forest Food Standards in China

LIU Wenchang　PENG Zhiyuan

Abstract：The development of forest food is an important practice of the "Two Mountains" theory, and forest food standards play a key role in the

---

①　本文发表于《林业经济问题》2022 年第 5 期，全文保持发表格式。

healthy development of the forest food industry. There are three major issues with the current standard system for forest food: a lack of basic standards; fragmented and ineffective group standards; and an ambiguous quality positioning of forest food. Due to the lack of fundamental standards, it is inevitable that standards are fragmented, and the positioning for forest food are ambiguous. Therefore, it is vital to reconstruct standards. The key to reconstructing forest food standards is to position forest food as "organic food with forest elements", basing forest food standards on organic food standards, then developing local and group standards on this basis.

Key words: Forest food; Organic food; Standards; Reconstruction

随着经济的快速发展和生活水平的逐步提高,人民对美好生活的需要日益增长,和谐自然、"两山"理论等观念深入人心,消费者对饮食的需求逐步从解决温饱问题转变为期望食物更加绿色、有机、生态。1987 年,中国开始对生态农业进行理论学习和实践探索,出台众多生态农业相关的新政策,促进中国农业生态转型[1-5]。在此过程中,"森林食品"作为生态农业实践的产物出现。"森林食品"最早于 2003 年被浙江省明确提出,是指同森林环境密切相关,符合人类自然、环保、清洁等生产技术要求,生态、优质、营养的食用林产品,主要包括森林粮油、森林果蔬、森林饮料、森林药材等。在经济快速发展,生态环保与绿色发展等理念广泛传播的背景下,森林食品作为兼具经济效益、生态效益、社会效益的安全优质食品,却未被消费者所熟知,获得绝对竞争优势。对此,学者们展开了相关研究:有学者从与国际接轨、通过森林认证增加森林食品价值的角度为其发展提出建议[6-8],也有学者对森林食品的发展状况做了实证分析,发现森林食品产业存在资源利用不足、管理粗放、质量安全等问题[9-11],少数学者针对森林食品进行相关理论研究[12-17],但针对森林食品标准的研究相对缺乏。距离森林食品首个行业标准建立已有 16 年,其发展变化如何、现行标准是否符合当下消费需要、是否成为阻碍森林食品获得竞争优势的因素，值得分析探讨。

1　中国森林食品标准的建立与发展

2003 年，得到国家林业局的批复同意后，浙江省参照国际森林认证规范，开展森林食品认定（证）、森林食品基地建设等实践活动，建立起包括《森林食品总则》《浙江省森林食品系列标准》等监管标准。

国家林业局于 2006 年 8 月发布了第一个有关森林食品产业的行业标准 LY/T 1678-2006《森林食品　产地环境通用要求》；于 2007 年 6 月发布了 LY/T 1684-2007《森林食品　总则》。2006-2015 年，国家林业局几经发布、更新森林食品相关行业标准，但 2014 年前发布的标准除薇菜干、榛蘑菇干制品两项产品标准外，其余的行业标准都在 2018 年被废止，上述两项明确森林食品定义、规定环境基准要求的标准也在废止之列。

2021 年 6 月，国家林业和草原局颁布林业行业标准 LY/T 3265-2021《食用林产品质量追溯要求　通则》，对食用林产品的质量安全问题提出新要求，但标准内容没有涉及森林食品的基本定义和发展方向，不能为森林食品的发展确定方向、奠定基础。

另外，中国林业生态发展促进会（以下简称为林促会）和中国林业产业联合会（以下简称为中林联）分别在 2016 年和 2020 年首次发布由团体设立的生产、加工、标志使用等方面的相关标准，并不断更新。现行有效的团体标准都是 2020 年发布的，这些标准的具体信息按照标准等级分类并按照发布日期排序如表 1 所示。

表 1　森林食品相关标准现存状态

标准编号	标准名称	发布日期	标准状态	备注	标准等级
LY/T 1678-2006	森林食品　产地环境通用要求	2006-08-31	已经废止	被 LY/T 1678-2014 替代	行业标准
LY/T 1684-2007	森林食品　总则	2007-06-04	已经废止	被公告废止	行业标准

标准编号	标准名称	发布日期	标准状态	备注	标准等级
LY/T 1777-2008	森林食品 质量安全通则	2008-09-03	已经废止	被公告废止	行业标准
LY/T 2134-2013	森林食品 薇菜干	2013-03-15	现行有效		行业标准
LY/T 2133-2013	森林食品 榛蘑菇干制品	2013-03-15	现行有效		行业标准
LY/T 2132-2013	森林食品 猴头菇干制品	2013-03-15	已经废止	被公告废止	行业标准
LY/T 1678-2014	食用林产品产地环境通用要求	2014-08-21	已经废止	被公告废止	行业标准
LY/T 2507-2015	森林食品基地认定技术规程	2015-10-19	现行有效		行业标准
LY/T 3265-2021	食用林产品质量追溯要求通则	2021-06-30	现行有效		行业标准
T/LYCY 008-2020	国家森林生态标志产品 森林生态食品 总则	2020-03-31	现行有效		团体标准
T/CEDA 003-2020	森林食品认证技术规范:生产	2020-07-25	现行有效	替代 T/CEDA 003-2019	团体标准
T/CEDA 004-2020	森林食品认证技术规范:加工	2020-07-25	现行有效	替代 T/CEDA 004-2019	团体标准

说明:根据全国标准信息公共服务平台(samr.gov.cn)的统计信息整理。

2 重构中国森林食品标准势在必行

2.1 中国森林食品基础性标准缺位

通过查阅现行有效的标准,可以发现部分现行标准援引了已经被废除的行业标准。例如,LY/T 2134-2013《森林食品 薇菜干》引用了 LY/T 1678-2014《食用林产品产地环境通用要求》,LY/T 2507-2015《森林食品基地认定技术规程》引用了 LY/T 1684-2007《森林食品 总则》。通常,引用标准的废止不足以影响标准的全部法律效力,其他没有引用废止标准的内容可以正常发挥其效用。但森林食品被废止的标准所具有的基础性，特别是规定了森林食品定义的《森林食品 总则》和规定了产地环境标准的《食用林产品产地环境通用要求》的基础性，使得引用废止标准的现行标准基本丧失法律效力。若仔细审查状态为"现行有效"的森林食品相关标准的有效性，很多标准因为引用了已废止的基础性标准而难以发挥效用。所以，能被其他产品标准、技术标准引用，规定森林食品定义、森林食品产地环境等核心条件的基础性标准是不可或缺的。只有建立这样的基础标准，才能保障整个森林食品标准体系的法律效力。

2.2　中国森林食品团体标准存在裂化问题

同一领域内团体标准的混乱和分散将会产生团体标准的裂化问题[18]。根据两项团体标准，森林食品是指遵循可持续经营原则，来自良好森林环境，符合技术规范要求，具有原生态、无污染、健康、安全等特性的各类可食用林产品；森林生态食品是指来自良好森林生态环境和健康森林生态系统，绿色、安全、健康的各类可食用林产品。结合两项团体标准的具体内容，可以发现森林食品和森林生态食品都是对 2003 年由浙江省首创的"森林食品"概念的继承和发展，二者皆追求生产过程中投入品的减少、人工干预的降低，希望获得生态、自然的林下食品。因此可以认定两项团体标准属于同一领域——森林食品。但二者在范围认定、产地环境、生产过程等方面确有较大差异。

第一，森林食品范围认定。林促会将森林生态食品划分为植物源食品、动物源食品和食用菌三大类，进而再次分类，每一条都包含"及其制品"；中林联直接将森林食品划分为 11 个类别，并且没有与"其制品"相似的表述，因此对于森林食品的再制品是否属于森林食品，两项团体标准存在矛盾。

第二，产地环境。面对经营区域，林促会要求"在 36 个月内，没有使用过化肥、农药（包括生物药剂）、除草剂、生长调节剂和饲料添加剂等物质"，要求"从常规种植向森林食品种植转换需两年以上转换期""生物多样性等级需达到一般等级以上"，而中林联的标准中并无同样或类似描述。面对水环境质量,林促会只要求灌溉用水符合 GB 5084-2005 农田灌溉水质标准,但中林联分别对地表水、地下水、灌溉用水、动物养殖用水、食品加工用水分别引用了不同的国家标准。因此,两项团体标准在产地环境方面的要求较为分散。

第三,生产过程。对于植物原料生产中肥料的使用,林促会要求"不得使用化肥",中林联则有"必须施用无机肥时应……"的表述;对于动物养殖过程中的疫病防治,林促会规定"利用天然水域及林草等天然饵料,按照近自然的养殖模式进行养殖",中林联则表示"……不足时应补种饲料作物或采集林外天然饲料"。因此,两项团体标准在生产过程方面互相矛盾。

因为根据两项团体标准获得的产品虽然有品质差别,但同属"森林食品",更重要的是两种标准难分优劣。两项标准的混乱、分散和矛盾产生了森林食品团体标准裂化问题,进而产生了标准使用者选择困难、消费者品质判断困难、团体标准扩散受阻等问题。

2.3 中国森林食品团体标准缺乏有效性

第一,现行团体标准缺乏可操作性。例如,对源自森林的蜂及其相关产品的生产,两项团体标准均没有针对性的具体标准。若使用森林食品标准中"养殖"部分或森林生态食品标准中"森林动物原料生产"部分的标准指导生产,则会因为蜂及其相关产品与众多动物养殖过程的差异性导致难以对其生产过程做到有效控制和规范,并且两项标准中均缺少对该产品质量的相关量化指标,使得产品品质不能得到有效监督和评价,严重降低了标准的可操作性。

第二,现行团体标准缺乏探索性和引导性。团体标准作为国家标准、行业标准、地方标准的补充,承担着即时反映市场需求,高效推广的责任重担[19],因此不仅需要紧密结合行业发展水平、市场变化趋势,紧跟科技发展、运用科技成果,还通常严于国家标准和行业标准,以此引领行业高质量发展。但森林食品的两项团体标准仅仅将强制性食品安全国家标准作为质量检验标准,难以与绿色食品甚至是普通食品分出优劣,遑论反映市场需求，促进产品品质提升；并且林促会制定的森林食品标准在几经更替后，依然引用已废除的行业标准，而非重新制定基础标准，难以为将来国家标准、行业标准的制定发挥探索和引导作用。

2.4　中国森林食品品质定位不清晰

林促会认为森林食品比有机食品更高级、更优质。因为生产标准对农药、化肥等生产投入品的限制不同，有机食品与绿色食品区别鲜明、高下立见，但森林食品和有机食品并非如此。首先，森林食品虽"无人工合成添加物"，但生产过程有人工参与，不是绝对的天然，因此不能将天然与否作为森林食品和有机食品的优劣判断标准；其次，通过将森林食品标准和有机食品标准进行多维比较，发现在具体维度上二者的品质互有高低、难分优劣。所以林促会对森林食品的品质定位等级和其标准规定的产品品质存在矛盾，森林食品品质定位不清晰。

第一，产品质量。森林食品标准在生产过程中要求"天然"，但对多数产品质量无量化要求，其标准制定理念可以概括为"重过程"。有机食品标准虽然允许生产过程中有人工参与痕迹，但同时设置了参与限制和生产标准，为后续产品等级的确定、质量的检测和追溯提供依据，其制定理念可以概括为"重结果"。因森林食品缺乏量化指标，也就无法通过数据判断二者的优劣，又因食品安全质量难以通过主观感受判断。所以，从产品质量角度也就无法分辨森林食品和有机食品的高下。

第二，生产过程。除去良好的森林环境这一特殊条件，虽然森林食品标准和有机食品标准在转换期、空气环境质量、化肥的使用和有害生物防治等方面的要求严格程度不同（表2），但综合评价整个生产过程，无法得出森林食品生产过程标准高于有机食品的结论。

表2　森林食品、有机食品标准的简要对比

	森林食品	有机食品
转换期	从常规种植向森林食品种植转换需两年以上转换期	由常规生产向有机生产发展需要经过转换，经过转换期之后的产品才可作为有机产品销售（植物、饲料、地块等的转换期各不相同）

	森林食品	有机食品
空气环境质量	无	GB 3095-2016 环境空气质量标准
化肥	不得使用化肥	投入品中不应含有致害量的化学合成物质（异生化合制品）；仅在其性质完全与自然界的物质相同时，才允许使用化学合成物质
有害生物防治	不得使用杀虫剂、除草剂、植物生长促进剂等各类药剂	使用植物保护品时，应符合表 A.2（包含杀虫剂、杀菌剂、植物生长调节剂等）的要求

说明：表格是根据标准 T/CEDA 003-2019[20] 和 GB/T 19630-2019[21] 整理的。

第三，认证后的检查。森林食品的认证依据《森林食品认证管理办法》要求林促会对森林食品认证工作每年至少进行一次审核，而有机食品不仅认证有效期仅仅只有 1 年，且要求"同一认证的品种在证书有效期内如有多个生产季的，则每个生产季均需进行现场检查""认证机构还应在风险评估的基础上每年至少对 5% 的获证组织实施一次不通知的现场检查"，并且限制"对同一认证委托人的同一生产单元不能连续 3 年以上（含 3 年）委派同一检查员实施检查"。因为认证本质上是一种质量控制，而且是其中关键的一环[22]，所以可以推论，满足有机食品认证条件的产品，其质量控制水平普遍优于森林食品。

综合 3 个方面的对比，可以发现森林食品的品质定位等级和其标准规定的产品品质间的矛盾。因此，相同的方法将森林生态食品的标准内容与有机食品、绿色食品的标准内容进行比较，也难以在 3 种食品之间分出优劣高下。品质定位不准确不仅会产生虚假宣传的隐患，还可能给森林食品产业发展带来阻碍。因为绿色产业体系重视标准和市场对接[23]，不清晰的品质定位将与消费者体验产生冲突，不利于品牌形象的建立；又因为影响消费者支付意愿的因素包括消费者对优质食用农产品质量标准的认知[24-25]，不清晰的品质定位还会降低消费者的支付意愿，缩减市场份额。

3 中国森林食品标准重构具有必要性

3.1 基础性标准缺位必然导致标准裂化

团体标准裂化且缺乏有效性，究其源头依然是森林食品基础性标准体系的缺位。第一，诸如森林食品定义、森林食品产地环境等基础内容没有行业标准进行规定，没有成为业内共识，自然导致团体标准裂化。第二，团体标准受制于团体成员的专业知识、标准制定经验，在无基础性标准可以参考的情境下，其有效性必然受损。第三，团体标准不是左右消费者购买产品倾向的主要因素[17]，其影响力有限。缺少决定森林食品发展方向的标准，现行标准只能引用已废止的标准，今后制定行业标准、团体标准同样缺少根基，彼此间很难达成共识。因此，亟须重构基础性标准。

3.2 定义决定品质定位

中国现存的 2 个森林食品团体标准缺少清晰的品质定位，制定森林食品标准的第一要义是要明确品质定位。从各个食品标准的内容要求来看，一种定位方法是将森林食品品质定位高于有机食品，另一种定位方法是将森林食品的品质定位等同于有机食品。

分析森林食品和有机食品的基本要求可以发现，二者生产发展的核心理念完全一致，二者具备使用同一标准底线的基础。国际有机农业运动联盟将有机农业定义为一种能维护和延续土壤、生态系统和人类健康的生产体系；其核心是建立、恢复农业生态系统的生物多样性和良性循环[26]；遵循当地的生态节律，不依赖会带来不利影响的投入品，促进自然界所有生物的和谐共生是有机农业需要遵循的重要原则，有机食品也被称为生态食品[27]。这与森林食品、森林生态食品产业发展的核心理念完全一致，即在不破坏森林生态环境的条件下追求高质量的可食用林产品，因此森林食品和有机食品具备使用同一标准底线的可能。因为不论是何种类别的品牌产品，其考核定级的核心指标还是产品的质量[28]，所以森林食品和有机食品对产品品质的相同追求使得制定森林食品标准时应牢牢把握与有机食品标准相同的最低底线，不能随意更改、任意模糊。

鉴于有机食品的相关标准并不是孤立的、片面的，而是团体标准、地方标准、国家标准的有机结合体，它不仅包含一般产品所需满足的生产、加工、标志与管理体系要求，还包括具体产品需要满足的栽培、加工、编码等方面的技术规范，所以森林食品标准至少应以有机食品的相关标准为参考依据,多层次、多角度重构森林食品标准体系,而非孤立地、片面地建立标准。

此外,已废止标准受制于生态保护理念、科技发展水平、经济发展水平等因素,其内容具有时代的局限性。例如,随着互联网的发展、科技水平的提高,众多新技术、新方法开始运用于森林健康的评价[29-32],是使用遥感等技术在内的新技术,还是沿用以小班为调查单元的人工方式判断森林的健康等级,成为完善已废止标准不可避免的问题。如果采用新技术、新方法,那它们在森林食品标准中的使用方式、测量结果等内容需要逐一研判,无异于重构标准。《中华人民共和国标准化法》于 2017 年 11 月通过修订,并于 2018 年 1 月开始实施,此前不具有法律效力的团体标准地位发生变化,标准体系中国家标准、行业标准、地方标准和团体标准的相应职能也有所改变。时代的限制注定已废止标准的制定理念和标准内容与当下的生产实践、市场需求存在矛盾,与其在原有内容上修订、增减以期符合新需要,不如打破陈旧框架、全面革新。

4 森林食品标准基础性体系的重构原则

重构森林食品标准是一项需要综合多维信息、联系理论和实际、跨学科合作的任务,难以在短期内对重构任务做出具体规划,因此首先需要构建森林食品标准的基础性体系。基于重构森林食品标准的必要性,在重构森林食品标准体系时,建议遵循"行业标准明确基础标准,地方标准确定具体指标,团体标准引领发展风向"的原则。

4.1 行业标准明确基础标准

确立全国统一的森林食品概念、制定统一的森林食品标准是森林食品能够被广泛认可和广泛推广的重要一步,是建立森林食品市场、发展森林食品产业的重要前提。行业标准体系中存在"引用废止标准"以及"团体标准裂化且缺乏有效性"等问题,皆是因为缺乏全国统一的基础性标准。鉴于中国东临太平洋,西接亚欧大陆腹地,纵跨五大气候带,气候地貌丰富多变的特点,在行业标准中制定全国适用的具体指标,涉及的指标数量会很多，这不仅会使标准重构困难，还会导致标准执行困难[33]，给森林食品产业的发展造成阻碍。所以，行业标准的重构目标应为界定森林食品的概念与相关术语内涵，确定森林食品产地环境、生产加工、包装运输、产品认证、标志使用以及质量追溯体系等方面的基本要求，建立指标框架，对森林食品的产业发展、品牌建立发挥通用性的基础作用。

4.2 地方标准确定具体指标

因行业标准已经为森林食品的概念、相关术语和基本要求做出界定，所以地方标准应在此基础之上，着眼于森林食品生产过程与质量检测等方面的具体工作，如各省（区、市）应结合地域特点和产品优势，因地制宜建立地方标准，关注阻碍区域森林食品发展的关键性指标，建立备选指标，解除限制本地森林食品产业发展的具体障碍，对森林食品的产业发展、品牌建立发挥特色性的促进作用。有学者将原则清晰、指标简洁、因地制宜、操作容易作为生态农业制度构建需要遵循的方法[34]，重构地方标准时同样值得注意。

4.3 团体标准引领发展风向

地方团体和倡议是对不可持续的全球化农产品工业食品生产体系的可能替代方案[35]。因此，当行业标准和地方标准的规范作用起效后，团体标准应当根据生态农业学理论、可持续发展理论等理论的前沿成果和农业科技的最新成果，以科学的方式制定有效的内容，并且在行业标准和地方标准的基础上，对森林食品提出更高要求，以试点的形式检验标准的合理性、可实施性，对森林食品的产业发展、品牌建立发挥创新性的导向作用，引领森林食品标准的发展风向，促进森林食品高质量发展。

5 森林食品品质定位重构为"富有森林元素的有机食品"

针对森林食品标准品质定位不清晰的问题，结合森林食品发展的制约条件和发展现状，可以将森林食品定位为"富有森林元素的有机食品"。即对森林食品的定位不再高于有机食品，而是和有机食品融合，让森林食品成为有机食品的一部分。

5.1 原定位的缺点

品质定位不清晰会带来虚假宣传的隐患、品牌建立的困难以及消费市场的萎缩，且盲目追求高标准、高定位不利于森林食品的推广。据2021年中国国家认证认可监督委员会出版的《中国有机产品认证与有机产业发展报告》，2020年中国有机作物中，谷物的生产面积最大，为115.4万hm^2，占有机作物生产面积的47.5%，产量为961.0万t。根据国家统计局2021年发布的《中国统计年鉴》，2020年谷物总播种面积为9.8万hm^2，产量为6.2亿t。经计算，有机谷物占全部谷物播种面积的比例不足1.18%，产量的比例不足1.56%，由此可见有机产品的推广之难。森林食品的生产面积本就因为"森林"元素注定远远小于有机作物，若设定比有机产品标准更高等级的标准，只能导致森林食品产量不足、市场难以形成、品牌无法建立等问题，进而出现生产者动力不足、森林食品生产投入降低、市场萎缩的恶性循环。

5.2 新定位的科学性

首先，虽然现行标准下森林食品和有机食品的品质难分高下，但根据对森林食品和有机食品基本要求的分析，二者对产品高质量、生态可持续的追求基本相同，二者具备融合统一的基础。

其次，已有研究表明消费者对不同食品认证标志的支付意愿不同，有机食品标志的支付意愿更高[36]。将森林食品定位为有机食品，不仅可以解决消费者对森林食品的质量认知问题，还可以获得有机食品的品牌溢价。

最后，中国的森林食品曾经难以作为认证后的非木质林产品进入国际市场，除了生产过程中大量使用化肥、农药，还因为发展中国家的认证体系曾长期不被看好[7]。目前，中国已经完成了有机标准和法规体系的制定，构建了完整的组织框架[37]，得到多方国际主体的认可。根据中国国家认证认可监督委员会发布的2021年度《中国有机产品认证与有机产业发展报告》，2020年中国有机产品出口贸易额13.4亿美元，已成为国际食品贸易市场的宠儿。因此，有机食品可以成为森林食品进入国际贸易市场的快速通道，助力森林食品参与国际市场贸易。

6　讨论

重构森林食品标准的建议主要从促进森林食品产业发展的角度出发，仅仅针对森林食品标准体系的重构原则和可能的新定位提出相应建议。对于行业标准中关键指标的选取原则，地方标准中具体指标的制定以及备选指标的选择标准，团体标准间的关系处理等问题未进行深入讨论。此外，对于将森林食品作为有机食品生产和标准化是否会对森林生态环境产生不良影响缺乏自然科学角度的技术评价。有学者研究认为中国有机肥料标准中风险控制指标尚不完善[38]，在森林环境中从事有机生产确有存在破坏森林生态的可能性。因此，如何统筹兼顾森林食品产业与生态保护，既能促进生态环境健康发展，也能推动生态农业走向消费者，将成为未来研究的重点。

参考文献

[1] 马世骏，李松华．中国的农业生态工程［M］．北京：科学出版社，1987．

[2] 巩前文，严耕．中国生态农业发展的进展、问题与展望［J］．现代经济探讨，2015（9）：63-67．

[3] 骆世明．农业生态转型态势与中国生态农业建设路径［J］．中国生态农业学报，2017，25（1）：1-7．

[4] 骆世明．构建我国农业生态转型的政策法规体系［J］．生态学报，2015，35（6）：2020-2027．

[5] 胡涛，齐晔，孙鸿良．中国生态农业四十年：回顾与展望：纪念生态农业理念倡导者马世骏先生逝世30周年［J］．中国生态农业学报（中英文），2021，29（12）：2107-2115．

[6] 曾燕如，潘继进，喻卫武．国际森林认证与我国森林食品的生产［J］．浙江林学院学报，2004（4）：122-127．

[7] 曾燕如，潘继进，杜国坚. 森林食品及其国际贸易和生产趋势 [J]. 世界林业研究，2003（05）：26-29.

[8] Wenming L, Maharaj M. Progress of Forest Certification in China [J]. Frontiers of Agricultural Science and Engineering，2017，4（4）：414-420.

[9] 符潮，谷战英，吴玲俐，等. 我国森林生态食品研究现状与发展策略 [J]. 南方林业科学，2021，49（5）：60-63+68.

[10] 赵丛娟，刘庆博，宋莎. 我国森林食品相关研究进展 [J]. 中国林业经济，2015（3）：76-78.

[11] 崔雨晴，徐秀英. 浙江省非木质林产品产业发展研究 [J]. 林业经济问题，2011，31（2）：131-136.

[12] 褚家佳，张智光. 森林食品生态化生产经营行为的影响因素分析 [J]. 农林经济管理学报，2015，14（4）：391-397.

[13] 张晓梅，董姝琪. 森林食品产业减贫的作用机理及效应分析 [J]. 林业经济问题，2014，34（2）：107-112+192.

[14] 褚家佳，张智光. 森林生态安全与森林食品安全相互作用机理模型研究 [J]. 林业经济问题，2014，34（02）：107-112+192.

[15] 郑德胜，朱震锋. 国有林区绿色食品全产业链发展研究 [J]. 林业经济问题，2019，39（06）：621-627.

[16] 张晓梅，陈思. 东北国有林区森林食品产业结构水平与空间集聚特征分析 [J]. 林业经济问题，2019，39（05）：512-519.

[17] Hickey G M, Pouliot, Marière, Smith-Hall C, et al. Quantifying the Economic Contribution of Wild Food Harvests to Rural Livelihoods：A Global-comparative Analysis [J]. Food Policy，2016（62）：122-132.

[18] 方放，刘灿. 团体标准裂化、元治理与政府作用机制 [J]. 公共管理学报，2018，15（1）：23-32+154.

[19] 张璐，张勇，诸葛凯. 团体标准：高质量发展的动力引擎 [J]. 科技管理研究，2020，40（5）：193-198.

[20] T/CEDA 003-2019，森林食品认证技术规范 第一部分：生产 [S].

[21] GB/T 19630-2019，有机产品　生产、加工、标识与管理体系要求［S］.

[22] 单吉堃．有机认证在有机农业发展中的基础性作用［J］.中国农村观察，2005（2）：51-56.

[23] 李周．用绿色理念领引山区生态经济发展［J］.中国农村经济，2018（1）：11-22.

[24] 姜百臣，朱桥艳，欧晓明．优质食用农产品的消费者支付意愿及其溢价的实验经济学分析：来自供港猪肉的问卷调查［J］.中国农村经济，2013（2）：23-34.

[25] 姜百臣，米运生，朱桥艳．优质农产品质量特征的消费者选择偏好与价格支付意愿——基于 Hedonic 模型的研究［J］.南京农业大学学报（社会科学版），2017，17（04）：128-137+160.

[26] 李在卿，梁平，吴冷．中国有机产品认证：有机种植认证指南［M］.北京：中国环境科学出版社，2009.

[27] 李玉萍，赵月红．国际有机农业生产体系要求及相应标准的启示［J］.生产力研究，2006（11）：47-48.

[28] 范武波，曾峰，朱立廷，等．食品安全事件背景下我国有机农产品市场供求分析及发展对策［J］.生态经济，2009（10）：127-129+181.

[29] 武红敢，王成波，苗振旺，等．森林资源亚健康状态的卫星遥感预警技术研究［J］.遥感技术与应用，2021，36（5）：1121-1130.

[30] 骆有庆，刘宇杰，黄华国，等．应用遥感技术评价森林健康的路径和方法［J］.北京林业大学学报，2021，43（9）：1-13.

[31] 施明辉，赵翠薇，郭志华，等．基于 GIS 和改进 BP 神经网络的天然白桦林健康评价［J］.水土保持研究，2011，18（4）：237-240.

[32] 董灵波，高小龙，朱宇，等．基于 Landsat TM 数据的大兴安岭盘古林场森林健康评价［J］.北京林业大学学报，2021，43（4）：87-99.

[33] 骆世明．生态农业确认体系的构建［J］.农业现代化研究，

2020，41（1）：1-6.

［34］骆世明．中国生态农业制度的构建［J］．中国生态农业学报，2018，26（5）：759-770.

［35］Stagl S. Local Organic Food Markets：Potentials and Limitations for Contributing to Sustainable Development ［J］. *Empirica*，2002，29（2）：145-162.

［36］尹世久，徐迎军，徐玲玲，等．食品安全认证如何影响消费者偏好？——基于山东省821个样本的选择实验［J］．中国农村经济，2015（11）：40-53.

［37］孟凡乔．中国有机农业发展：贡献与启示［J］．中国生态农业学报（中英文），2019，27（2）：198-205.

［38］唐杉，刘自飞，王林洋，等．有机肥料施用风险分析及相关标准综述［J］．中国土壤与肥料，2021（6）：353-367.

3　林下经济发展与森林生态产品价值实现：理论逻辑与实践路径①

顾　健　窦亚权　陈幸良　李　娅

摘要： 林下经济高质量发展对于满足人民群众日益增长的优质生态产品需要，以及应对气候变化带来的挑战具有重要的作用。森林生态产品价值实现和林下经济发展是构建林草产业体系的重要内容，二者之间存在互为表里、互相印证、相互支撑、相互促进的共生关系。当前林下经济发展与森林生态产品价值实现之间存在的逻辑关系及其实践路径尚未得到系统总结。基于此，文中梳理了林下经济发展与森林生态产品价值实现的理论逻辑关系，明确提出发展林下经济是促进森林生态产品价值实现的重要途径，同时森林生态产品价值实现依赖于林下经济的高质量发展；总结了通过4种不同林下经济发展模式（林下种植、林下养殖、林下产品采集加工和森林景观利用）促进森林生态产品价值实现的具体路径，以期为进一步推动森林生态产品价值实现提供参考和依据。

关键词： 林下经济；森林生态产品；"两山"理念；理论逻辑；实践路径

---

① 本文发表于《世界林业研究》2024年第2期，全文保持发表格式。

The development of non-timber forest-based economy and Forest Ecological Product Value Realization: Theoretical Logic and Practical Paths

Gu Jian　Dou Yaquan　Chen Xingliang　Li Ya

Abstract: The high-quality development of non-timber forest-based economy plays an important role in meeting the people's growing need for high-quality ecological products and addressing the challenges under climate change. The value realization of forest ecological product and the development of non-timber forest-based economy are the important components of forestry and grassland industry system, and they present a symbiotic, complementary, mutually supportive and mutually promoting relationship. At present, the logical relationship between the non-timber forest-based economy development and forest ecological product value realization and the paths to achieve the relationship have not been systematically summarized. This paper reviews the theoretical and logical relationship, and clearly put forward that the non-timber forest-based economy is an important way to promote the value realization of forest ecological product, and at the same time, the value realization of forest ecological products relies on the high-quality development of non-timber forest-based economy. It summarizes the four different development modes of non-timber forest-based economy, i. e., understorey planting, understorey raising, non-timber forest products collection and processing, and forest landscape utilization, and proposes the specific paths to the value realization of forest ecological products under each mode. The study aims to provide references for further promoting the value realization of forest ecological product.

Key words: non-timber forest-based economy; forest ecological products；"Two Mountains" concept；theoretical logic；practical path

  "绿水青山就是金山银山"（简称"两山"理念）是习近平生态文明思想的重要组成部分。随着美丽中国和生态文明建设的不断推进，生态产品价值实现成为深入贯彻落实"两山"理念、实现"双碳"目标的重要途径[1]。2021年4月《关于建立健全生态产品价值实现机制的意见》进一步将生态产品价值实现提升到国家战略层面[2]，有力推动了我国生态文明建设进入新阶段。森林生态系统作为地球上最大的陆地生态系统，为生态产品价值实现提供了源源不断的物质基础。森林生态产品作为森林生态产品价值实现的载体和价值源泉，其供给稳定性和质量是保障森林生态产品价值得以有效实现的前提和基础，而森林生态产品价值实现的机制完善能够激励和保障供给的有效性和持续性，二者之间相互依存、相互制约，共同服务于生态系统和经济社会可持续健康发展。

  随着社会经济快速发展和人民生活水平的不断提高，人民群众对优质生态产品与服务的需要与当前生态环境恶化、生态产品供给不足和质量不高的现实情况形成了尖锐矛盾，对提供生态环境社会化服务的林业生态系统提出了更高的要求，优质森林生态产品的供给和生产需要林下经济产业的支撑。林下经济是依托森林、林地及其生态环境，遵循可持续经营原则，以开展复合经营为主要特征的生态友好型经济，包括林下种植、林下养殖、相关产品采集加工、森林景观利用等[3]。林下经济发展不仅为人类提供了丰富多样的林下农副产品，满足了人们对绿色、健康森林食品的需要，同时还提供了生态服务、休闲旅游服务、科普教育服务以及文化体验服务等。林下经济的发展在一定程度上满足了人民群众对优质森林生态产品与服务的现实需要，充分发挥了森林生态系统的资源优势，可以为社会公众提供优质的森林生态产品与服务，从而促进森林生态产品价值实现。阐释林下经济发展与森林生态产品价值实现的理论逻辑关系是促进二者协调统一和融合发展的关键前提，分析不同林下经济发展模式促进森林生态产品价值实现的实践路径有助于为促进森林生态产品价值实现提供宝贵经验与重要参考，实现林下经济产业生态与经济价值的有机统一。

1 林下经济与森林生态产品价值实现

1.1 林下经济

林下经济的内涵随着社会对森林资源地位和作用的认识不断深化而逐渐完善。经过几十年的实践，我国林下经济产业已形成了稳中有进的良好发展格局，在种植规模、产品品质及结构等方面正朝着生态化、高质量的方向发展[4-5]。1949 年以后，森林资源作为生产要素充分投入到生产生活中，满足了国民经济恢复和发展过程中对木材及其他林产品的需求，但长期以来粗放的利用方式导致森林资源锐减。1978 年以后，为适应社会、经济与生态环境的变化，林业发展方向由以木材生产为主向生态建设为主转变[6-7]，促进森林资源的更新管护和改变单一的产业结构成为林业发展的新任务。2008 年集体林权制度改革顶层设计提出后，森林资源的地位和作用发生深刻转变，林下经济作为一种兼顾经济社会发展和森林资源保护的产业模式应运而生[8]。随着生态文明建设的不断推进，2012 年国务院办公厅出台《关于加快林下经济发展的意见》，充分肯定了林下经济的发展成果，林下经济作为融合多产业发展的生态经济产业得到加速发展[9]。2021 年，国家林业和草原局印发《全国林下经济发展指南（2021—2030 年）》（以下简称《指南》），规划了林下经济发展的目标任务[10]。2023 年，中共中央办公厅、国务院办公厅印发《深化集体林权制度改革方案》，其中明确提出要加强森林经营，积极支持林下经济、生态旅游、森林康养、自然教育等绿色富民产业发展[11]。林下经济从一种生产经营活动发展成为我国林业产业的重要组成部分，充分发挥了森林资源的经济效益、生态效益与社会效益。

1.2 森林生态产品价值实现

森林生态产品是指在一定时空范围内，由森林生态系统提供，通过生态调节、人为管理等方式供给的具有一定经济价值、生态价值和社会价值的各类产品与服务[12-14]。森林生态产品具有种类多样性、形式复杂性、价值多维性、公共性与外部性等多重属性，包括森林物质供给产品、森林生态调节服务产品、森林文化服务产品等类型[14]。森林生态产品价值实现主要通过市场交易、政策调控与补偿、资源定价与税费制度等市场资源配置与政府宏观调控的手段，将森林生态系统所提供的各类生态产品与服务转化为可衡量的经济价值，从而实现生态保护与经济发展的良性互动，确保对森林生态效益的有效保护、合理利用和可持续发展。森林生态产品价值实现既能够充分挖掘森林资源的经济价值，将资源优势转变为经济优势；也能够发挥森林的生态功能，继续发挥其作为水库、钱库、粮库和碳库的巨大生态服务价值[15]。

2　林下经济发展与森林生态产品价值实现的逻辑关系

林下经济发展和森林生态产品价值实现是将林业发展融入国家战略的重要环节与发展成果，推动促进二者的协调统一与融合发展能够推动林业产业发展，促进生态文明建设实践创新。林下经济发展为森林生态产品价值实现奠定了良好发展基础、积累了丰富实践成果、打造了完善产业体系，其遵循的指导思想与基本原则充分适用于森林生态产品价值实现机制的探索，实践成果可充分贡献于生态产品价值的充分实现。林下经济发展与森林生态产品价值实现是相辅相成的，二者相互关联、相互促进。一方面，林下经济发展为增加森林生态产品供给创造了条件，林下经济的高质量发展可以提高优质生态产品市场供给能力，满足人民群众对美好生态环境和优质生态服务的需要；另一方面，森林生态产品价值实现为林下经济的可持续发展提供了市场需求和经济回报。

2.1　互为表里、互相印证

林下经济发展和森林生态产品价值实现是不同社会历史时期对林业产业发展提出的不同要求，二者的时代背景、历史任务与发展目标不同，但都是顺应现实发展需求作出的重大决策，在纾解林业系统发展困境方面发挥着不可替代的重要作用。林下经济发展的实践路径是森林生态产品价值实现的初步探索与成功经验，进一步丰富和完善了林业生态系统的相关理论与实践；而森林生态产品价值实现进一步升华和丰富了林下经济的内涵与时代特征，赋予了林下经济发展新的生命力。林下经济在其发展初期是为了巩固集体林权制度改革成果，在确保生态环境得到保护的同时促进林农致富而提出的，依托森林资源和森林生态环境发展而成的绿色富民产业。森林生态产品价值实现的提出是为了在生态文明建设背景下从制度层面破解"绿水青山"向"金山银山"转化的现实瓶颈，通过体制机制创新将森林生态价值转化为经济价值和社会价值，从而促进生态产业化和产业生态化，进而助力经济社会发展实现全面绿色转型。

林下经济与森林生态产品价值实现的提出，既是响应资源环境约束条件下经济社会发展的内在需求，也是落实可持续发展战略和推动生态文明建设的重要举措。《指南》中明确要求，到 2025 年有序扩大林下经济产业发展规模、持续优化林下经济产业布局，到 2030 年形成林下经济产业高质量发展的良好格局，2 个阶段的发展任务都明确提出了林下经济的发展目标[16]。森林生态产品价值实现的现实目标是在化解"两山"转化瓶颈的基础上进一步在可持续规模下提升全民福祉，发挥生态产品作为要素参与分配、再分配的作用[17]。到 2025 年，生态产品价值实现的制度框架将初步形成，生态优势转化为经济优势的能力明显增强；到 2035 年，完善的生态产品价值实现机制全面建立，为基本实现美丽中国建设目标提供了有力支撑[2]。因此，林下经济发展与生态产品价值实现是 2 个历史时期党和国家为应对社会发展问题而提出的有力措施。

2.2 相互支撑、相互促进

林下经济发展与森林生态产品价值实现之间存在着相互支撑、相互促进的共生关系。林下经济的高质量发展对优质森林生态产品的供给起到了重要支撑作用，优质森林生态产品与服务的市场是促进经济社会发展的强力引擎，以森林生态产品市场需求为导向的林下经济产业势必会迎来新的发展机遇（图 1）。科学合理的林下经营活动可以保护和恢复森林生态系统，增加森林资源产出和提高林地利用效率，实现森林生态产品价值的货币化和市场化。森林生态产品价值实现的价值转化机制与市场需求导向可以引导经济资本流向林下经济产业，提供高质量的林下经济产品与服务。林下经济作为将森林资源优势转化为经济发展优势的生态产业，是森林生态产品价值实现机制不可或缺的重要组成部分。森林生态产品价值实现能够满足市场对优质林下经济生态产品与服务的市场需求，达到供需平衡状态。实践经验充分表明，林下经济发展在破解"两山"转化难题、化解经济发展与环境保护矛盾、促进人与自然和谐共生等方面具有重要意义。

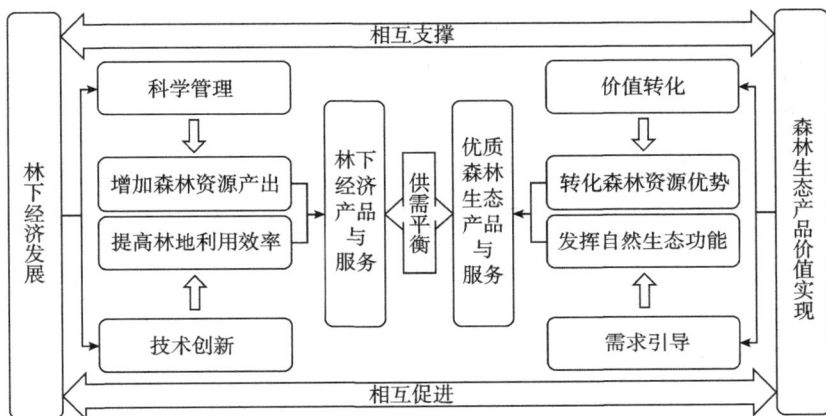

图1 林下经济发展与森林生态产品价值实现的逻辑关系

3 不同林下经济发展模式促进森林生态产品价值实现的实践路径

林下经济是一种符合可持续发展目标的经济增长方式，主要包括林下种植、林下养殖、林下采集加工、森林景观利用等，其高质量发展有利于实现农、林、牧等多个产业间的资源共享、优势互补、循环相生、协调发展[18]。林下种植是林下经济中传统的发展模式[19]，即利用林区的自然资源与生态环境，遵循可持续经营原则在林内开展种植活动；林下养殖是一种循环经济模式，即以森林资源为依托、以科技为支撑，利用林地资源开展畜牧养殖活动[20]；林下产品采集加工是充分利用大自然为人类提供的丰富资源，对森林中可利用的非木质资源进行的采集与加工活动；森林景观利用是充分利用森林生态资源、景观资源、食药资源和文化资源等，促进一二三产业融合发展的生态富民产业。依托森林资源及其生态环境的优势条件，林下经济高质量发展可供给更多优质的森林生态产品，提升森林资源综合效益与利用效率，切实保障森林生态产品价值实现成果，促进"绿水青山"有效转化为"金山银山"[21]。

3.1 林下种植：创新组织经营模式，实现多重效益

林下种植是一种利用林下闲置土地和林荫空间优势开展农林立体复合经营的重要形式（图2）。林粮、林药、林菌、林菜、林花等林下种植模式既能够为经营主体带来可观的经济收入，改善农户经济收入结构[22]；又可以保护和修复森林生态环境，增加林区的生物多样性，维持森林生态系统稳定。"公司+基地+农户""林业专业合作社+农户"等组织模式既能够发挥农户分散经营的灵活性，充分调动林农的生产经营积极性，最大程度发挥劳动力与生产资料的效益；又能够发挥组织规模经营的统一性，优化配置组织内部的要素资源，降低生产活动中的风险与成本。

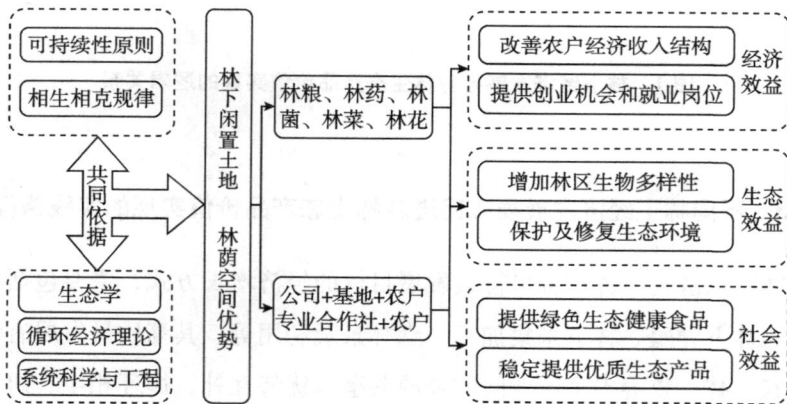

图2 林下种植促进森林生态产品价值实现路径

创新组织经营模式是深化林业产业体系改革的必然选择，可有效解决农户分散经营与组织规模经营的衔接问题，优化林业产业布局，培育出新

型林业产业组织，为推进乡村振兴发挥重要作用。例如，安徽省九华府金莲智慧农业有限公司利用优越自然条件和丰富的林木资源人工栽培和仿野生种植黄精，依托"公司+基地""合作社+基地""农户+基地"等模式，建成了标准化种植基地 1300 余 hm²，实现黄精年产 1000 余 t；采用"一个中心+多个基地"的模式将初加工基地发展至各个乡镇，培育了 33 家黄精初加工厂为其提供优质原材料；与专业院校、科研机构合作打造药食同源产品，传承并创新古法工艺开展黄精精深加工产品研发，研发出 9 大系列 40 余种黄精产品；采用"线上+线下"相结合的销售模式打造差异化特色品牌，助力推广全国市场[23]。

　　3.2　林下养殖：充分利用森林生态资源，提高产业发展水平

　　林下养殖是一种将林业生产与农业养殖有机结合的生产方式，遵循可持续性发展原则，利用得天独厚的森林资源或林地环境禀赋优势，通过在林地或林下空间开展畜牧养殖等活动，将森林生态资源转化为产业发展的基础与保障。二者的有机结合可充分促进林业生产和农业养殖的高质量发展，体现了林业与农业结合的协同效应（图 3）。

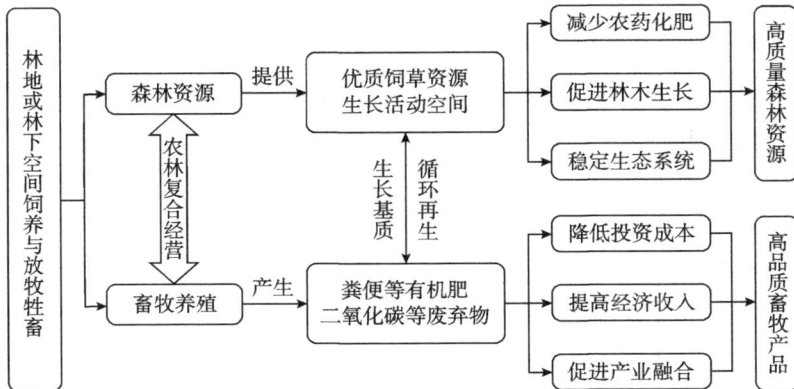

图 3　林下养殖促进森林生态产品价值实现路径

　　林下养殖主要利用林下空地或林地空间等自然资源作为生产要素投入林下养殖中，根据林地属性与养殖类型的差异采用饲养与放牧相结合的方

式开展养殖活动。林木生长繁育既为禽畜产品提供了生长活动的空间，也为它们提供了饲草资源；禽畜产品的粪便、二氧化碳等废弃物作为生长基质能够促进林木生长发育，也可以改善土壤成分和帮助林木生长[24]。林下养殖可提升畜牧产品的品质并减少农药化肥的使用，促进林木生长和森林综合效益发挥。对于从事畜牧养殖的经营主体而言，林下养殖可以降低投资成本并提高经济收入，在产业发展过程中融合地区产业资源，为农村地区的产业多元化和农民的增收致富道路提供有力支撑。例如，天津市静海区忠涛蚯蚓养殖专业合作社利用果园阴凉潮湿的环境和落叶落果等废弃物养殖蚯蚓，带动农民人均增收 3 万余元、果园亩均增收 8000 余元，吸收农村剩余劳动力就业 2000 余人；年处理畜禽粪污、农业废弃物 6 万 t，年产蚯蚓粪有机肥 1.5t，年改良农田面积 600 余 hm²。通过林下蚯蚓养殖充分利用林下生态资源，实现了林业与养殖业的优势互补，促进了经济效益与生态效益双赢[23]。

3.3 林下产品采集加工：加强技术研发水平，提升生态产品附加值

林下产品采集加工是一种利用良好森林资源和优质生态环境，依托野生菌、浆果、竹笋等非木质资源发展的林下经济产业。加强科学技术支撑和提升技术创新水平，是保障林下采集加工行业提升效益和降低成本的重要发展思路，也是赋予林下采集产品更高市场价值和获得经济回报的重要措施，能够延伸林下采集产业链和提高森林生态产品附加值（图 4）。

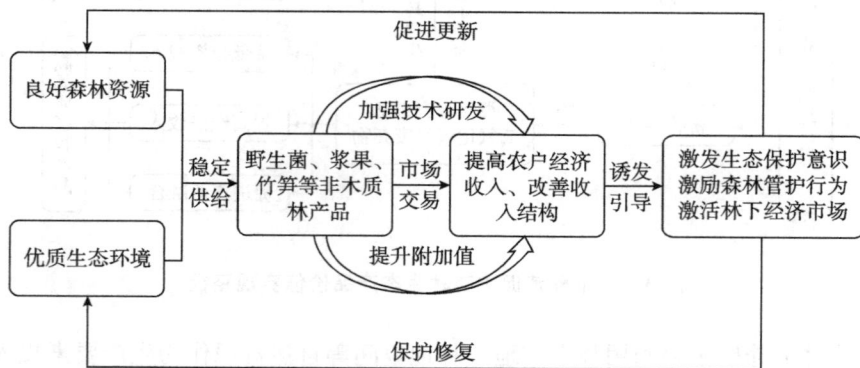

图 4 林下采集促进森林生态产品价值实现路径

良好的森林资源和优质生态环境是野生菌、浆果、竹笋等林下采集加工产品稳定供给的基础，通过市场交易能够提高农户经济收入和改善收入结构，经济回报又能够进一步激发农户保护和修复森林生态环境的积极性，形成森林资源保护更新与生态环境保护修复的良性循环。例如，云南省楚雄彝族自治州依托野生菌特色优势资源，强化产业发展过程各环节的科学技术支撑，提高了野生菌生态产品的附加值。在产业发展过程中大力推广菌山承包等经营模式，通过封山育菌措施保障产业可持续发展，推广菌山承包经营面积 36 余万 hm^2；实施松茸采集方法等地方标准和林下经济促进条例，借助制度建设保障野生菌产品的数量与质量。2022 年楚雄州野生菌年产量近 5 万 t，产值超过 65 亿元。通过强化与地方科研院所的合作交流，探索野生菌保育促繁技术，楚雄州在南华县建成保育促繁示范基地 400 余 hm^2；研发冷链保鲜等物流技术，打通野生菌产品从山林到餐桌的"最后一公里"，推进物流、电子商务等行业迅猛发展；加强产品研发与产业链延伸，开发精深加工产品，带动餐饮、文化旅游等文旅康养项目实施，培育野生菌餐饮企业 3500 余家、加工企业 29 家，野生菌产业不断向规模化经营、规范化生产方向发展[25]。

3.4 森林景观利用：推动生态产业化发展，发挥森林生态服务功能

森林景观利用是指依托优美自然风光和优质生态资源将森林生态系统优势转化为产业优势、品牌优势和竞争优势的林下经济发展模式。森林生态系统能够提供水源涵养、土壤保持、空气净化和气候调节等调节文化服务功能。森林康养、森林旅游、自然教育等生态产业化发展能够促进森林生态系统功能发挥，更好地满足人们精神文化和健康生活需要（图 5）。在可持续发展理念与现代林业建设思想的指导下，可引领森林景观利用走上一二三产业融合发展的绿色道路，将森林生态优势转化为经济优势，有效打通"绿水青山"向"金山银山"的转化通道。

森林景观利用集中体现了经济效益、生态效益、社会效益的融合统一，使得生态效益有形化、市场化、有价化。科学管理和保护森林景观资源是森林生态产品供给的基础，可使森林生态产品生产力和质量得到充分

```
┌─────────────────────────────────────────────────┐
│          森林景观利用促进一二三产业融合发展              │
└─────────────────────────────────────────────────┘
        ┌────────────────────┐   ┌────────────────────┐
        │  优美自然风光         │   │  精神文化需要         │
        │  优质生态文明         │   │  健康生活需要         │
        └────────────────────┘   └────────────────────┘
        ┌────────────────────┐   ┌────────────────────┐
        │  生态系统自然服务功能   │   │  生态系统社会服务功能   │
        └────────────────────┘   └────────────────────┘
   ┌───┬───┬───┬───┐        ┌───┬───┬───┬───┐
   │水源│土壤│空气│气候│        │森林│森林│森林│自然│
   │涵养│保持│净化│调节│        │康养│旅游│食品│教育│
   └───┴───┴───┴───┘        └───┴───┴───┴───┘
        ┌──────────┐  ┌────┐  ┌──────────┐
        │  绿水青山  │←─│转化│→│  金山银山  │
        └──────────┘  └────┘  └──────────┘
```

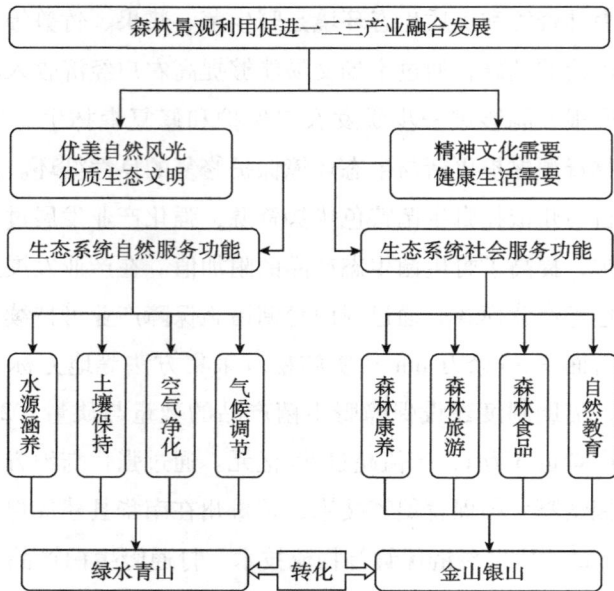

图5 森林景观利用促进森林生态产品价值实现路径

保障和极大改善，推动森林生态系统自然服务与社会服务功能的有机统一。例如，黑龙江省九峰山养心谷地处小兴安岭境内，森林覆盖率95%以上，把"绿水青山好空气"作为发展的最优资本和最大优势，推行"九养"养生文化理念，按照"森林+"多产业布局推动林区产业结构转型升级，带动林区职工就业增收，以森林康养产业为主导，林下经济产业、现代农业齐头并进，成为集森林疗养、药膳研发、观光旅游、生态教育等为一体的综合性功能景区。通过采用"森林+康养""森林+旅游""森林+中药""森林+农业""森林+养殖""森林+教育""森林+体育"等特色发展模式，大幅提升了林地综合效益，实现了森林生态资源产业化发展[23]。

4　讨论

　　森林生态产品价值是实现森林资源经济效益、生态效益与社会效益有机融合的市场化发展路径。通过林下种植、林下养殖、林下产品采集加工与森林景观利用等模式促进林下经济高质量发展，可以推动森林生态产品价值实现，真正打通"绿水青山"向"金山银山"转化通道。我国林下经济发展在促进森林生态产品价值实现方面，不仅丰富了产品与服务的种类、提升了品质和附加值，还成功将森林生态系统服务优势转化为经济效益、生态效益和社会效益，同时也彰显了林下经济高质量发展取得的长足进步。但林下经济发展在促进森林生态产品价值实现过程中仍然存在以下问题：一是林下经济产业化发展水平不高，开发利用程度较低，导致森林生态产品供给端后劲不足；二是市场机制不健全，经营管理秩序混乱，森林生态产品市场需求难以得到满足；三是林下经济发展存在资金、制度及技术等方面的现实困境。以上问题都从不同侧面削弱了森林生态产品的供给效率、市场流通性和价值认可度，进而影响森林生态产品价值的全面、有效实现。促进森林生态产品价值实现仍需在保护生态环境、促进产业发展的前提下践行"两山"理念，通过科学管理与技术创新提高林下经济发展效益与效率，从深化森林生态产品供给侧结构性改革与满足人民群众市场消费需求两端发力，引导林下经济产业形成绿色化、特色化的可持续产业体系，奠定森林生态产品价值实现的良好基础，全方位助推森林生态产品价值实现。

参考文献

［1］窦亚权，李娅，赵晓迪．生态产品价值实现：概念辨析［J］．世界林业研究，2022，35（3）：112-117.

［2］杜雪莲，常滨丽，彭伟辉．中国生态产品价值实现的实践、问题及建议［J］．价格月刊，2023（10）：21-29.

［3］中国林学会团体标准委员会．林下经济术语：T/CSF001-2018［S］．北京：中国林学会，2018.

［4］刘珊，张卓．加快林下经济产业发展策略研究［J］．林产工业，2021，58（5）：80-82.

［5］陈幸良．林下经济学的缘起、发展与展望［J］.南京林业大学学报（自然科学版），2022，46（6）：105-114.

［6］吴恒，朱丽艳，王海亮，等.新时期林下经济的内涵和发展模式思考［J］.林业经济，2019，41（7）：78-81.

［7］李娅，陈波.我国林下经济发展主要模式探析［J］.中国林业经济，2013（3）：36-38.

［8］曹玉昆，雷礼纲，张瑾瑾.我国林下经济集约经营现状及建议［J］.世界林业研究，2014，27（6）：60-64.

［9］王志新.林下经济内涵界定及其属性分析［J］.吉林林业科技，2017，46（5）：45-46.

［10］曾贤刚，虞慧怡，谢芳.生态产品的概念、分类及其市场化供给机制［J］.中国人口·资源与环境，2014，24（7）：12-17.

［11］中共中央办公厅　国务院办公厅印发《深化集体林权制度改革方案》［EB/OL］.（2023-09-25）［2024-01-08］.https：www.gov.cn/gongbao/2023/issue_10766/202310/content_6909544.html.

［12］窦亚权，杨琛，赵晓迪，等.森林生态产品价值实现的理论与路径选择［J］.林业科学，2022，58（7）：1-11.

［13］吴琳敏，林以恒，郑焜，等.大食物观视角下森林生态产品价值实现路径研究［J］.林业经济问题，2023，43（6）：586-595.

［14］王岩，许谭，申昊轩，等.森林生态产品价值实现探讨：要点、问题与促进措施［J］.中国林业经济，2023（3）：12-16.

［15］刘浩，余琦殷.我国森林生态产品价值实现：路径思考［J］.世界林业研究，2022，35（3）：130-135.

［16］董战峰，张哲予，杜艳春，等."绿水青山就是金山银山"理念实践模式与路径探析［J］.中国环境管理，2020，12（5）：11-17.

［17］高晓龙，郑华，欧阳志云.生态产品价值实现愿景、目标及路径研究［J］.中国国土资源经济，2023，36（5）：50-55.

［18］张良实，李甜江，张学星，等.云南林下经济发展状况研究

［J］．西部林业科学，2022，51（2）：43-49．

［19］窦亚权，李娅．云南少数民族地区林下经济发展模式研究［J］．林业经济问题，2017，37（4）：86-91．

［20］张毅．循环经济视角下林下经济的内涵与路径研究［J］．林业经济问题，2014，34（4）：380-384．

［21］包晓斌，朱小云．农业生态产品价值实现：困境、路径与机制［J］．当代经济管理，2023，45（9）：47-53．

［22］袁军，石斌，谭晓风．林下经济与经济林产业的发展［J］．经济林研究，2015，33（2）：163-166．

［23］国家林业和草原局．关于印发《林下经济发展典型案例》的通知［EB/OL］．（2021-12-24）［2024-01-08］．https：//www.forestry.gov.cn/c/www/gkzfwj/270396.jhtml．

［24］孔祥坤，曹雷欣．林下经济转型发展初探：以林下种养殖产业为例［J］．林产工业，2021，58（3）：92-93．

［25］国家林业和草原局．国家林草局印发《林业改革发展典型案例》（第四批）［EB/OL］．（2023-11-30）［2024-01-08］．https：//www.forestry.gov.cn/c/www/zyxx/534761.jhtml．

4 中国国家公园自然教育功能提升路径

——基于国外的启示与经验借鉴①

李 娅 余 磊 窦亚权

摘要：中国国家公园自然教育目前正处于关键的起步阶段，剖析国外典型案例、借鉴其成功经验并探讨提升自然教育功能的有效路径具有重要的现实意义。文中以美国的黄石、德国的巴伐利亚以及日本的西表石垣3个代表性国家公园为典型案例，从自然教育的内容、设施、方式3个方面进行案例总结，梳理国外国家公园开展自然教育的主要经验；总结分析中国首批5个国家公园自然教育的实践情况，发现普遍存在教育内容针对性不强、数字化平台建设不够完善和特色文化融入度不高等问题，从分类构建不同群体进公园的自然教育管理机制、全面构建数字平台进公园的自然教育规划机制以及共同构建不同文化进公园的自然教育融合机制等3个方面提出中国国家公园自然教育功能提升路径。

关键词：国家公园；自然教育；功能提升；国外经验；路径选择；中国

---

① 本文发表于《世界林业研究》2022年第4期，全文保持发表格式。

Path to Improve Natural Education Function of China's National Parks Based on International Experience

Li Ya　Yu Lei　Dou Yaquan

Abstract: The national parks in China are at its initial stage of nature education development. It is of theoretical and practical significance to learn from international experience, to analyze typical cases in depth, and to explore effective ways to improve their nature education function. This study takes three representative national parks, i. e. , Yellowstone National Park in the USA, Bavaria National Park in Germany, and lriomote Ishigaki National Park in Japan to review the contents, facilities and models of nature education and summarize their main experience in carrying out natural education. The natural education practised in the first five national parks in China is analyzed. It finds that the nature education in national parks is challenged by common problems, such as poor pertinence to educational content, insufficient use of digital platform and low integration of characteristic culture. This paper proposes the path to improve the natural education function of China's national parks from three aspects: constructing the classified natural education management mechanism for different groups entering national parks, establishing natural education planning mechanism to promote the integration of the digital platform to natural parks, and developing jointly natural education integration mechanism to introduce different cultures into national parks.

Key words: national park; nature education; function improvement; foreign experience; path selection; China

　　自然教育是以大自然为载体，引导公众认识自然和尊重自然的有效方式，在提升全社会对自然的认知水平和自然保护意识方面发挥着重要作用[1]。国家公园作为最大的"自然博物馆"，具有生物多样性最富集、自然景观最独特、生态系统最稳定等特点，是天然的自然教育载体[2]。开展自然教育是国家公园建设和发展的重要功能之一。国外国家公园建设较早，相应在自然教育方面的经验也较为丰富[3]，如何充分借鉴国外经验，有效提升中国国家公园自然教育功能，是当前学术界需要明确的重要问题之一。自然教育功能作为国家公园本体功能中的重要组成部分，提升其水平有助于促进人与自然和谐共生、推进中国自然保护地体系以及生命共同体构建[4]。

　　以"国家公园"和"自然教育"以及"国家公园"和"环境教育"为篇名进行论文检索，发现国内学者对于国家公园自然教育或环境教育的研究相对较少[5]，目前仅涉及 29 篇期刊论文文献，有关国家公园教育方面的研究更多集中在环境教育方面，鲜有对自然教育的深入研究。李铁英等[5] 从场景化、品牌化、平台化的角度对国家公园自然教育功能的提升进行了阐述；赵敏燕等[6] 则从管理、规范、人才、设施和保障等方面针对国家公园的环境教育解说系统进行了诠释；胡毛等[7] 以美国、德国、日本为例，总结了其开展国家公园自然教育实践的 3 条途径。同时，学者也对中国国家公园的自然教育实践展开了研究，主要涉及武夷山、大熊猫国家公园。研究内容主要为国家公园自然教育体系构建[8-9] 以及实证分析国家公园的功能等[10-11]。这些研究多以某个国家公园为例，通过实地考察、问卷调查等方式，基于游客和管理者等视角探讨自然教育体系构建及功能提升路径。从国家公园自然教育整体出发，对自然教育立法、行业规范以及功能解析、路径选择等研究也较少[12]。对于自然教育思想所开展的研究多以中西方自然教育思想对比为主，鲜有对中国优秀传统文化、地方优秀文化中的自然教育思想进行深入挖掘[13]。究其原因，与中国国家公园自然教育从无到有、全民参与度低有着直接或间接关系。因此，本文将介绍国外国家公园自然教育的成功做法，在剖析中国国家公园自然教育实践现状及存现存问题的基础上，总结国外自然教育有益经验，提出适合中国国家公园的自然教育功能提升路径。

1　国外国家公园自然教育典型做法及经验

目前国家公园管理制度大致可以分为 3 大类，即以美国为代表的中央集权型、以德国和澳大利亚为代表的地方自治型、以加拿大和日本为代表的综合管理型[7]。但无论在何种管理制度下，国家公园自然教育主要以家庭和社区为主，通过建立完善的森林幼儿园、正式教育、自然学校等学习机构，不断倡导全社会参与自然教育，从而提高公众对于自然科学的认知水平和保护自然生态的理念，进而达到尊重自然、敬畏自然，实现人与自然的和谐共处，更充分地发挥自然教育的功能。

1.1　典型做法

1.1.1　美国——黄石国家公园

美国是世界上最早建立国家公园的国家，现已建成了庞大的国家公园体系，在自然教育方面积累了大量经验[14]。其开展自然教育的主要方式为自然学校、拓展项目，主要模式为"自然+自然学校+拓展项目"[7]。自然教育的典型特点为"远离社区、分类教育"，主要以森林、动植物园、农场、博物馆等场所为主，面向不同群体开展有针对性的自然教育活动。

黄石国家公园于 1872 年建立，设立了专门的自然教育实践项目，面对的群体以青少年为主，提供了 70 多项覆盖全民的研学教育体验课程[15]。美国国家公园局官方网站（www. nps. gov/index. htm）资料显示，国家公园根据不同年龄学生、家庭客群以及探险爱好者等不同需求游客人群特点开展自然教育，在内容和形式方面均具有针对性和适应性。面向不同年龄学生所采取的教育形式及内容有所差异：对幼儿园及小学生往往侧重于自然资源基本感知和认知，主要涉及以课程为基础的自然教育项目，开展参观游玩、职业演讲、角色扮演等多样化的活动；对初中生则侧重于使其主动探索自然问题等；对于高中生、大学生，自然教育则更加倾向于解决自然科学问题以及探知内在机制的学习。面向家庭客群开发的自然教育课程侧重于"强身健体、接触自然"的基础上强化亲子交流和亲子教育方面的内容，对有 8-12 岁孩子的家庭客群开展"初级守护者"研学课程，可以选择不同的主题（地质学、地热、野生生物、历史、保护）来开展教育工作。面向探险爱好者，则以"黄石国家公园探险日"作为主题课程，由一名专业知识和实践经验丰富的自然学家带领，深入探寻黄石国家公园内野生动物的生活习惯、行为特征等，以丰富探险者的专业知识。同时，国家公园根据不同季节，利用人员服务、非人员服务以及项目服务等方式对不同群体开展讲解与教育工作。人员服务主要是由员工进行解说及艺术表演等，而非人员服务主要包括图画展览、印刷品以及网站等媒体性设施。此外，国家公园还针对教师、科研工作者及社区居民分门别类设置了"科研项目""体验项目""教师工作坊"等项目，极大地提高了国家公园自然教育的受众面和针对性。例如，青年保护团项目主要针对 15-18 岁美国公民，开展学习、工作和公园重建等活动，项目具有挑战性、教育性、趣味性，为参与者提供拓展视野的机会，同时培养其技能。无论是面向何种群体，采用何种形式开展自然教育，其课程均以黄石国家公园的自然风光、历史文化作为教育内容，将传统教育和创新方法进行融合，激发不同群体探索新想法，有针对性地开展自然教育活动，从而满足了不同群体接受自然教育的广泛需求，有效地激发了公众亲近自然的兴趣，提升了公众生态保护意识。

1.1.2 德国——巴伐利亚森林国家公园

1970 年德国建立首个国家公园——巴伐利亚森林国家公园。截至 2018 年，德国共有 16 个国家公园，其中面积最小的只有约 30km²，最大则约为 4500km²。其自然教育实践模式为"森林教育+专题教育"[7]。自然教育的典型特点为"定位森林、网络教育"，主要以森林场所为主，采用展板、体验馆、博物馆等传统方式和网络展示等。

巴伐利亚森林国家公园位于海拔高度从 650m 到 1453m 的由片麻岩和花岗岩等结晶岩石构成的古老山区，气候条件凉爽潮湿，低山区的年平均温度为 6.5℃，高海拔地区为 3-4℃，山谷地区的年降水量约为 1000mm，高海拔地区为 2500mm[16]。"让自然真正自然"是其建设和管理的重要原则和指导思想。为了让公众深入了解自然生态系统的复杂性，增强其生态保护的责任意识，巴伐利亚森林国家公园在传统森林教育的基础上，利用动植物资源，结合气候生态特征以及历史和文化特色等，建立观光信息中心和数字化网络教育平台[17]，借助现代化信息技术，为公众接受自然教育提供平台和载体，有效地促进了国家公园自然教育的普及力度。同时，德国森林学校建设主要是将森林相关的植物、动物、微生物、空气、水及生态系统等自然教育内容融入到 5—13 年级自然、地理、科学、社会等相关课程大纲中，充分利用当地社区和周边的森林和自然环境，打造"生活即教育"的自然教育理念。此外，森林学校充分结合当地特点，开发不同的模式，主要包括海滩学校、农场学校以及森林日、森林周等。

1.1.3　日本——西表石垣国立公园

日本是一个比较注重自然教育的国家，近自然的学习始于每个人的童年。国家公园设立访客中心，为公众提供自然教育。其自然教育采取的实践模式为"自然+家庭+自然学校"[14]。自然教育的典型特点为"扎根社区、文化教育"，主要内容以森林、湿地教育为主，采用体验乡村生活、农业以及畜牧等活动方式，充分吸纳当地文化开展自然教育活动。长野县、鸟取县等县域政府以及东京等城市政府均非常重视森林学校的建立和自然教育的实施。例如，田贯湖自然塾是日本环境省设立的第 1 家自然学校，访客中心利用互动式的展示使访客观看、触摸、参与体验自然[18]。

根据日本国家公园网站（www. japan. travel/national-parks）资料，西表石垣国立公园拥有独特的亚热带景观，是各种濒临灭绝物种的生存家园，因其与自然和谐相处的传统生活方式而闻名。公园设立了西表岛野生动物保护中心，为游客提供"自然教育计划"，以深化游客对西表猫的了解，促使游客保护西表岛生态环境。自然教育的主要内容为参与预防西表猫交通事故的教育活动，以及观赏西表猫的活动路线等；另外，当地中小学生每年都会学习保护西表猫的专题课程，并举办主题为"保护西表猫和稀有动物"的少儿绘画比赛。同时，积极打造"国家公园自然教育计划",充分吸纳志愿者参与服务。此外,不同民众可以通过自然学校组织开展的修学旅行、生活体验、观察类自然游戏、自然体验项目的讨论和反思,由浅入深、渐进式地学会合理利用自然,达到自然教育的目的,从而加深对自然的认知和理解。美国、德国和日本国家公园自然教育典型做法简况见表1。

表1 国外国家公园自然教育典型做法简况

国家	代表性国家公园	自然教育内容	自然教育设施	自然教育方式	典型特点
美国	黄石国家公园	自然保护、野生物种保护、历史文化及地质学等	科普博物馆、宣教馆、游客教育中心	环境解说系统、在线多媒体资源、在线浏览项目等	远离社区,分类教育
德国	巴伐利亚森林国家公园	动植物资源、生态特征、历史演进和文化特色等	观光信息中心、数字化网络教育平台	角色扮演、森林体验、志愿服务等	定位森林,网络教育
日本	西表石垣国立公园	岛屿文化、地质形成、动植物物种、生态系统等	西表岛野生动物保护中心	专题课程、观赏游览、绘画比赛等	扎根社区,文化教育

1.2 经验总结

1.2.1 健全的分类教育体系

国外国家公园大多针对不同的受众群体,开展形式多样、内容丰富的国家公园自然教育活动,以最大限度地调动公众的积极性,激发参与生态保护的兴趣。例如,黄石国家公园根据不同年龄人群特点,专门为幼儿园小朋友、小学生、初中生、高中生、大学生设计出针对性较强的教育项目;巴伐利亚森林国家公园也根据不同人群的需求和特征,实施了差异化的自然教育计划,从而满足公众了解自然、感受自然的需求,深化公众对自然生态系统的认识。

1.2.2 完善的网络教育设施

先进科学的设施体系是开展国家公园自然教育实践活动的重要平台,

也是提升国家公园自然教育功能的必要载体。例如，巴伐利亚森林国家公园通过现代技术的应用，在传统自然教育设施建设的基础上，构建数字化教育平台，实现了自然教育的远程化、信息化和科技化；为了让更多的人了解和认识国家公园，美国推出了电视纪录片《全球绝美国家公园》，由前总统奥巴马担任监制和旁白，推动了国家公园自然教育实践活动的开展；英国广播公司推出的纪录片《黄石公园2009》荣获多项国际大奖，受到了广大公众的喜爱，公众在观看纪录片后对国家公园的人文历史、自然生态等有了更深入的认识和理解。

1.2.3　特色的文化教育理念

国家公园通过自然环境与特色文化元素相结合，可以形成具有自身特色的自然教育形式和内容，从而提升国家公园自然教育功能。美国在国家公园开展自然教育时会根据不同类型国家公园的特色，科学合理地安排体验项目，实现观察点、观察路线、教育区域点线面结合。德国则将与森林相关的植物、动物、微生物、空气、水及生态系统等自然教育内容融入到5-13年级相关课程大纲中，充分利用当地社区和周边的森林和自然环境建设森林学校，打造"生活即教育"的自然教育理念。日本则充分结合当地特色，开展诸如西表猫救助等活动，实施"游客自然教育计划"，在一定程度上保护了当地物种资源，提升了公众生态保护意识，推动了人与自然和谐共生。

2　中国国家公园自然教育实践现状及现存问题

2.1　实践现状

中国国家公园自然教育是伴随着国家公园从试点探索到正式设立全过程而发展的。2015年1月，中国启动国家公园试点工作，所保护的大面积完整生态系统不仅蕴含了丰富的自然生态资源，也包含了大量的文化知识内涵，随之各地进行积极探索实践，大力推动国家公园自然教育实践[19]。自2017年9月起，国家先后出台了《建立国家公园体制总体方案》《关于建立以国家公园为主体的自然保护地体系的指导意见》等文件，有力地促进了国家公园自然教育实践工作。首批 5 个国家公园也陆续开展了涉及自然保护内容的课堂教学、体验教育和科普宣传等活动，为社会公众全面了解国家公园发挥了重要作用（表 2）。在此过程中，各级政府相关部门也出台了自然教育相关的政策文件，从制度层面上有力地保障了国家公园自然教育功能的发挥。

表 2 中国首批 5 个国家公园自然教育实践情况

国家公园名称	自然教育内容	自然教育设施	自然教育方式
三江源国家公园	生态伦理、生态科普、国家公园常识、法律法规、政策等	治多县区域自然教育课堂 2500m^2 及附属设施设备，以及科普展示长廊、科普信息站、解说设施	线下为主、缺乏线上
大熊猫国家公园	包括熊猫营养师、森林食物链、古树修复等多项子课程的"1+3+6+N"自然教育课程体系等	大熊猫国家公园自然教育中心、教育展示基地以及大熊猫国家公园自媒体	线下为主、线上为辅
东北虎豹国家公园	林草科学知识、生态系统知识等	北京师范大学东北虎豹生物多样性国家野外科学观测研究站、动植物标本馆	线上为主，线下为辅
海南热带雨林国家公园	热带雨林知识、森林文化类课程、森林美学类课程等	科普宣教馆、自然科普教育基地、自然教育学校	线下、线上相结合
武夷山国家公园	武夷山国家公园植物多样性、野生动物、生态监测、朱子理学文化的当代价值、《走进武夷山国家公园》系列课程等	自然教育课堂、自然教育学习平台、自然宣教馆	线上、线下相结合

2.2 现存问题

目前中国国家公园自然教育尚存在着社会公众参与度不高等问题，国家公园自然教育体系需进一步完善，国家公园自然教育功能仍需进一步提升。通过对 5 个国家公园进行调研发现，当前国家公园自然教育工作依然存在着教育内容针对性不强、数字化平台建设不够完善和特色文化融入度不高等问题，具体表现在：（1）在内容选择方面未考虑社会不同群体的差异化需求和认知特点，缺乏成体系的针对不同需求和认知特点群体的教育内容，缺乏与不同类型学校的教育体系之间的融合；（2）自然教育设施缺乏、方式陈旧，主要沿用传统的课堂教学和科普宣传形式，在数字化平台建设方面实践创新不足；（3）文化挖掘不够、结合度不高，国家公园开展自然教育的理念尚未充分融合中华优秀传统文化与地方民族生态文化，未能深入发掘上述文化中的特质资源，并与自然教育有机结合。

3 中国国家公园自然教育功能提升路径

中国国家公园自然教育工作尚处于初期探索的阶段，在受众群体、文化融合以及传统与数字结合等方面依然存在着较大的提升空间，借鉴国外经验可以助推国家公园教育功能提升，为更好地促进国家公园建设提供重要的路径选择。

3.1 分类构建不同群体进公园的自然教育管理机制

建立完善的国家公园分类教育管理机制有助于有针对性的知识需求和认知体验，精准实现对不同群体自然教育功能的提升。各级政府部门应从政策设置、资金安排、制度保障等方面，分类构建不同群体进公园的自然教育管理机制，以点带面、以个人带动家庭，充分吸纳中小学生、大学生、高校科研工作者以及志愿者广泛参与国家公园建设管理，从而提升国家公园自然教育工作的科学性、广泛性、高效性。对于中小学而言，可加强国家公园与当地中小学机构之间的教育合作，结合学校教育教学内容，将国家公园规划为学生课外实践基地，开展一系列深入体验式教育课程，带动更多的家庭参与国家公园管理建设，培养社会群体从小热爱自然、保护自然的生态教育思想，实现可持续自然教育传承。针对大学生或普通公众，应当全面落实志愿者进公园机制，加强大学生、志愿组织等多方参与度水平，从而不断加强社会群体参与性，挖掘国家公园自然教育受众的广泛性，拓宽面对公众开展自然教育的途径。同时，为了更好地提升国家公园自然教育功能，应充分鼓励科研人员走进公园，建立国家公园与相关高校、科研单位之间的教育合作长效保障机制，不断加强国家公园建设的科学性、专业性，推进自然教育各项活动的组织、策划、实施以及培训，全面提升国家公园自然教育功能的科普性。

3.2 全面构建数字平台进公园的自然教育规划机制

全面打造数字平台进公园的自然教育规划机制，有助于为公众提供线上与线下相结合、传统与现代技术相结合的感官体验，全方位、多角度向公众群体宣传国家公园自然教育知识，实现历史与现实、静态与动态自然教育的功能。国外经验表明，数字平台建设不仅较好地满足了自然教育需求，也对科学管理国家公园资源具有重要作用。国家公园应充分收集自然、人文等方面的信息，构建历史与现实、自然与人为相结合的理论知识资源数据库；充分利用现代多媒体技术，构建声光电、静态照片、动态视频等多媒体资源数据库；充分吸收广大公众的参与，构建开放、共享的实践资源数据库，以此完善自然教育数字平台建设，推动自然教育有效开展。此外，还应充分利用数字平台的教育资源优势，将国家公园自然教育相关的资源保护理论知识、多媒体资源以及生态保护实践内容，通过主题宣讲活动、直播、开放慕课、纪录片等形式，面向幼儿园、中小学、大学等不同教育机构对象以及社会公众等开展自然教育，助推国家公园自然教育在国内外媒介的推广教育实践。

3.3 共同构建不同文化进公园的自然教育融合机制

推动融合中华民族传统优秀文化、地方民族文化进国家公园自然教育机制建设有助于提高中华民族优秀传统文化的传承力度以及加强自然教育与当地民族文化之间的深度融合，用当地民族特色的教育方式实现对于国家公园自然教育功能的挖掘。中华优秀传统文化以其自身的底蕴性、博大性、包容性深深扎根于华夏民族基因中，而地方民族文化则以其独特性、地域性、兼容性深深融入当地居民内心，上述文化的融合，将有助于更好地实现国家公园自然教育功能的发挥，推动当地自然教育的健康发展。借鉴国外经验，可举办寓教于乐、形式丰富多彩的活动，将中华民族传统优秀文化、地方民族文化融入自然教育活动中，更好地激发社会群体对国家公园自然教育的接收度。位于不同地域的国家公园应充分挖掘自身资源特色，找寻自然生态与人文信息的结合点，充分利用中华民族传统优秀文化、地方民族文化融入自然教育活动中，更好地激发社会群体对国家公园自然教育的接受度。位于不同地域的国家公园应充分挖掘自身资源特色，找寻自然生态与人文信息的结合点，充分利用中华民族优秀传统文化与地方民族文化中蕴含的文化知识，不断推进特色文化进公园，并实现其与自然教育的融合发展。同时，还应充分吸收高校、科研院所以及企业在环境保护、生态保护以及生物多样性保护等方面所取得的优秀成果，形成不同文化进公园的成果支撑基础。

未来，可以吸取美国、德国、日本等国家公园建设中相对成功的经验，立足于中国国情、省情、园情，打造具有中国特色的国家公园自然教育体系，全面实现国家公园自然教育功能的提升；同时，系统全面总结首批 5 个国家公园自然教育实践中的经验和方法并进一步推广，以全面提升中国国家公园自然教育功能。

参考文献

［1］林昆仑，雍怡．自然教育的起源、概念与实践［J］．世界林业研究，2022，35（2）：8-14.

［2］岳伟，杨雁茹．把国家公园作为开展自然教育的天然宝库［J］．人民教育，2022（1）：42-44.

［3］Ferretti-Gallon K，Griggs E，Shrestha A，Wang G. National Parks Best Practices：Lessons from a Century's Worth of National Parks Management［J］．International Journal of Geoheritage and Parks，2021，9（3）：335-346.

［4］徐斌．"两山理论"视角下梅岭国家森林公园生态旅游开发研究［D］．长沙：南昌大学，2021.

［5］李铁英，陈明慧，李德才．新时代背景下中国特色的国家公园自然教育功能定位与模式构建［J］．野生动物学报，2021，42（3）：930-936.

［6］赵敏燕，董锁成，崔庆江，李泽红，Vladimiror I，Leonid K，et al. 基于自然教育功能的国家公园环境解说系统建设研究［J］. 环境与可持续发展，2019，44（3）：97-100.

［7］胡毛，吕徐，刘兆丰，陈莎. 国家公园自然教育途径的实践研究及启示——以美国、德国、日本为例［J］. 现代园艺，2021，44（5）：185-189.

［8］李霞，余荣卓，罗春玉，王光玉. 游客感知视角下的国家公园自然教育体系构建研究——以武夷山国家公园为例［J］. 林业经济，2020，42（1）：36-43.

［9］唐艺挈，谭欣悦，代丽梅，汪晖，唐才富. 大熊猫国家公园自然教育体系构建研究［J］. 绿色科技，2021，23（5）：250-253.

［10］李杰，李涛，彭阿柳，冯水园，董乐乐. 大熊猫国家公园自然教育工作研究——以大熊猫国家公园佛坪管理分局依托科研的自然教育为例［J］. 绿色科技，2020（23）：268-270.

［11］崔庆江，赵敏燕，唐甜甜，王丹，陈武强，陈建祥. 基于网络文本分析的大熊猫国家公园公众体验感知研究［J］. 生态经济，2020，36（11）：118-124+131.

［12］王紫晔，石玲. 关于国内自然教育研究述评——基于 Bibexcel 计量软件的统计分析［J］. 林业经济，2020，42（12）：83-92.

［13］沈雪松，刘娟. 中国传统文化"天人合一"教育观与西方传统自然教育观的共鸣与异声［J］. 开封教育学院学报，2016，36（4）：162-163.

［14］Yonk Rm，Lofthouse J K. A Review on the Manufacturing of a National Icon：Institutions and Incentives in the Management of Yellowstone National Park［J］. International Journal of Geoheritage and Parks，2020，8（2）：87-95.

［15］Lewis R H. Environmental Education and Research in Yellowstone National Park［J］. Museum International，1973，25（12）：85-88.

［16］Van Der Knaap W O，Van Leeuwen J F N，Fahse L，et al. Vegetation and Disturbance History of the Bavarian Forest National Park，Germany［J］. Vegetation History and Archaeobotany，2020，29（2）：277-295.

［17］蔚东英. 国家公园管理体制的国别比较研究——以美国、加拿大、德国、英国、新西兰、南非、法国、俄罗斯、韩国、日本 10 个国家为例［J］. 南京林业大学学报（人文社会科学版），2017，17（3）：89-98.

［18］中川宏治. 青年海外協力隊による環境教育活動のあり方に関する一考察［J］. Japanese Joumnal of Environmental Education，2015，24（3）：60-73.

［19］窦亚权，李娅. 我国国家公园建设现状及发展理念探析［J］. 世界林业研究，2018，31（1）：75-80.

5　省域视角下中国森林碳汇空间外溢效应与影响因素①

付　伟　李　龙　罗明灿　陈建成　王福利

摘要：森林碳汇空间相关性与溢出效应对林业产业的区域统筹发展具有重要作用，科学核算各地区的森林碳汇量并分析其空间关联特征是制定差异化碳汇发展政策的重要基础。以森林蓄积量扩展法核算我国 31 个省（市、自治区）② 1993-2018 年 6 次森林资源清查期间的森林碳汇量，探究省域间森林碳汇量的相关性特征，并利用空间计量模型分析森林碳汇的外溢效应和影响因素。结果表明：（1）我国整体森林碳汇量不断增加，不同地区的森林碳汇量差别较大。西南省份和东北林区森林碳汇量处于第一梯队，上海和北京碳汇增速较快。（2）研究期间内的 Moran's I 指数先呈现倒"V"形的变化特征，之后又以较为稳定的趋势上升，我国各地区的森林碳汇分布存在显著的空间关联性。（3）森林碳汇的空间外溢效应显著，根据空间杜宾模型将外溢效应分解为直接效应、间接效应和总效应。林业管理水平和森林蓄积水平对本地和相邻地区森林碳汇量有正向影响，林业产业发展水平对本地区的森林碳汇量有负向影响。综上，我国各地方政府对差异化林业碳汇政策的制定和执行应兼顾区域因素，以我国林

---

① 本文发表于《生态学报》2023 年第 10 期，全文保持发表格式。
② 本文尚缺中国港澳台统计数据。

业政策的总体空间规划来综合统筹各区域森林政策，在"山水林田湖草沙"的命运共同体理念引领下，实现林业的绿色高质量发展。

关键词：森林碳汇；绿色发展；空间外溢效应；空间相关性

Spatial spillover effects and influencing factors of forest carbon sink in China from provincial perspective

FU Wei   LI Long   LUO Mingcan   CHEN Jiancheng   WANG Fuli

Abstract：The regionally integrated development of the forestry industry is significantly influenced by the spatial correlation and spillover effects of forest carbon sinks. The scientific accounting of forest carbon sinks in each region and analysis of their spatial correlation characteristics provide a crucial foundation for developing differentiated carbon sink development policies. The forest stock expansion method was used to account for the forest carbon sinks of 31 Chinese provinces (municipalities and autonomous regions) over six forest inventory periods from 1993 to 2018. The spatial econometric model was then used to analyze the spillover effects and influencing factors of forest carbon sinks. The findings revealed that：(1) China's overall forest carbon sinks were increasing, while forest carbon sinks in different regions varied greatly. The forest carbon sinks in southwestern provinces and northeastern forest areas were in the first echelon, and Shanghai and Beijing had a faster growth rate of carbon sinks. (2) There was a considerable spatial association between the distribution of forest carbon sinks in different parts of China during the study period, and the Moran index initially displayed an inverted "V" shaped change before increasing in a more stable pattern. (3) The forest carbon sink had an obviously regional spillover effect, which was divided into direct effects, indirect effects, and total effects by the spatial Durbin model. Forest carbon sinks in the immediate area and its neighbors were positively impacted by forestry management and stock levels, while negatively impacted by forestry industry development levels. In conclusion, local governments in China should consider regional factors when developing and implementing differentiated forestry carbon sink policies, and should use the overall spatial planning of national forestry policies to thoroughly coordinate regional forestry policies in order to achieve green and high-quality development of forestry under the leadership of the "community of destiny of mountains, water, forests, fields, lakes, grasses, and forests".

Key words: forest carbon sink; green development; spatial spillover effect; spatial correlation

全球经济的迅速发展带来了自然生态环境的破坏，CO_2 在大气中的浓度不断增高，给人类的生存环境带来了切身的危害，低碳减排成为全球共识。我国 CO_2 排放量不断增长，已成为世界第一大碳排放国，低碳减排将成为我国未来发展的重要战略方向。在第七十五届联合国大会上习近平主席第一次明确提出了"双碳"目标，中央财经委员会第九次会议提出"要把碳达峰、碳中和纳入生态文明建设整体布局"[1]。中国共产党第二十次全国代表大会上进一步提出要推动绿色发展，加快实施重要生态系统保护和修复重大工程。"双碳"目标的提出昭示着我国低碳减排的决心，要在减少"碳源"和增加"碳汇"两方面持续推进温室气体减排[2]，与碳减排政策一致，大力推动森林碳汇的发展将是缓解全球气候变化的重要方式[3-4]。森林吸收大气中的 CO_2 并储存就是森林的碳汇功能[5-6]。森林是陆地生态系统中最大的碳库，在"双碳"目标的实现过程中存在着巨大的生态效益[7]。森林的碳汇功能对全球的碳循环有着深刻的影响[8-9]。2020 年联合国粮农组织公布的全球森林资源评估报告显示，全球森林碳储量约占全球植被碳储量的 77%，森林碳储能力的提高在"双碳"目标的实现中具有重要作用[10]。森林碳汇的发展将成为应对气候变化及"双碳"

目标实现的重要途径之一[11-12]。

国际上最早于 1960 年左右开始进行森林碳汇的研究[13]。马学威等[14] 将森林碳汇的研究分为萌芽期和快速发展期两个阶段，2006 年之前为萌芽期，2007 年至今为快速发展期[15]。早期的研究代表 Schroeder[16] 使用森林生长模型将森林集约经营对碳储量的影响进行了探析，学者们在之后的研究中，将自然科学和经济学的融合纳入了动态分析框架和模型，森林碳汇的研究不断走向完善[17-18]。国内对森林碳汇空间溢出效应的研究存在着不同的观点，在森林碳汇的空间溢出效应是否显著及存在正向还是负向的空间溢出效应之间产生分歧[19]。薛龙飞等[20] 通过研究我国 31 个省市的森林碳汇情况，证明了我国森林碳汇之间有着显著的负向空间溢出效应，但大量国内学者还是在省域层面上对森林碳汇进行研究[21-22]。森林资源禀赋类似的地区在森林碳汇量上存在较大差异[23]，学者们从经济发展水平[24]、森林管理水平[25-27] 以及森林灾害[28] 等方面对其影响因素进行研究，这些因素对森林碳汇量都有着重要的影响。在碳汇的空间溢出效应研究中，孙建卫等[29]、孙丽文等[30] 和徐敬俊等[31] 分别对林业碳汇的经济和区域效应、省域碳锁定的空间外溢效应以及渔业碳汇的空间外溢效应方面进行了研究。

综上所述，国内外对森林碳汇的研究较为广泛，为学者对森林碳汇的研究提供了丰富的材料，但大量学者研究视角仍关注于单一省份，对空间分布状况的研究较少且局限于一般性分析，对国家层面森林碳汇的空间溢出效应和影响因素未能进一步探究。由于森林资源的分布不是独立的，地理环境的相似性、政策引导的溢出性和生产创新的互补性等会产生较强的区域关联效应，地区间的协调发展问题值得深入探究。本文通过森林蓄积量扩展法测算我国 31 个省（市、自治区）在 1993-2018 年六次森林资源清查期间的森林碳汇量，对省域空间森林碳汇总量相关性特征进行对比，利用空间计量模型进行森林碳汇的外溢效应和影响因素分析，为我国各地区差异化森林碳汇政策的制定与实施提供支撑，利用我国林业政策的总体空间规划来综合统筹各区域森林政策，促进林业绿色高质量发展。

1 数据介绍与研究设计

1.1 数据介绍

1.1.1 数据来源

选择 1993 年、1998 年、2003 年、2008 年、2013 年和 2018 年我国六次森林资源清查的统计资料，数据源自于《全国森林资源清查报告》和《中国林业统计年鉴》，对相关数据取对数来消除异方差的影响。

1.1.2 变量选取

本文在相关文献的基础上，进行了以下变量的选取：（1）林业产业发展水平，森林碳汇量与林业产业发展水平之间有着正相关的关系，选取林业产业总产值与森林面积的比值，即森林单位面积产值代表林业产业发展水平，记为 F-level。（2）劳动力要素投入，在劳动力素质保持恒定的基础上，劳动者人数在很大程度上影响林业产量，从而对森林碳汇量有着重要影响。文中以林业系统年末从业人员人数代表劳动力要素投入水平，记为 F-labor。（3）林业管理水平，造林行为是土地利用变化的方式，可以大幅提高植被碳汇[32]。由于造林行为对森林碳汇的影响存在 10 年作用的生长期[33]。以被解释变量早 10 年的造林面积代表林业管理水平，记为 F-area。（4）森林采伐面积，因为采伐量对森林碳汇有着重要的关系，选取原木的采伐量作为影响森林碳汇的重要指标，记为 F-logs。（5）森林灾害程度，不同地区的森林生态情况不同，森林火灾、病害、虫害对森林碳汇产生一定的影响，以森林火灾、病虫害面积与森林面积的比值代表森林灾害程度，记为 F-disaster。（6）森林蓄积水平，森林蓄积量对森林碳汇有着主导影响，以单位面积森林蓄积量代表各地区森林蓄积水平，记为 F-stock。

1.2 研究设计

根据空间计量经济学的观点，不同区域的事物和现象之间在空间上相互影响，存在一定的空间相关性。地理空间中各经济事物之间存在着不同相关程度和交互效应，是事物本身所固有的空间经济属性，空间计量经济学用空间外溢效应来定义和分析这种相关性。

本文在对我国 31 个省（市、自治区，不包括港澳台地区，下同）的森林碳汇量进行测算的基础上，运用空间自相关中的全局和局部 Moran's I 指数来考虑森林碳汇的时空格局，以空间计量模型分析森林碳汇空间关联性。对三种空间计量模型进行比较，选择最优模型对森林碳汇的空间外溢效应以及影响因素进行研究。

2 研究方法

2.1 森林碳汇量测算

本文以森林蓄积量扩展法核算森林碳汇量，公式中 C_S、C_V、C_B 和 C_F 依次为不同森林结构的碳汇量，分别为森林土壤碳汇量、林下植被碳汇量、森林生物量碳汇量和森林总体碳汇量[23]。S_{ij}、C_{ij}、V_{ij} 分别代表第 i 类地区第 j 类森林类型的森林面积、森林碳密度和森林单位面积蓄积量，具体公式如下：

$$C_F = C_S + C_B + C_V \tag{1}$$

$$C_F = \sum (S_{ij} \times C_{ij}) + \alpha \sum (S_{ij} \times C_{ij}) + \beta \sum (S_{ij} \times C_{ij}) \tag{2}$$

$$C_{ij} = V_{ij} \times \sigma \times \rho \times \gamma \tag{3}$$

式中，α、β、σ、ρ 和 γ 分别为林下植物碳转换系数、森林碳转换系数、微生物含量扩大系数、容积系数和含碳量。各项折算系数均根据联合国政府间气候变化专门委员会的默认参数值取值。其中，α 取值 0.195，β 取值 1.244，σ 取值 1.90，ρ 取值 $0.50 t/m^3$，γ 取值 0.50[34]。

2.2 空间关联性分析

探索性空间数据分析（Exploratory Spatial Data Analysis, ESDA）主要使用地理可视化技术来揭示空间数据的特征。文献中经常使用它来确定空间数据分布模式、聚集热点和空间异质性[35]。ESDA 的优势在于能够提取其他方法无法识别的复杂空间现象，并为发现新的研究问题奠定基础[36]。它反映了特定空间中观测数据的相互依赖性。空间自相关方法分为全局空间自相关（Global Moran's I）和局部空间自相关（Local Moran's I）。全局 Moran's I 指数可以发现空间的集聚或异常值并发现空间分布的差异和关联性。取值为（-1，+1），全局 Moran's I 指数>0 时，数值越大则空间正关联性越明显；全局 Moran's I 指数 =0 时，则空间分布关联性较弱；全局 Moran's I 指数<0 时，数值越小则空间差异性越显著。全局空间自相关分析仅用一个值来反映研究区域间的空间差异的平均程度，却不能详细地说明区域间各个对象间具体的空间关联模式，没有考虑到空间异质性，因此无法反映地理单元内的局部空间相关性。所以，有必要使用局部自相关来确定具体集聚情况[37]，通过进行局部自相关分析来描述邻近空间的属性值的相关程度。相应公式如下：

$$I_G = \frac{n \sum\limits_{i=1}^{n} \sum\limits_{j=1}^{n} w_{ij}(y_i - \overline{y})(y_j - \overline{y})}{(\sum\limits_{i=1}^{n} \sum\limits_{j=1}^{n} w_{ij}) \sum\limits_{i=1}^{n} (y_i - \overline{y})^2} \tag{4}$$

$$I_L = \frac{(y_i - \overline{y}) \sum\limits_{j=1}^{n} w_{ij}(y_j - \overline{y})}{\sum\limits_{i=1}^{n} (y_i - \overline{y})^2 / n} \tag{5}$$

式中，I_G、I_L 和 n 分别为全局、局部 Moran's I 指数和地区总数，$\overline{y}$ 为地区相应指标的平均值，y_i 和 y_j 分别表示第 i、j 地区相应属性的观测值，w_{ij} 为空间权重矩阵元素，描述了空间对象在第 i 和第 j 二点间的关联。此外，利用 Moran's I 指数散点图进一步研究我国森林碳储量的局部空间集聚模式。在 Moran's I 指数散点图中，第一（第三）象限代表碳储量的高（低）水平，表示高-高（低—低）集聚。第二（四）象限表明碳储量水平低（高）的省份被水平高（低）的省份包围，代表低-高（高—低）集聚[38]。

2.3 空间计量模型

在进行空间计量模型的研究中，先忽略各空间单元之间的相关作用，进行普通最小二乘回归（Ordinary Least Squares Regression，OLS），预设回归模型如下：

$$y_{it} = \beta_i x_{it} + \mu_{it} \tag{6}$$

式中，t、i、y_{it} 和 x_{it} 分别为时间、观测样本、n×1 维的被解释变量以及 n×k 维的解释变量，β_i 为 k×1 维的 x_{it} 的影响系数，μ_{it} 为 n×1 维的相互独立的随机误差项向量，且 $\mu_{it} \sim (0, \sigma^2)$ 分布。

在最小二乘模型的基础上，检验相邻空间单元要素之间的相关性。若显著相关，则利用拉格朗日乘子检验（Lagrange Multiplier，LM）对三种空间计量模型做抉择：空间滞后模型（Spatial Lagged Model，SLM）、空间误差模型（Spatial Error Model，SEM）以及空间杜宾模型（Spatial Durbin Model，SDM）。

所有的空间计量模型给出以下的形式：

$$y_{it} = \rho \sum_{j=1}^{n} w_{ij} y_{it} + \varphi + x_{it}\beta + \sum_{j=1}^{n} w_{ij} x_{ijt}\gamma + \mu_i + \eta_i + \varphi_{it} \tag{7}$$

$$\varphi_{it} = \lambda \sum_{j=1}^{n} w_{ij}\varphi_{it} + \varepsilon_{it} \tag{8}$$

其中，y_{it}、w_{ij}、ρ 分别为第 i 个地区 t 时刻的因变量、n×n 阶的空间权重矩阵以及因变量的空间自回归系数，$\sum_{j=1}^{n} w_{ij} y_{it}$ 代表临近地区因变量对本地区的影响，x_{ijt} 为 K 维解释变量，β 是 k×1 维回归部分的参数估计系数向量，$\sum_{j=1}^{n} w_{ij} x_{ijt}\gamma$ 是临近区域自变量对本区域自变量的影响，γ 是 k×1 维空间自相关系数矩阵，μ_i、η_i 和 φ_{it} 分别为空间效应项、时间效应项和误差项，λ 是误差项的空间自相关系数，ε_{it} 为独立同分布误差项且服从 $(0, \sigma^2)$ 分布。

空间滞后模型（SLM）、空间误差模型（SEM）和空间杜宾模型（SDM）分别由以上公式的调整而来。

空间滞后模型（SLM）（$\lambda = \gamma = 0$）：

$$y_{it} = \rho \sum_{j=1}^{n} w_{ij} y_{it} + \varphi + x_{it}\beta + \mu_i + \eta_i + \varphi_{it} \tag{9}$$

空间误差模型（SEM）（$\rho = \gamma = 0$）：

$$y_{it} = \varphi + x_{it}\beta + \mu_i + \eta_i + \varphi_{it} \tag{10}$$

$$\varphi_{it} = \lambda \sum_{j=1}^{n} w_{ij}\varphi_{it} + \varepsilon_{it} \tag{11}$$

空间杜宾模型（SDM）（λ＝0）：

$$y_{it} = \rho \sum_{j=1}^{n} w_{ij}y_{it} + \varphi + x_{it}\beta + \sum_{j=1}^{n} w_{ij}x_{ijt}\gamma + \mu_i + \eta_i + \varphi_{it} \tag{12}$$

3 结果分析

3.1 我国各省（市、自治区）森林碳汇量分析

我国森林碳汇总量丰富，年均碳汇量为1509780.85万t（表1）。根据1993-2018年各省市的碳汇量分布及变化情况，整体上看，我国森林碳汇分为三个梯队：第一梯队为西南省份和东北林区，由于地理因素，这些地区拥有大量的森林面积，为我国森林碳汇总量的主力军。第二梯队为南方林区，在我国森林碳汇中居于中等水平。第三梯队为东部沿海地区，碳汇量相较于前两个梯队较少。2018年，我国森林碳汇总量为1976234.52万t。西藏碳汇量为264438.45万t，居我国首位，占全国碳汇总量的13.38%。云南、四川、黑龙江三省的碳汇总量紧随其后，之间的碳汇量差距不大，四省的森林碳汇总量占我国碳汇总量的46.68%。天津、上海和宁夏由于其森林面积和地理因素的影响，碳汇量较低。2018年，上海碳汇量最低，但是从碳汇量的变化情况来看，上海碳汇增速较快，我国多个省份的碳汇增长幅度都较大，整体处于上升趋势。

表1 我国各省（市、自治区）森林碳汇量汇总（10^4t）

地区	1993年	1998年	2003年	2008年	2013年	2018年	平均值	变化率
北京	517.00	794.54	973.97	1203.22	1651.28	2823.74	1327.29	446.17
天津	183.81	185.65	162.60	230.42	433.32	533.23	288.17	190.10
河北	6075.57	6891.13	7541.91	9701.58	12483.05	15915.79	9768.17	161.96
山西	5192.37	6538.68	7182.77	8855.38	11283.01	14972.05	9004.04	188.35

续表

地区	1993 年	1998 年	2003 年	2008 年	2013 年	2018 年	平均值	变化率
内蒙古	103891.81	113724.85	127615.18	136382.15	155856.92	176911.54	135730.41	70.28
辽宁	15660.99	18695.00	20247.04	23433.31	29016.75	34465.17	23586.38	120.07
吉林	87855.79	91125.88	94588.36	97793.75	106882.47	117353.68	99266.66	33.58
黑龙江	156121.52	163432.31	159299.86	176217.40	190562.31	213984.31	176602.95	37.06
上海	12.30	27.72	38.51	116.95	215.89	520.75	155.35	4132.49
江苏	941.29	1003.02	2647.54	4056.86	7495.66	8161.21	4050.93	767.02
浙江	10961.26	12885.12	13364.57	19953.44	25116.53	32571.55	19142.08	197.15
安徽	7241.92	9610.86	12016.11	15935.99	20940.17	25703.67	15241.45	254.93
福建	37268.46	42275.72	51389.11	56114.64	70433.86	84500.07	56996.98	126.73
江西	20956.94	25844.82	37658.09	45796.08	47314.88	58697.63	39378.07	180.09
山东	1738.11	1715.76	3709.19	7343.35	10333.80	10613.82	5909.00	510.65
河南	5582.83	6092.10	9736.99	14986.82	19804.48	24003.62	13367.80	329.95
湖北	13852.44	15320.13	17848.98	24262.40	33195.18	42295.33	24462.41	205.33
湖南	17549.14	23043.60	30740.84	40440.25	38346.33	47170.19	32881.72	168.79
广东	18823.91	22853.88	32862.29	34968.19	41339.31	54166.94	34169.09	187.76
广西	24745.20	32091.05	42259.82	54306.07	59011.56	78492.91	48484.43	217.20
海南	6598.45	7661.36	8335.77	8427.38	10315.31	17771.95	9851.70	169.34
重庆	2583.97	6181.59	9779.20	13128.23	16974.43	23956.19	12100.60	827.11
四川	151223.53	167547.80	173249.72	184868.58	194632.25	215600.34	181187.04	42.57
贵州	10879.92	16277.48	20616.79	27813.82	34844.30	45394.37	25971.11	317.23
云南	128049.66	148713.99	162111.43	180011.72	196148.93	228537.41	173928.86	78.48
西藏	237937.69	240523.02	262529.19	260147.84	262066.52	264438.45	254607.12	11.14
陕西	32343.99	35063.62	35654.50	39181.94	45868.92	55454.77	40594.62	71.45
甘肃	19116.01	19928.67	20279.20	22433.48	24854.96	29181.96	22632.38	52.66
青海	3429.20	3788.79	4162.14	4536.37	5017.82	5635.24	4428.26	64.33
宁夏	672.69	678.04	455.13	570.16	765.01	967.58	684.77	43.84
新疆	22663.73	29437.14	32484.67	34872.23	38989.10	45439.09	33980.99	100.49
总量	1150671.50	1269953.30	1401541.47	1548089.99	1712194.32	1976234.52	1509780.85	71.75

3.2 我国各省（市、自治区）森林碳汇量空间关联性分析

3.2.1 我国森林碳汇的全局空间关联性分析

本文利用 Geoda18.0 和 Stata15.1 对被解释变量－森林碳汇量进行全局 Moran 检验，选取 Rook 邻接矩阵将海南处理为与广东、广西邻接，作为空间权重矩阵[39]。结果如表 2 所示，1993－2018 年，Moran's I 指数均为正值且通过 1% 的显著性水平检验。显示出我国森林碳汇具有显著的全局空间关联性。

表 2　我国森林碳汇量全局 Moran's I 指数检验

指标 Index	1993 年	1998 年	2003 年	2008 年	2013 年	2018 年
全局 Moran's I 指数	0.324	0.339	0.322	0.327	0.329	0.331
Z	3.0901	3.3117	3.1935	3.1974	3.1723	3.1758
P	0.006	0.006	0.007	0.007	0.008	0.007

如图 1 所示，Moran's I 指数的变化呈现出不同趋势。1993－2003 年，森林碳汇 Moran's I 指数为倒"V"形的先增加后降低的趋势，在 2003 年之后，又以较为稳定的趋势上升。Moran's I 指数的变动说明我国各省（市、自治区）之间的森林碳汇在空间上的集聚程度并不恒定。1988 年之前，由于我国各地区加大对森林的基础保护并投入大量的资金支持，对各地区 Moran's I 指数的提升起到了促进作用。1998－2003 年之间，为了保护生态环境，维护生态安全，一系列林业重点工程在各地区实施。其中包括：天然林保护工程、"三北"防护林以及京津风沙源治理工程等，但是由于各地区保护工程实施的规模和进程存在差异，导致了各地区之间空间集聚效应的降低。2003 年之后，各地区林权改革和退耕还林工程的实施，有效地保护了森林资源，带动了各地区的森林碳汇发展，Moran's I 指数开始稳步提升。

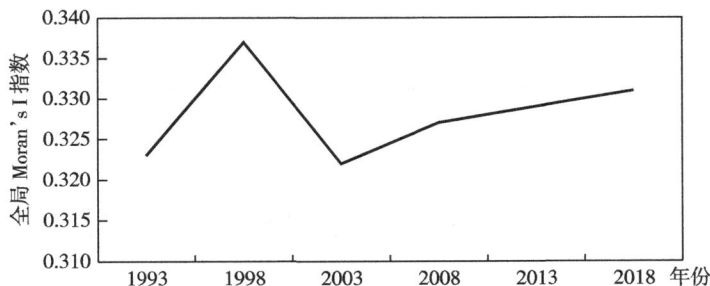

图 1 全局 Moran's I 指数趋势图

3.2.2 我国森林碳汇的局部空间关联性分析

对森林碳汇的全局关联性分析并没有说明森林碳汇量在各地区之间的局部空间自相关情况。因此,应用局部 Moran's I 指数散点图来进行局部的关联性分析。局部 Moran's I 指数散点图四个象限表示四种空间集聚模式,其中,第一象限(H-H)表示高森林碳汇量省(市、自治区)被高森林碳汇量的其他省(市、自治区)所包围;第二象限(L-H)表示低森林碳汇量省(市、自治区)被高森林碳汇量的其他省(市、自治区)所包围;第三象限(L-L)表示低森林碳汇量省(市、自治区)被低森林碳汇量的其他省(市、自治区)所包围;第四象限(H-L)表示高森林碳汇量省(市、自治区)被低森林碳汇量的其他省(市、自治区)所包围。第一三象限表示森林碳汇之间存在着空间正相关作用,第二四象限表示森林碳汇存在着空间负相关作用。

图 2 为我国森林碳汇局部 Moran's I 指数散点图。图中各地区基本落入第一、二、三象限,对比 1993 年和 2018 年的变化情况。1993 年高高相关省份为西藏和云南,低高相关省份为青海。2018 年高高相关省份为西藏和云南,低高相关省份为青海和贵州。高高相关的地区主要集中在我国西南地区,优良的森林资源禀赋,森林管理和林业重点保护工程的实施,推动西南地区林业碳汇集聚发展。

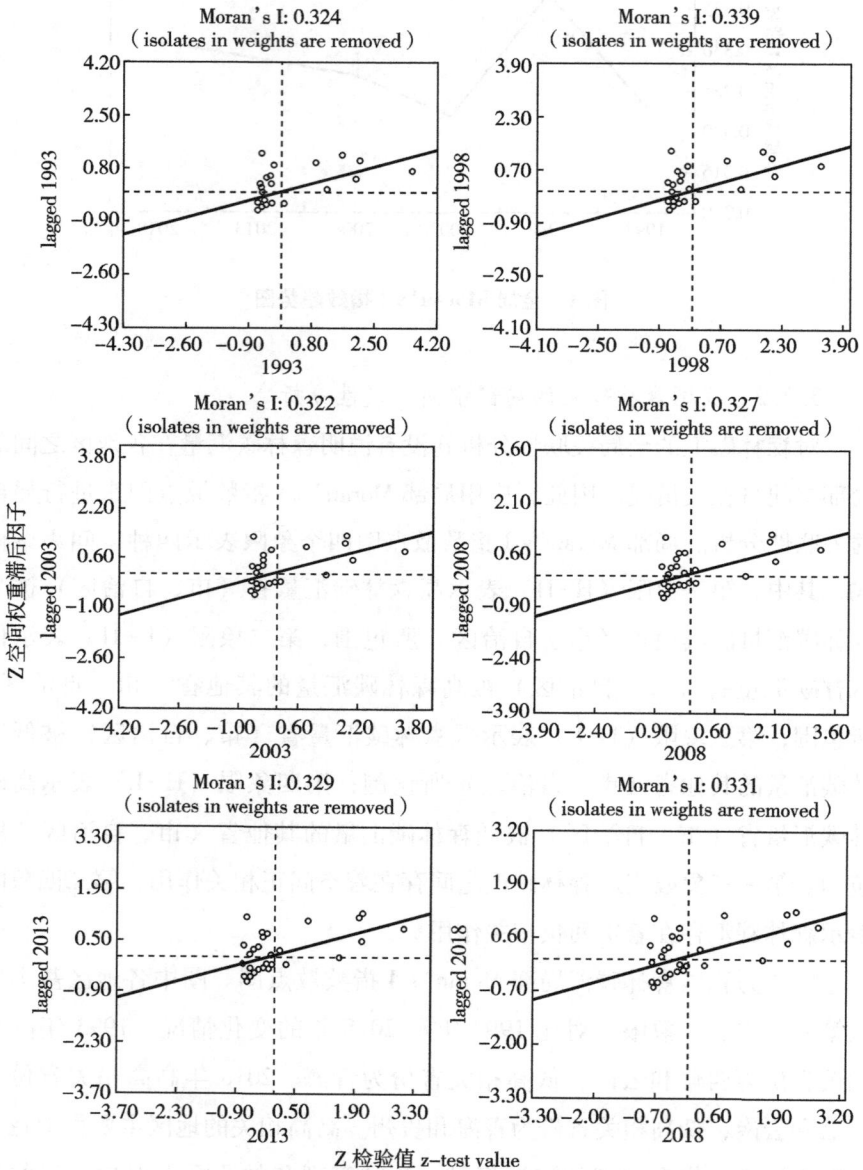

图2 我国森林碳汇 Moran's I 指数散点图

3.3 我国各省（市、自治区）森林碳汇空间外溢效应与影响因素分析

3.3.1 空间计量模型的选择

全局和局部空间相关性分析表明我国森林碳汇的空间外溢效应显著，为此，加入空间因素的影响分析外溢效应。

第一步：LM 检验。首先利用 Stata15.1 软件对所选取变量的面板数据进行 OLS 检验，并根据 LM 检验以及稳健性 LM 检验结果选取空间计量模型。如表 3 所示，林业产业发展水平、森林受灾程度对森林碳汇量存在着显著的负向作用，劳动力要素投入、林业管理水平、森林采伐面积和森林蓄积量水平对森林碳汇量存在显著的正向作用。

表 3 OLS 回归检验结果

变量	回归系数	T 统计量	显著性
林业产业发展水平	−0.2003	−4.88	0.0000
劳动力要素投入	0.2991	5.62	0.0000
林业管理水平	0.1205	3.26	0.0010
森林采伐面积	0.1449	5.13	0.0000
森林灾害程度	−0.2436	−4.24	0.0000
森林蓄积水平	1.4365	12.16	0.0000
R^2		0.8855	

如表 4 所示，LM 检验和稳健性检验都通过了 1% 的显著性检验，4 个检验均拒绝了原假设，说明本文所选变量兼具空间滞后和空间误差自相关效应。在三种空间计量模型中，SDM 模型兼具两种效应，初步判断选择 SDM 模型来进行空间外溢效应的分析。

表 4 LM 和 Robust LM 检验结果

检验统计量	回归系数	显著性
Moran's I 指数	5.027	0.0000
拉格朗日乘子检验（无空间滞后）	20.471	0.0000

检验统计量	回归系数	显著性
稳健性检验（无空间滞后）	7.702	0.0060
拉格朗日乘子检验（无空间误差）	17.083	0.0000
稳健性检验（无空间误差）	4.314	0.0380

　　第二步：三种空间计量模型的比较。通过豪斯曼检验对固定效应和随机效应进行选择，检验结果中，SDM 的豪斯曼检验值为 14.73，Prob>chi2=0.0225，通过了 5% 的显著性检验。故选用固定效应的空间杜宾模型来进行外溢效应的分析。在空间杜宾模型中引用了解释变量的空间滞后项，并使用极大似然估计法可以有效地消除内生性问题。由表 5 可知，在三种空间计量模式的比较中，SDM 模型的 $\sigma^2=0.009$，优于 SEM 和 SAR 模型，拟合优度 $R^2=0.753$ 也优于 SEM 模型。综合考虑，SDM 模型的是最理想的，最终选择固定效应的 SDM 模型进行分析。

表 5　模型回归结果

变量名称	空间滞后模型 SLM	空间误差模型 SEM	空间杜宾模型 SDM
林业产业发展水平	−0.0843 *** (−0.0237)	−0.0949 *** (−0.0258)	−0.0876 *** (−0.0239)
劳动力要素投入	0.0253 (−0.0343)	0.0293 (−0.0359)	0.0365 (−0.0331)
林业管理水平	0.0137 * (−0.00789)	0.00867 (−0.00828)	0.0162 ** (−0.00765)
森林采伐面积	0.00883 (−0.0104)	0.0142 (−0.0111)	0.0125 (−0.0102)
森林灾害程度	−0.0482 *** (−0.0148)	−0.0556 *** (−0.0152)	−0.0460 *** (−0.0144)
森林蓄积水平	0.790 *** (−0.0832)	0.863 *** (−0.0926)	0.811 *** (−0.0824)
空间权重×林业产业发展水平			−0.0410 (0.0369)

变量名称	空间滞后模型 SLM	空间误差模型 SEM	空间杜宾模型 SDM
空间权重×劳动力要素投入			−0.0274 (0.0628)
空间权重×林业管理水平			0.0576*** (0.0217)
空间权重×森林采伐面积			−0.0380* (0.0215)
空间权重×森林灾害程度			0.0528 (0.0322)
空间权重×森林蓄积水平			0.522** (0.208)
λ		0.320** −0.142	
ρ	0.382*** −0.0906		0.238* −0.137
R²	0.768	0.75	0.753
σ²	0.0101*** −0.0013	0.0110*** −0.00142	0.00909*** −0.00117
最大似然估计	107.1987	102.0643	114.9495
似然比检验	15.50***	25.77***	

注：*、**、*** 分别表示通过 10%、5%、1%的显著性检验，括号内数值为 Z 统计量。

第三步：似然比检验（Likelihood Ratio，LR）。对 SDM 模型进行 LR 检验，检验空间杜宾模型是否会退化成 SLM 和 SEM 模型。如表 5，LR 检验分别为 15.50 和 25.77，均通过了 1%的显著性检验。

综上，本文最终以固定效应的空间杜宾模型分析森林碳汇的空间外溢效应与影响因素。

3.3.2 空间外溢效应分析

SDM 模型的主要参数 ρ 的系数为 0.238，存在着明显的正向效应并经过了 10%的显著性试验，数据表明各省（市、自治区）的森林碳汇量之间具有空间溢出效应，并且相邻区域的森林碳汇水平每变化百分之一，本区域的森林碳会正向变化0.238%。对邻近地区森林碳汇的溢出效应，充分体现了地域上的空间关联性。林业产业发展水平、劳动力要素投入水平、林业管理水平、森林采伐面积、森林灾害程度和森林蓄积水平的空间效应分别为：−0.0410、−0.0274、0.0576、−0.0380、0.0528、0.522。其中林业产业发展水平、劳动力要素投入和森林采伐面积对临近省份为负向影响。林业管理水平、森林灾害程度和森林蓄积水平对临近省份为正向影响。

3.3.3 空间外溢效应影响因素分析

空间杜宾模型很好地解释了各地区之间的空间经济相关性，然而参数估计结果并不能将直接作用效果和空间外溢效应直观表现出来，本文将所选变量对森林碳汇的影响效应分解为直接、间接和总效应来更加清晰地展示影响效果。具体结果如表6所示。

表6 空间效应分解

变量	直接效应	间接效应	总效应
林业产业发展水平	−0.0905 *** (0.0245)	−0.0784 (0.0509)	−0.169 *** (0.0568)
劳动力要素投入	0.0339 (0.0325)	−0.0259 (0.0800)	0.00802 (0.0914)
林业管理水平	0.0207 *** (0.00754)	0.0802 *** (0.0293)	0.101 *** (0.0324)
森林采伐面积	0.00996 (0.00985)	−0.0443 (0.0280)	−0.0344 (0.0300)
森林灾害程度	−0.0435 *** (0.0143)	0.0520 (0.0411)	0.00846 (0.0483)
森林蓄积水平	0.855 *** (0.0798)	0.903 *** (0.207)	1.758 *** (0.222)

注：*、**、***分别表示通过10%、5%、1%的显著性检验，括号内数值为Z统计量。

一是各变量的直接效应。林业产业发展水平、劳动力要素投入、林业管理水平、森林采伐面积、森林灾害程度和森林蓄积水平的直接效应分别为-0.0905、0.0339、0.0207、0.00996、-0.0435和0.855。其中，除了劳动力要素投入和森林采伐面积没有通过10%的显著性检验，其余变量均通过1%的显著性检验。本地区的林业管理水平和森林蓄积水平的提高会对本地森林碳汇量的提高有着推动作用。林业管理水平的提升会提高森林生态环境保护，使森林的生长更加有序，发展更加充分，森林结构更加立体，促进森林碳汇量的增加。森林蓄积水平反映了地区的优势碳汇树种的数量，单位蓄积水平的提高会提升森林碳汇总量。林业产业发展水平和森林灾害程度为负向效应，表明当今林业产业的发展模式在一定程度和森林碳汇量之间存在着不匹配的因素，可能的解释是林业产业政策的侧重点和产业类型的偏好与森林碳汇不能很好的融合发展。而森林灾害与病虫害则直接导致树木生物结构的恶化，遏制林木的正常生长。

二是各变量的间接效应，林业产业发展水平、劳动力要素投入、林业管理水平、森林采伐面积、森林灾害程度和森林蓄积水平的间接效应分别为-0.0784、-0.0259、0.0802、-0.0443、0.0520和0.903。其中，只有林业管理水平和森林蓄积水平通过了1%的显著性检验，剩余变量均未通过10%的显著性检验，即本地区的林业产业发展水平、劳动力要素投入、森林采伐面积和森林灾害程度对相邻地区森林碳汇量的间接影响并不明显。林业管理水平的间接效应系数为正，表明一个地区的林业管理水平的提升会产生示范效应，使得空间相邻地区也会在林业管理水平上向该地区学习，造成相邻省份的林业管理水平也有一定程度的提升，从而提高森林碳汇水平。森林蓄积水平的间接效应系数为正，由于相邻省份的树种在地理位置上的相似性，树种蓄积能力类似，森林碳汇水平有着带动作用。

三是各变量的总效应，林业产业发展水平、劳动力要素投入、林业管理水平、森林采伐面积、森林灾害程度和森林蓄积水平的总效应分别为：-0.169、0.00802、0.101、-0.0344、0.00846、1.758。其中，林业产业发展水平、林业管理水平和森林蓄积水平均通过了1%的显著性检验，剩余变量没有通过 10% 的显著性检验。说明劳动力要素投入、森林采伐面积和森林灾害程度对森林碳汇量的空间溢出影响并不显著。林业产业发展水平的总效应、直接效应和间接效应系数均为负，但间接效应未通过 10% 的显著性检验。说明林业产业发展水平对本地区的森林碳汇量有负向影响，但是对相邻省份的影响并不明显。林业管理水平的总效应、直接效应和间接效应系数均为正，且均通过了 1% 的显著性检验。林业管理水平在直观上对森林结构的丰富度，森林树种的抚育度以及森林的生态保护水平等方面存在正向影响。表明林业管理水平不仅对本地区的森林碳汇量有推动作用，而且对相邻地区产生示范和拉动效应，带动相邻地区森林碳汇水平提升。森林蓄积水平的总效应、直接效应和间接效应系数同样均为正。森林蓄积水平反映了当地树种的综合碳汇能力，且临近地区之间由于地理空间的相似性，树种碳汇能力差异不大，因此，森林蓄积水平对本地区和相邻地区的森林碳汇水平都存在着促进作用。

4 结论与启示

4.1 主要结论

根据我国森林碳汇量的核算及空间外溢效应和影响因素分析结果，本文从森林碳汇量的整体和变化情况、空间外溢效应以及各因素的影响三个方面得到以下结论：

一是我国整体上具有丰富的森林碳汇量。年均碳汇量为 1509780.85万 t。六次森林资源清查期间，森林碳汇量整体呈上升趋势。由于森林资源禀赋的差异，各地区的森林碳汇量存在较大差异。西藏、云南、四川、黑龙江四个省份的森林碳汇总量较大，占我国碳汇总量的 40% 以上。天津、上海和宁夏的森林碳汇量处于较低的位置，但是在增长幅度上面，上海市森林碳汇量增速最快。

二是我国各省（市、自治区）森林碳汇量空间关联性分析。我国森林碳汇具有显著的全局空间关联性。1993 - 2003 年期间，森林碳汇 Moran's I 指数为倒 "V" 形的先增加后降低的趋势，在 2003 年之后，又以较为稳定的趋势上升。Moran's I 指数的变动说明我国各省（市、自治区）的森林碳汇在空间上的集聚程度并不恒定。局部 Moran's I 指数反映出高高相关省份为西藏和云南，低高相关省份为青海和贵州，各个时期变动不大，表明我国森林碳汇已形成高高相关格局，且高高相关的地区主要集中在我国西南地区，由于丰富的森林资源，森林管理和林业重点保护工程的实施，推进了西南地区林业碳汇集聚发展。

三是我国森林碳汇的空间外溢效应及影响因素分析。各省（市、自治区）的森林碳汇量之间存在显著的空间外溢效应。且相邻区域的森林碳汇水平每变化 1%，本区域的森林碳汇量正向变化 0.238%。其中林业产业发展水平、劳动力要素投入和森林采伐面积对临近省份为负向影响。林业管理水平、森林灾害程度和森林蓄积水平对临近省份为正向影响。对空间外溢效应进行分解：直接效应中，林业管理水平和森林蓄积水平对本地森林碳汇量有正向影响，林业产业发展水平和森林灾害程度为负向效应。间接效应中，本地区的林业产业发展水平、劳动力要素投入、森林采伐面积和森林灾害程度对相邻地区森林碳汇量的间接影响并不明显。林业管理水平和森林蓄积水平对相邻地区森林碳汇量有正向影响。总效应中，林业管理水平和森林蓄积水平对本地和相邻地区森林碳汇量有正向影响，林业产业发展水平对本地区的森林碳汇量有负向影响，但是对相邻省份的影响并不明显。

4.2 政策启示

根据上述研究结论，我国在制定和实施差异化林业碳汇政策时有以下启示：

一是我国森林碳汇量在空间上存在着显著的空间相关性与空间外溢效应，对差异化林业碳汇政策的制定与实施应考虑区位因素，结合相邻地区的森林资源禀赋和林业产业发展水平进行林业发展的空间规划，并综合协调各地区林业政策，在"山水林田湖草沙"的命运共同体理念引领下，合理实现森林碳汇林业绿色发展。

二是利用好森林碳汇的空间外溢效应，林业产业发展水平和森林采伐面积对森林碳汇量的总效应影响为负，说明林业产业绿色发展进程中应进行结构上的调整，要调整林业第一产业占比，优化林业第二、第三产业融合发展，促进森林碳汇水平的提升。森林采伐量应合理制定采伐配额，优化采伐侧重于人工林。发挥西南地区与东北林区的辐射作用，带动相邻地区森林资源的合理利用与规划，充分吸收碳汇林项目实施经验。

三是根据各因素对我国森林碳汇影响程度的不同进行相应变革，林业产业的发展模式和森林碳汇之间存在着不匹配的因素，未能很好地与森林碳汇融合发展，要加快林产品加工业发展规模的扩大和发展方式的转变。在林业管理水平和森林蓄积水平方面，森林环境稳定、树种结构多样化、优势碳汇树种扩大化是林业绿色发展的基础，要保持生态、社会、环境三方的协调，差异化实施林业政策制度，确保森林使用权在流转、抵押和担保上的合规性，提供森林碳汇项目实施的政策保证。严格实施采伐限额制度，提高森林管护能力，科学建立应对森林火灾、病虫害的方案。

参考文献

［1］庄贵阳，窦晓铭．新发展格局下碳排放达峰的政策内涵与实现路径［J］．新疆师范大学学报（哲学社会科学版），2021，42（06）：124-133.

［2］李阳，陈敏鹏．中国省域农业源非 CO_2 温室气体排放的影响因素分析与峰值预测［J］．环境科学学报，2021，41（12）：5174-5189.

［3］陈建成，关海玲．碳汇市场对林业经济发展的影响研究［J］．中国人口·资源与环境，2014，24（S1）：445-448.

［4］王怡然，王雅晖，杨金霖，赵田野，寇林，张大红．黄河流域森林生态安全等级评价与时空演变分析［J］．生态学报，2022，42（06）：2112-2121.

［5］毛海凌．云南省森林碳储量动态变化趋势及对策［J］．中南林业调查规划，2021，40（01）：56-59.

［6］巢清尘．"碳达峰和碳中和"的科学内涵及我国的政策措施［J］．环境与可持续发展，2021，46（02）：14-19.

　　[7] 续珊珊．森林碳储量估算方法综述 [J]．林业调查规划，2014，39（06）：28-33.

　　[8] 孔蕊，张增信，张凤英，田佳西，朱斌，朱敏，王益明．长江流域森林碳储量的时空变化及其驱动因素分析 [J]．水土保持研究，2020，27（04）：60-66.

　　[9] 赵宁，周蕾，庄杰，王永琳，周稳，陈集景，宋珺，丁键浠，迟永刚．中国陆地生态系统碳源/汇整合分析 [J]．生态学报，2021，41（19）：7648-7658.

　　[10] 王国胜，孙涛，昝国盛，王棒，孔祥吉．陆地生态系统碳汇在实现"双碳"目标中的作用和建议 [J]．中国地质调查，2021，8（04）：13-19.

　　[11] 付伟，罗明灿，陈建成．碳足迹及其影响因素研究进展与展望 [J]．林业经济，2021，43（08）：39-49.

　　[12] 姜晓艳，吴相利．林业资源型城市生态-经济-社会协调发展的定量测度——以黑龙江省伊春市为例 [J]．生态学报，2021，41（21）：8396-8407.

　　[13] 李顺龙．森林碳汇经济问题研究 [D]．哈尔滨：东北林业大学，2005.

　　[14] 马学威，熊康宁，张俞，赖佳丽，张仕豪，季传泽．森林生态系统碳储量研究进展与展望 [J]．西北林学院学报，2019，34（05）：62-72.

　　[15] 张颖，李晓格．碳达峰碳中和目标下北京市森林碳汇潜力分析 [J]．资源与产业，2022，24（01）：15-25.

　　[16] Schroeder P. Can Intensive Management Increase Carbon Storage in Forests? [J]. Environmental Management, 1991, 15（04）：475-481.

　　[17] Golub A, Hertel T, Lee H L, Rose S, Sohngen B. The Opportunity Cost of Land Use and the Global Potential for Greenhouse Gas Mitigation in Agriculture and Forestry [J]. Resource and Energy Economics, 2009, 31

(04):299-319.

[18] Nepal P, Ince P J, Skog K E, Chang S J. Projection of US. Forest Sector Carbon Sequestration under US. and Global Timber Market and Wood Energy Consumption Scenarios, 2010—2060 [J]. Biomass and Bioenergy, 2012 (45): 251-264.

[19] 杜之利, 苏彤, 葛佳敏, 王霞. 碳中和背景下的森林碳汇及其空间溢出效应 [J]. 经济研究, 2021, 56 (12): 187-202.

[20] 薛龙飞, 罗小锋, 李兆亮, 吴贤荣. 中国森林碳汇的空间溢出效应与影响因素——基于大陆 31 个省 (市、区) 森林资源清查数据的空间计量分析 [J]. 自然资源学报, 2017, 32 (10): 1744-1754.

[21] 吴胜男, 李岩泉, 于大炮, 周莉, 周旺明, 郭焱, 王晓雨, 代力民. 基于 VAR 模型的森林植被碳储量影响因素分析——以陕西省为例 [J]. 生态学报, 2015, 35 (01): 196-203.

[22] 黄晶晶, 李玲玲, 徐琳瑜. 基于外溢生态系统服务价值的区域生态补偿机制研究 [J]. 生态学报, 2021, 41 (17): 6994-7001.

[23] 薛龙飞, 罗小锋, 吴贤荣. 中国四大林区固碳效率: 测算、驱动因素及收敛性 [J]. 自然资源学报, 2016, 31 (08): 1351-1363.

[24] 李鹏, 张俊飚. 森林碳汇与经济增长的长期均衡及短期动态关系研究——基于中国 1998—2010 年省级面板数据 [J]. 自然资源学报, 2013, 28 (11): 1835-1845.

[25] Fang J, Chen A, Peng C, Zhao S, Ci L. Changes in Forest Biomass Carbon Storage in China between 1949 and 1998 [J]. Science, 2001, 292 (5525): 2320-2322.

[26] Keeling R F, Piper S C, Heimann M. Global and Hemispheric CO_2 Sinks Deduced from Changes in Atmospheri CO_2 Concentration [J]. Nature, 1996, 381 (6579): 218-221.

[27] Goulden M L, Munger J W, Fan S M, Daube B C, Wofsy S C. Exchange of Carbon Dioxide by A Deciduous Forest: Response to Interannual

Climate Variability [J]. Science, 1996, 271 (5255): 1576-1578.

[28] 张旭芳, 杨红强, 张小标. 1993-2033 年中国林业碳库水平及发展态势 [J]. 资源科学, 2016, 38 (02): 290-299.

[29] 孙建卫, 赵荣钦, 黄贤金, 陈志刚. 1995-2005 年中国碳排放核算及其因素分解研究 [J]. 自然资源学报, 2010, 25 (08): 1284-1295.

[30] 孙丽文, 赵鹏, 李少帅, 杜娟. 中国省域碳锁定空间溢出效应及影响因素分析——基于空间面板模型的实证检验 [J]. 科技管理研究, 2020, 40 (03): 225-232.

[31] 徐敬俊, 张洁, 佘翠花. 海洋碳汇渔业绿色发展经济外溢效应评价研究 [J]. 中国人口·资源与环境, 2020, 30 (06): 136-145.

[32] 龙飞, 沈月琴, 吴伟光, 祁慧博, 朱臻, 张哲. 区域林地利用过程的碳汇效率测度与优化设计 [J]. 农业工程学报, 2013, 29 (18): 251-261.

[33] Garten Jr C T. Soil Carbon Storage Beneath Recently Established Tree Plantations in Tennessee and South Carolina, USA [J]. Biomass and Bioenergy, 2002, 23 (02): 93-102.

[34] 李奇, 朱建华, 冯源, 肖文发. 中国森林乔木林碳储量及其固碳潜力预测 [J]. 气候变化研究进展, 2018, 14 (03): 287-294.

[35] Li C, Wu K, Gao X. Manufacturing Industry Agglomeration and Spatial Clustering: Evidence from Hebei Province, China [J]. Environment, Development and Sustainability, 2020 (22): 2941-2965.

[36] 刘华军, 王耀辉, 雷名雨. 中国战略性新兴产业的空间集聚及其演变 [J]. 数量经济技术经济研究, 2019, 36 (07): 99-116.

[37] Cheng Z. The Spatial Correlation and Interaction between Manufacturing Agglomeration and Environmental Pollution [J]. Ecological Indicators, 2016 (61): 1024-1032.

[38] Chen Z, Zhu H, Zhao W, Zhao M, Zhang Y. Spatial Agglomera-

tion of China's Forest Products Manufacturing Industry：Measurement，Characteristics and Determinants［J］. Forests，2021，12（08）：1006.

［39］孟斌，王劲峰，张文忠，刘旭华. 基于空间分析方法的中国区域差异研究［J］. 地理科学，2005，25（04）：11-18.

6　云南省天然林碳储量和碳密度动态变化探析①

胡忠宇　苏建兰　龙　勤　李茂梅

摘要： 基于八次（1977–2018 年）全国森林资源清查数据，采用生物量转换因子法分析云南省天然林碳储量和碳密度。结果显示：（1）云南省天然林碳储量从第二次全国森林资源清查的 45088.60 万 t 增长到第九次清查的 81015.10 万 t，净增 35926.50 万 t，年均增长率 1.64%；（2）天然林碳密度整体呈"升—降—升"态势，第九次全国森林资源清查估算的碳密度值为 55.79t/hm^2；（3）第七次至第九次全国森林资源清查中，中龄林碳储总量和增量均为最大，三次清查中，天然林碳密度关系均为过熟林>成熟林>近熟林>中龄林>幼龄林，按林种分析，碳储量排序均为防护林>用材林>特用林>薪炭林，碳密度均为特用林>防护林>用材林>薪炭林；（4）不同优势树种中，栎类、阔叶混、云南松、针阔混、其他软阔类、冷杉碳汇贡献最大，不同优势树种碳储量增量排序为阔叶混>针阔混>云南松>针叶混>冷杉，铁杉、冷杉、云杉碳密度估算值较大，生长质量良好。

关键词： 天然林；森林碳储量；碳密度；动态分析；云南省

---

① 本文发表于《林业资源管理》2022 年第 4 期，全文保持发表格式。

Analysis on the Changing Tendency of Carbon Sequestration and Carbon Density of Natural Forests in Yunnan Province

HU Zhongyu   SU Jianlan   LONG Qin   LI Maomei

Abstract: Based on the forest resources inventory data of eight times (1977-2018), the biomass expansion factor was used to analyze the carbon sequestration and carbon density of natural forests in Yunnan Province. The results showed that: 1) The carbon sequestration of natural forests in Yunnan Province increased from 450. 886 million tons in the second inventory to 810. 151 million tons in the ninth inventory, with a net increase of 359. 265 million tons and an annual growth rate of 1. 64%; 2) The carbon density of natural forest showed a "rising - falling - rising" trend, carbon density tested in the ninth inventory was 55. 79t/hm^2; 3) In the seventh to ninth inventory, the total amount and increment of carbon sequestration in middle-age forest were the largest, and the order of carbon density in natural forest in the third inventory was overmature forest > mature forest > near mature forest > middle-age forest > young forest; The order of carbon sequestration of different forest species was shelterbelt forest > timber forest > special forest > fuel forest, and the order of carbon density was special forest > shelterbelt forest > timber forest > fuel forest; 4) Among the different dominant tree species, Quercus, broadleaves mixed forest, Pinus yunnanensis, mixed coniferous and deciduous forests, other soft wood and Abies fabri were the main contributors to the carbon sequestration of natural forests in Yunnan Province, the order of carbon sequestration increment of different dominant tree species was: broadleaves mixed forest>mixed coniferous and deciduous forests>Pinus yunnanensis>mixed coniferous>Abies fabri, and the estimated carbon density of Tsuga chinensis, Abies fabri, Picea asperata was quite high, with sound growth quality.

Key words：natural forest；carbon sequestration；carbon density；dynamic analysis；Yunnan Province

森林生态系统在调节全球碳平衡和减缓气候变化方面发挥着越来越重要的作用[1]，且森林生态系统有着较强的碳储能力，有研究数据表明，森林碳储达到陆地生态系统的 76%-98% 的水平[2]。森林碳储量是森林生态系统结构、功能以及森林质量评价的重要指标之一，同时也是联合国气候变化框架公约和千年发展目标的重大研究内容[3]。天然林生物链条独立完整，物种分布极为丰富，对调节区域碳平衡以及改善环境和气候有积极作用[4]，因此，天然林碳储量的研究对于实现"碳达峰、碳中和"以及生态文明发展目标有着重要意义。

云南省属于西南林区的重要组成部分，天然林的碳汇贡献在"碳达峰、碳中和"战略实施中发挥着巨大作用。然而，有关云南天然林碳储量与碳密度的研究较少，其中杨英等[5] 以 3 期森林资源清查数据预测了云南省 2012-2027 年森林碳汇潜力；汤浩藩等[6]、肖义发等[7]、马林等[8] 以云南省二类清查数据为基础并采用生物量法，分别从省域和县域角度定量推算全省整体碳储量和碳密度，但均未深入剖析全省天然林碳汇贡献和动态变化情况。另有学者就云南省不同类型优势树种（组）的固碳现状和碳汇潜力进行研究，龙廷位等[9]、茶枝义[10] 采用不同的碳储量计量方法分别估算思茅松（Pinus kesiya var. langbianensis）、针叶林（coniferous）碳储量和碳密度变化情况。现有学者针对云南省整体碳储量和碳密度开展了诸多研究，但对天然林碳储量、碳密度的研究较少，难以准确推定天然林对云南省乃至全国"双碳"目标的突出贡献。为此，本研究从云南省天然林视角宏观剖析其总碳储量和碳密度，微观诠释不同龄组、林种、优势树种（组）碳储量和碳密度现状和动态变化，旨在丰富理论研究的同时，为后期云南天然林经营政策制定和经营实践提供决策依据。

1 数据与方法

1.1 数据来源

九次全国森林资源清查（1973-2018 年）数据显示，第一次全国森林资源清查数据未按林分起源统计各优势树种面积和蓄积，本研究采用的生物量转换因子法需以云南省天然林各优势树种面积和蓄积为基础做后期测算，故以第二次清查（1977-1981 年）至第九次清查（2014-2018 年）数据为基准，展开云南省天然林碳储量、碳密度的总量分析。自 1998 年以来，国家大力推进天然林保护措施，相继提出减少、停止天然林商业性采伐、完善生态补偿机制、制定推行生态保护红线等政策，本研究基于该时间段利用第七次（2004-2008 年）至第九次（2014-2018 年）三期 15 年全国森林资源清查数据，于微观层面分析云南省天然林各龄组、各林种、各优势树种（组）的碳储量、碳密度现状和变动趋势。

1.2 研究方法

1.2.1 森林碳储量估算方法

不同龄组、不同类型优势树种在碳储能力上存在差异，另外，各优势树种地上部分、地下部分都有储碳能力，在充分考虑上述影响后，采用政府间气候变化专门委员会（IPCC）利用森林蓄积（V）、生物量换算因子（BEF）、木材密度（WD）、根茎比（RSR）等参数建立的木材生物量估算模型，即生物量转换因子法，估算云南省天然林碳储量[11]，具体公式如式（1）所示。

$$C_T = \sum_{j}^{n} \sum_{k}^{m} \left[V_{j,k} \times WD_j \times BEF_{j,k} \times (1 + RSR_{j,k}) \times CF_j \right] \qquad (1)$$

式中：C_T 表示的是总的碳储量；$V_{j,k}$ 指的是第 j 类优势树种第 k 龄组的蓄积量（m^3）；WD_j 指的是第 j 类优势树种基本木材密度（t/m^3）；$BEF_{j,k}$ 指的是第 j 类优势树种第 k 龄组的生物量扩展因子（无量纲）；$RSR_{j,k}$ 指的是第 j 类优势树种第 k 龄组的地下生物量和地上生物量的比值（无量纲）；CF_j 指的是第 j 类优势树种的含碳率（%）。

1.2.2 碳密度计算方法

植被的碳密度指的是单位面积内植物通过光合作用固定 CO_2 以后产生的有机物储量，碳密度值是衡量树木生长质量的重要指标之一，对碳密度的合理估算可为后期森林经营方案的制定提供数据支撑，进而为提出切实可行的"稳碳增汇"措施提供科学依据。

国内外学者对碳密度的推算在小区域、国家层面都有了较为成熟的方法。本研究采用的计算公式为：

$$C_\rho = C_T / S \tag{2}$$

式中：C_ρ 表示碳密度（t/hm^2）；C_T 为推算储碳总量（t）；S 为森林面积（hm^2）。

2 结果与分析

2.1 云南省天然林发展概况

1981-2018 年近 40 年间，在八次全国森林资源清查结果中，云南省天然林面积和蓄积保持稳定增长，天然林面积从第二次全国森林资源清查（1977-1981 年）的 790.15 万 hm^2 增长到第九次全国森林资源清查（2014-2018 年）的 1452.10 万 hm^2，总增长率达到 83.78%，年均增长率为 1.70%；天然林蓄积由 109090.09 万 m^3 增长到 175619.57 万 m^3，总增长率为 60.99%，年均增长率为 1.33%（图 1）。

图 1 显示，全国森林资源清查下的云南省天然林面积在 1977-1993 年期间略有波动，森林蓄积值保持相对稳定。自第四次森林资源清查起，云南省天然林面积和蓄积实现持续双增长，说明国家天然林保护工程的启动与深入开展，较好地保护了该省天然林资源，提高了天然林质量，以生态效益为基准的森林经营取得了实质性进展。

2.2 云南省天然林总碳储量、碳密度变化状况

云南省天然林良好的发展势头极大地增强了碳汇功能，体现出巨大的碳汇潜力。基于碳储量和碳密度测算方法，本文以全国八次森林资源一类清查数据估算云南省天然林的总碳储量和碳密度[12]（表 1）。

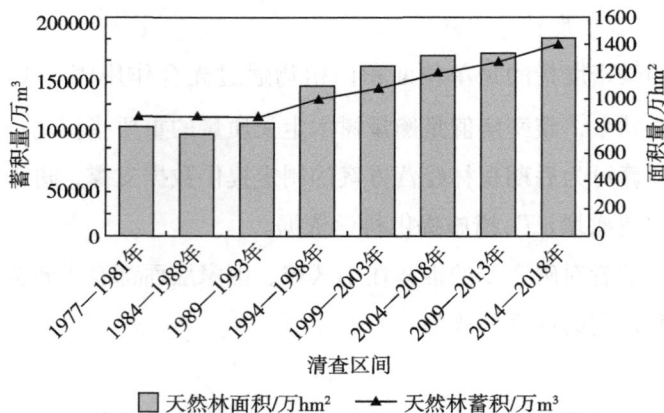

图 1 云南省历次森林资源清查天然林面积、蓄积量

表 1 云南省天然林碳储量、碳密度

清查区间	碳储量/万 t	碳密度/（t/hm²）
1977–1981 年	45088.599	57.063
1984–1988 年	44839.378	60.489
1989–1993 年	44907.455	54.896
1994–1998 年	51790.725	47.322
1999–2003 年	55684.614	44.787
2004–2008 年	69712.670	52.885
2009–2013 年	72718.384	54.627
2014–2018 年	81015.102	55.792

2.2.1 云南省天然林总碳储量变化状况分析

由表 1 可知，第二次至第三次全国森林资源清查期间，云南省天然林碳储量总量呈下降状态，绝对量减少了 249.22 万 t。直至第四次全国森林资源清查期间，天然林碳储量才恢复至第二次的水平。说明我国"木头经济"对天然林产生了较大的破坏，为推动经济发展，大量天然林被采伐，使其整体质量下滑，碳储量也随之下降。第五次至第九次全国森林资源清查期间，云南省天然林碳储量呈现持续上升趋势，增长率分别达到

15.33%、7.52%、25.19%、4.31%、11.41%，其中以第七次清查时的数据增长最为显著。总体而言，依据八次全国森林资源清查数据估算，云南省天然林碳储量从第二次清查的45088.60万 t 增长到第九次清查的81015.10万 t，实现了绝对增量35 926.50万 t，增长率为79.68%，年均递增970.99万 t，年均增长率为1.64%。云南省天然林近40年碳汇功能不断提高，为区域生态安全与"双碳"目标作出了较大贡献。

　　2.2.2　云南省天然林总碳密度变化状况分析

　　云南省天然林碳密度测算结果显示，碳密度总体呈"升—降—升"的态势。全省天然林碳密度由第二次全国森林资源清查期间的57.06t/hm² 上升到第三次全国森林资源清查期间的60.49t/hm²，成为至今出现的碳密度推算值的最大值，第四次、第五次和第六次全国森林资源清查期间，全省天然林碳密度测算值持续呈下降状态，甚至降至40多年来的最低值（44.79t/hm²）。第七次、第八次和第九次全国森林资源清查期间，云南省天然林碳密度持续上升，分别为52.89t/hm²、54.63t/hm²、55.79t/hm²。云南省天然林碳密度的提高，证明树木生长质量较好，与天然林保护工程、山林所有权的落实、森林管理责任制的建立密切相关，此举保护和发展了森林资源，提高了天然林生长质量，促进木材碳密度正向增长。

　　云南省天然林碳储量、碳密度总体增长的态势说明，国家天然林保护一期和二期工程实施，禁止了天然林商业性采伐行为，天然林得以休养生息。同时，这一时期对天然林的积极培育、科学修复和深度保护，实现了天然林以木材生产为主向生态建设为主的转变，使其逐渐发展成为群落稳定、生物多样性丰富的陆地生态系统[13]。随着全省天然林管护制度、修复监管制度的日益完善，天然林质量得到进一步提升，天然林资源的碳汇功能不断显现，碳汇潜力将随着天然林质量的提升而不断彰显。

　　2.3　云南省天然林不同龄组碳储量和碳密度变化情况

　　2.3.1　不同龄组天然林碳储量分析

　　以第七次、第八次、第九次全国森林资源清查数据为基础，采用生物量转换因子法推算云南省天然林 5 种龄组的碳储量和碳密度值（表 2）。

表 2　云南省天然林不同龄组碳储量及其占比

龄组	项目	清查区间		
		2004-2008 年	2009-2013 年	2014-2018 年
幼龄林	碳储量/万 t	12424.457	12376.620	14871.916
	碳储量占比/%	17.82	17.02	18.36
中龄林	碳储量/万 t	16146.554	17400.995	21354.199
	碳储量占比/%	23.16	23.93	26.36
近熟林	碳储量/万 t	13297.376	13796.395	15541.081
	碳储量占比/%	19.07	18.97	19.17
成熟林	碳储量/万 t	14138.353	15528.250	15633.430
	碳储量占比/%	20.28	21.35	19.30
过熟林	碳储量/万 t	13705.930	13616.124	13614.476
	碳储量占比/%	19.67	18.73	16.81

　　森林生态系统中，森林碳储量与植被龄组密切相关。由表 2 可知，云南省天然林的中龄林植被碳储量贡献总量最大，增长趋势也最为明显。第七次至第九次全国森林资源清查期间，全省天然林 5 种龄组的碳储量相比，中龄林最大，其次为成熟林；中龄林的碳储量占比最大，分别占各次清查的 23.16%、23.93% 和 26.36%，呈现稳中上涨趋势；幼龄林、近熟林、成熟林和过熟林的碳储量贡献情况差距不大。

　　云南省天然林不同龄组碳储量除第八次全国森林资源清查期间幼龄林碳汇略有下降，过熟林因老化、碳汇功能弱化所致的碳储量持续下降外，总体碳储量呈上升状态。第九次全国森林资源清查相较于第七次全国森林资源清查，中龄林绝对值增量 5207.65 万 t，增长率达 32.25%，年均增长额为 520.77 万 t，年均增长率 3.15%；幼龄林、近熟林、成熟林绝对增量 2447.46 万 t、2243.71 万 t、1495.08 万 t，增长率分别为 19.70%、16.87% 和 10.57%，过熟林则呈现下降趋势，减少 91.45 万 t，下降了

0.67%。总体而言，以蓄积量作为重要指标的生物量转换因子法估算的云南省天然林碳储量与森林生长规律保持了一致，即幼龄林组生长相对缓慢，过熟林衰老所致自然耗损大，两龄组植被所呈现的碳汇贡献不明显；中龄林生长极为旺盛，直径增长快，此龄组林木生物量在速生期间干材生物量迅速提高而叶生物量比例相对减少，其碳储量呈现速增态势；近熟林和成熟林生长状况居于幼龄林和中龄林之间，近熟林和成熟林的碳储量也同样居于幼龄林和中龄林碳储量之间。

2.3.2 不同龄组天然林碳密度分析

木材碳密度变化和龄组结构密切相关，且呈现正相关，云南省天然林随着其木材年龄增长，碳密度值也呈线性增长。各龄组碳密度测算值和云南省天然林总碳密度差异较大（表3）。

表3 云南省天然林不同龄组林分碳密度

清查区间	幼龄林	中龄林	近熟林	成熟林	过熟林	全省总碳密度（t/hm²）
2004-2008 年	25.088	47.459	62.546	86.653	128.117	52.885
2009-2013 年	27.118	47.842	60.267	89.634	125.033	54.627
2014-2018 年	29.542	51.445	63.495	85.959	127.274	55.792

表3显示的云南省天然林平均碳密度分别为52.89、54.63、55.79t/hm²，云南省天然林中的幼龄林、中龄林碳密度三次测算结果均明显小于总碳密度。近熟林碳密度和总碳密度差距不大，成熟林和过熟林碳密度显著大于天然林总碳密度。测算结果说明，云南省天然林中成熟林和过熟林质量相对较高，其碳密度具有显明优势，对碳减排贡献相对较大。

2.4 云南省天然林不同林种碳储量和碳密度变化状态

2.4.1 云南省天然林不同林种碳储量变化状态

《中华人民共和国森林法》按照森林的具体用途将其界定为薪炭林、特用林、用材林、防护林和经济林5大类。由于第七次、第八次和第九次全国森林资源清查公布的云南省数据集中于薪炭林、特用林、用材林和防护林，本研究对除经济林以外的 4 类森林开展了深入分析，并以这 4 种林种作为碳储量和碳密度测算的基础，分析云南天然林中不同林种的碳储量和碳密度变化状态。具体测算值如表 4 所示。

表 4　云南省天然林不同林种碳储量

清查区间	林种	碳储量/万 t
2004-2008 年	防护林	28122.536
	特用林	14760.848
	用材林	25969.149
	薪炭林	860.137
2009-2013 年	防护林	31382.327
	特用林	15431.376
	用材林	24754.576
	薪炭林	1150.105
2014-2018 年	防护林	34338.134
	特用林	16421.770
	用材林	29141.850
	薪炭林	1113.348

表 4 显示，基于第七次、第八次和第九次全国森林资源清查数据测算的 4 大林种碳储量差距明显，4 种林种的碳储量关系为防护林>用材林>特用林>薪炭林，其中防护林和薪炭林碳储量估算结果差距巨大，且三次测算结果都为防护林碳储量居首位，薪炭林碳储量最少。第九次全国森林资源清查数据下的云南省天然林不同林种碳储量测算结果相较第七次清查而言，防护林、用材林、特用林、薪炭林增量分别为 6215.60 万 t、3172.70 万 t、1660.92 万 t、253.21 万 t，增长率分别为 22.10%、12.22%、11.25%、29.44%，年均增长率结果分别为 2.24%、1.29%、1.19%、2.91%。三次清查中，碳储量贡献最大的为防护林，其贡献率分别为 40.34%、43.16%、42.38%；位列第二的用材林碳储量贡献率为 37.25%、

34.04%、35.97%；特用林碳储量贡献率分别为21.17%、21.22%、20.27%；薪炭林碳储量贡献占比分别为1.23%、1.58%、1.37%。

云南省天然林中，防护林碳储量贡献较大，这得益于长江流域和珠江流域防护林体系建设。云南省于1989年、1996年分别启动长江和珠江流域防护林工程建设（以下简称"长防"、"珠防"），实施了长防一期工程和珠防一期、二期、三期工程，通过人工造林和封山育林、低效林改造、适用技术推广及监测体系建设，有效推动了云南省天然林资源持续增长，提高了碳汇功能，使碳储量保持了总体增长，为云南省乃至全国生态安全作出了重要贡献。此外，云南省还针对用材林结构不合理、资源不充分、对进口依赖过大等问题，因地制宜发展了云南省用材林，提高了用材林面积，使得用材林的碳汇贡献仅次于防护林。

2.4.2 云南省天然林不同林种碳密度变化状态

云南省天然林不同林种碳密度差距较大，以第七次、第八次和第九次全国森林资源清查数据和碳密度计量公式推算结果显示，薪炭林、特用林、用材林和防护林碳密度测算值呈不同增减趋势（表5）。

表5 云南省天然林不同林种面积及碳密度

清查区间	项目	防护林	特用林	用材林	薪炭林	全省总况
2004-2008年	林种面积/万 hm²	562.920	152.110	568.130	35.040	1318.200
	碳密度/（t/hm²）	49.958	97.041	45.710	24.547	52.885
2009-2013年	林种面积/万 hm²	592.240	168.900	530.220	39.820	1331.180
	碳密度/（t/hm²）	52.989	91.364	46.687	28.883	54.627
2014-2018年	林种面积/万 hm²	624.390	186.650	600.270	40.790	1452.100
	碳密度/（t/hm²）	54.995	87.982	48.548	27.295	55.792

由表5可知，与碳储量不同的是，云南省天然林中，碳密度最大的是特用林，碳储量和碳密度最小的均为薪炭林，其碳密度大小排序为：特用林>防护林>用材林>薪炭林，除特用林外，其余林种的碳密度基本呈逐年提高的态势。第九次全国森林资源清查下的碳密度较第七次清查结果而

言，防护林、用材林、薪炭林净增量分别为 5.04t/hm²、2.84t/hm²、2.75t/hm²，总增长率分别达 10.08%、6.21%、11.19%；特用林碳密度下降 9.06t/hm²，下降率为 9.34%。

第七次、第八次、第九次全国森林资源清查下的云南省天然林总碳密度值分别为 52.89t/hm²、54.63t/hm²、55.79t/hm²。云南省天然林中的防护林和特用林碳密度高于总碳密度值，而用材林和薪炭林碳密度明显小于云南省总碳密度。碳密度是树木生长质量的直接反映[14]，云南省天然林中防护林的面积逐年增加，但其碳密度却持续走低，说明防护林的生长质量开始变差，后期森林经营中需克服此问题；其他林种的碳密度虽呈现增长态势，但清查间隔期间的净增量较少，后期需适当进行人为干预，以保证不同林种的经营质量。

2.5 云南省天然林不同优势树种（组）碳储量和碳密度变化状态

在第七次、第八次、第九次全国森林资源清查报告中，对云南省天然林优势树种的分类分别为 22 种、24 种、24 种。本研究将碳储量较少的部分类型树种做合并，将云南省天然林优势树种归为 20 类，并以此为基准测算其碳储量和碳密度（表6）。

表6 云南省天然林不同优势树种森林碳储量、碳密度

优势树种	2004-2008 年		2009-2013 年		2014-2018 年	
	储量/万 t	碳密度/ (t/hm²)	储量/万 t	碳密度/ (t/hm²)	储量/万 t	碳密度/ (t/hm²)
冷杉 (Abies fabri)	3120.791	91.626	3105.657	93.826	3496.022	97.193
云杉 (Picea asperata)	571.534	119.070	577.478	100.257	387.049	89.595
铁杉 (Tsuga chinensis)	659.141	196.173	669.499	199.256	522.664	217.777
油杉 (Keteleeria fortunei)	475.310	20.209	512.078	24.258	561.775	30.799

续表

优势树种	2004-2008 年		2009-2013 年		2014-2018 年	
	储量/万 t	碳密度/ (t/hm²)	储量/万 t	碳密度/ (t/hm²)	储量/万 t	碳密度/ (t/hm²)
落叶松 (Larix gmelinii)	70.420	48.903	77.419	53.763	49.546	103.222
华山松 (Pinus armandii)	253.542	37.729	272.378	40.532	323.611	44.946
云南松 (Pinus yunnanensis)	9855.230	34.287	11050.864	39.365	11615.032	44.577
思茅松 (Pinus kesiya var. langbianensis)	2071.239	39.235	1911.968	41.501	1775.678	47.440
高山松 (Pinus densata)	1000.750	46.352	1015.326	50.388	1169.516	56.690
柏木 (Cupressus funebris)	70.875	73.829	84.116	43.810	121.625	126.692
栎类 (Quercus)	16275.914	73.252	12139.386	77.832	14448.577	75.457
桦木 (Betula)	159.043	82.835	220.780	114.990	125.585	65.409
木荷 (Schima superba)	442.137	65.794	472.470	82.026	389.249	90.104
杨树 (Populus L.)	34.747	12.065	40.031	20.849	36.637	19.082
其他硬阔类	6453.116	82.007	854.978	84.819	562.584	90.158
其他软阔类	7720.609	49.962	1949.826	44.639	1603.679	42.833
针叶混	2199.647	50.930	2326.123	53.845	2642.266	55.059
阔叶混	11380.654	48.105	27227.187	54.401	30962.794	52.373
针阔混	6873.178	51.342	7809.126	54.427	9779.739	55.375
其他	24.793	25.825	401.694	92.985	441.474	92.166
合计	69712.670	52.885	72718.384	54.627	81015.102	55.792

2.5.1 不同优势树种（组）天然林碳储量变化状态分析

从表 6 来看，云南省不同森林类型的碳储量差距较大，其中阔叶混、栎类（Quercus）、云南松（Pinus yunnanensis）、针阔混、冷杉（Abies fabri）是天然林碳储量的主要贡献者，且呈现逐年递增的趋势，三次清查中，5 种优势树种的碳储量之和分别占到总天然林碳储量的 68.15%、84.34%、86.78%；落叶松（Larix gmelinii）、柏木（Cupressus funebris）、桦木（Betula）、杨树（Populus L.）、华山松（Pinus armandii）5 种优势树种对碳储量贡献较少。基于第七次全国森林资源清查数据测算的云南天然林 5 种优势树种的碳储量增量排序为：栎类>阔叶混>云南松>其他软阔类>针阔混，5 种优势树种的碳储量之和占总量的 74.74%，相对比例[15]

$$\left(碳储量相对比例 = \frac{优势树种碳储量/总碳储量}{优势树种面积/总面积}\right)$$

测算值分别为 1.38、0.91、0.65、0.94、0.97，栎类相对比例最高，阔叶混、其他软阔类和针阔混次之，云南松最低；第八次全国森林资源清查下的云南省 5 种优势树种碳储量排序为：阔叶混>栎类>云南松>针阔混>冷杉，碳储量之和占总量的 84.34%，排名前 5 的优势树种相对比例值分别为 0.99、1.42、0.72、0.99、1.72；第九次全国森林资源清查下碳汇贡献最大的 5 种优势树种排序为：阔叶混>栎类>云南松>针阔混>冷杉，碳储量之和占总量的 86.78%，其相对比例值为 0.94、1.35、0.80、0.99、1.74，除阔叶混和栎类有小幅度下降，其他树种都呈稳中上升趋势。

第九次全国森林资源清查结果与第七次清查结果相比，其优势树种增量排序为：阔叶混>针阔混>云南松>针叶混>冷杉，其净增量值分别达 19582.14 万 t、2906.56 万 t、1759.80 万 t、442.62 万 t、375.23 万 t，分别增长 172.07%、42.29%、17.86%、20.12%、12.02%。总体而言，云南省天然林中阔叶混、针阔混和针叶混的碳储量贡献值逐年提升，以阔叶混尤为明显，10 年期间增长率达到了 172.07%，年均增长率 11.76%，云南省天然林混交林碳储量的贡献值递增趋势愈加明显。

2.5.2 不同优势树种（组）天然林碳密度变化状态

利用式（2），估算云南省不同类型天然林碳密度，三次清查下，天然林总碳密度分别为 52.89、54.63、55.79t/hm², 呈线性增长的趋势 (表5), 其中各类型优势树种碳密度的变体状态如图2所示。

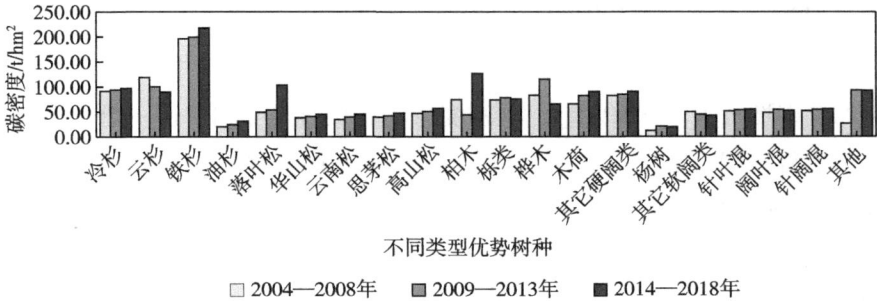

图2 云南省天然林优势树种碳密度趋势图

  由图2可知, 根据第七次、第八次、第九次全国森林资源清查数据推算的云南省天然林各类型优势树种的碳密度差异较大, 其中分布于云南省山区和山谷、河流流域附近的混交林中的铁杉碳密度最大, 三次清查下的碳密度分别达到 196.17t/hm²、199.26t/hm²、217.78t/hm², 碳密度估算结果远远大于其他类型的树种, 且第九次全国森林资源清查结果相较于第七次清查结果绝对增量为 21.61t/hm², 增长率为 11.02%。杨树的碳密度最小, 三次清查下的估算结果分别为 12.07t/hm²、20.85t/hm²、19.08t/hm²。此外, 三次清查下的云南省天然林不同优势树种的碳密度大小排序也出现了变化。第七次全国森林资源清查中, 碳密度排前四的优势树种大小关系为: 铁杉>云杉>冷杉>桦木, 铁杉、云杉的碳密度优势明显; 第八次全国森林资源清查结果排名前四的优势树种大小发生了变化, 即为: 铁杉>桦木>云杉>冷杉; 第九次全国森林资源清查结果则为: 铁杉>柏木>落叶松>冷杉。由此说明, 不同优势树种的生长环境、生长质量等对其碳密度影响较大。

3 结论与讨论

3.1 结论

（1）云南省天然林碳储量和碳密度持续增长。1981-2018 年间，全省天然林碳储量从 45088.60 万 t 增长到 81015.10 万 t，净增 35926.5 万 t，年均储碳增量为 970.99 万 t，碳密度波动起伏且呈"升—降—升"态势。特别值得一提的是，2004—2018 年间，云南省天然林碳密度从 44.79t/ hm^2 提高到 55.79t/ hm^2，该值与李海奎等[16] 采用生物量经验（回归）模型估算得到的云南省乔木林总碳密度 51.18t/ hm^2 相近，和全国天然林碳密度值 47.82t/ hm^2 差距较小，同方精云等[17]、Fang 等[18] 推算的天然林碳密度 48.75t/ hm^2 差距不大，说明生物量转换因子法在天然林碳储量和碳密度测算中具有科学合理性。

（2）云南省天然林林龄与碳储量、碳密度密切相关。采用生物量法估算的云南省天然林碳储量、碳密度值与林龄密切相关，全省天然林中，中龄林碳储总量与增量均最大，幼龄林和过熟林的森林碳汇贡献较少，符合不同龄组生长特性，不同龄组天然林的碳密度大小排序为：过熟林>成熟林>近熟林>中龄林>幼龄林，即树种龄组越大，碳密度越大，此结果与李海奎等[16] 推算的乔木林分龄组碳密度排序结果一致，和黄从德[19]、王宁[20] 按龄组测算的碳密度趋势相同。

（3）云南省天然林不同林种的碳储量和碳密度呈动态变化。从不同林种来看，三次清查期间其碳储量排序均为：防护林>用材林>特用林>薪炭林；碳密度排序均为：特用林>防护林>用材林>薪炭林。

（4）云南省天然林不同优势树种的碳储量和碳密度差异较大。研究结果显示，栎类、阔叶混、云南松、针阔混、其他软阔类和冷杉是云南省天然林碳储量的主要贡献者，其中栎类和阔叶混的贡献值一直居于前二。在碳密度方面，铁杉碳密度最大，达 196.17t/ hm^2 -217.78t/ hm^2，该研究结果和王效科等[21] 估算的我国不同森林生态系统类型的植物 C 密度趋势结果基本吻合。另外，从变化趋势看，第九次全国森林资源清查所得碳储量数据较第七次清查数据有所增量,其中阔叶混增长趋势最为明显,年增长率达 11.76%,云南省天然林各树种组成向混交林变化的趋势显著。

(5)基于样地清查数据并采用生物量法估算的云南省碳储量和碳密度准确性较高,可反映云南省天然林固碳能力和生长实际情况。该研究结果对于摸清全省碳汇"家底",探析云南省天然林在"碳达峰、碳中和"中的具体贡献有重要意义,为后期天然林经营和管护政策制定、经营实践提供了决策依据。

3.2 讨论

结合云南省天然林总碳储量和总碳密度,不同龄组、林种、优势树种碳含量和碳密度动态变化研究结果,针对云南省天然林经营,以稳碳增汇助推"碳达峰、碳中和"目标如期实现,可多角度实施天然林可持续经营政策。

(1)从宏观林业政策层面来看,在天然林经营管护过程中,需持续推行天然林林长制,将其与巩固脱贫攻坚成果、乡村振兴相衔接[22]。各州市设立的林长应贯彻"两山理论",在保证天然林资源不受损害的前提下,科学制定规划,因地制宜发展生态旅游、森林康养等"森林+"模式,促进林业一二三产业融合发展,在促进天然林森林资源高质量发展的同时,实现经济发展和环境保护双重目标。

(2)从中观管理机制层面来看,需完善天然林生态补偿补助机制。云南省可在现有补偿机制上把纳入国家和地方生态公益林的天然林生态补偿分为两部分,即政策性补偿和劳务性补偿[23]。针对集体和林农为保护天然林而产生的损失,应给予政策性补偿;同时对林农参与建设和保护天然林的投入行为予以劳务性补偿,构建实施动态补偿机制,提高林农参与天然林管护的积极性和主动性。

(3)从微观经营管护层面来看,对于天然幼龄林,应优化其优势树种组成,伐除生长质量低劣、生长态势不好的树种。中龄林因其生长特性,固碳能力最强,碳汇贡献最大,应积极抚育幼龄林,保证其良性健康生长为中龄林。此外,还应抓住本土林种优势,提升全省防护林生长质量,充分挖掘碳汇潜力,在新造林选择上,着重选择阔叶混、栎类、云南松、针阔混、冷杉等固碳能力强，生长质量好的优势树种，进一步提高天然林固碳量，助推"双碳"目标如期实现。

参考文献

［1］Zhao Junfang，Xie Hongfei，Ma Jianyong，et al. Integrated Remote Sensing and Model Approach for Impact Assessment of Future Climate Change on the Carbon Budget of Global Forest Ecosystems ［J］. Global and Planetary Change，2021，203（04）：103542.

［2］Bush S R，Earle E D，Langhans R W. Plantlets from Petal Segments，Petal Epidermis，and Shoot Tips of the Periclinal Chimera，Chrysanthemum Morifolium 'Indianapolis'［J］. American Journal of Botany，1976，63（06）：729-737.

［3］李海奎，雷渊才. 中国森林植被生物量和碳储量评估 ［M］. 北京：中国林业出版社，2010.

［4］何亚婷，谢和生，何友均. 长江经济带天然林保护修复存在的问题及建议 ［J］. 林业资源管理，2022（02）：1-9.

［5］杨英，黄国胜，王雪军，等. 云南省森林资源预测及其碳汇潜力研究 ［J］. 林业资源管理，2017（04）：44-49.

［6］汤浩藩，许彦红，艾建林. 云南省森林植被碳储量和碳密度及其空间分布格局 ［J］. 林业资源管理，2019（05）：37-43.

［7］肖义发，孙鸿雁，谢方鑫，等. 云南省禄劝县森林碳储量分析 ［J］. 福建林业科技，2018，45（03）：69-72.

［8］马林，朱仕荣，胡多才，等. 云南省镇雄县森林植被碳储量及碳密度研究 ［J］. 林业建设，2017（03）：47-51.

［9］龙廷位，施俊美. 云南省思茅松林碳储量动态变化研究 ［J］. 林业调查规划，2019，44（04）：7-13.

［10］茶枝义. 云南省针叶林碳储量及固碳潜力分析 ［J］. 西部林业科学，2019，48（04）：7-12.

[11] 黄兴召，王泽夫，徐小牛. 生物量转换因子连续函数的拟合方法比较 [J]. 浙江农林大学学报，2017，34（05）：775-781.

[12] 国家林业和草原局. 中国森林资源报告（2014—2018 年）[M]. 北京：中国林业出版社，2019.

[13] 张逸如，刘晓彤，高文强，等. 天然林保护工程区近 20 年森林植被碳储量动态及碳汇（源）特征 [J]. 生态学报，2021，41（13）：5093-5105.

[14] 程小云，张龙生，李源，等. 甘肃省天然林碳汇现状及其动态变化分析 [J]. 西部林业科学，2020，49（02）：82-90.

[15] 闫睿. 重庆市乔木林碳储量动态分析及潜力预测 [J]. 林业经济，2019，41（07）：70-77.

[16] 李海奎，雷渊才，曾伟生. 基于森林清查资料的中国森林植被碳储量 [J]. 林业科学，2011，47（07）：7-12.

[17] 方精云，陈安平. 中国森林植被碳库的动态变化及其意义 [J]. 植物学报，2001（09）：967-973.

[18] Fang Jingyun, Chen Anping, Peng Changhui, et al. Changes in Forest Biomass Carbon Storage in China between 1949 and 1998 [J]. Science, 2001, 292（5525）：2320-2322.

[19] 黄从德. 四川森林生态系统碳储量及其空间分异特征 [D]. 成都：四川农业大学，2008.

[20] 王宁. 山西森林生态系统碳密度分配格局及碳储量研究 [D]. 北京：北京林业大学，2014.

[21] 王效科，冯宗炜，欧阳志云. 中国森林生态系统的植物碳储量和碳密度研究 [J]. 应用生态学报，2001（01）：13-16.

[22] 许在华. 我国林长制制度体系实施探赜 [J]. 世界林业研究，2022，35（02）：117-122.

[23] 李皓芯，任婧，李娜，等. 基于文献计量的国内外生态补偿研究热点与案例分析 [J]. 生态科学，2022，41（04）：171-180.

7 农户对退耕还林工程满意度的 影响因素及提升路径

——基于云南省鹤庆县和贵州省 织金县的调查数据①

张连刚　支　玲　王光玉　李　娅

摘要：【目的】揭示退耕还林农户满意度的影响因素及作用机制，为退耕还林工程直接参与者满意度的提升和退耕还林工程的可持续发展提供科学依据。【方法】在借鉴相关理论的基础上，构建退耕还林农户满意度影响因素的理论模型，基于云南省鹤庆县和贵州省织金县的 273 份调查数据，应用 Spss24.0 软件的 Amos 组件，运用极大似然法对理论模型进行参数估计。在参数估计之前，对本研究设计的量表进行信度和效度检验，并对构建的理论模型与实际数据适配度情况进行检验，以确保参数估计结果的准确性。【结果】1) 农户对退耕还林工程的认知度对于其参与度和满意度的影响，P 值都小于 0.01，路径系数分别为 0.193 和 0.254，说明农户对退耕还林工程的认知度显著正向影响农户对退耕还林工程的参与度和满意度；2) 农户对退耕还林工程的参与度对于其满意度的影响，P 值小于 0.01，路径系数为 0.607，说明农户对退耕还林工程的参与度显著正向影响农户对退耕还林工程的满意度；3) 退耕还林工程的执行度对农户退

---

① 本文发表于《林业科学》2019 年第 12 期，全文保持发表格式。

耕还林工程认知度和满意度的影响，P 值都小于 0.01，路径系数分别为 0.425 和 0.294，说明退耕还林工程的执行度显著正向影响农户对退耕还林工程的认知度和满意度；4）退耕还林工程的执行度对于其参与度的影响，P 值为 0.145，显著大于 0.05，说明退耕还林工程的执行度对农户退耕还林工程的参与度影响不显著。【结论】农户的认知度和参与度及工程执行度是影响农户对退耕还林工程满意度的重要因素；退耕还林工程的执行度和农户的认知度都显著影响农户的退耕还林工程参与度；退耕还林工程的执行度显著影响农户对工程的认可度和工程发展预期；认知度和参与度是理论模型重要的中介变量，不仅二者直接影响满意度，而且执行度也通过认知度这一中介变量间接影响农户对退耕还林工程的满意度。进一步提高农户对退耕还林工程的政策知晓度和认知度、不断完善补偿方式、提高补偿标准和延长补偿期限、强化退耕还林工程技术支持、及时完善退耕还林工程管理手段和方法，可以进一步增强退耕还林农户的满意度。

关键词：农户；退耕还林；满意度；影响因素；结构方程模型

Influencing Factors and Improving Path of Farmers' Satisfaction with the Grain for Green Project

—A Case Study of Heqing County in Yunnan Province and Zhijin County in Guizhou Province

Zhang Liangang   Zhi Ling   Wang Guangyu   Li Ya

Abstract：【Objective】To reveal the influencing factors and mechanism of the satisfaction of farmers grain for green project, and to provide a scientific basis for improving the satisfaction of direct participants in the grain for green project and promoting the sustainable development of the grain for green project. 【Method】Based on the relevant theories, the theoretical model for the factors affecting the farmers' satisfaction with the grain for green project was constructed. Based on a survey data from 273 farmers of Heqing county of Yunnan province and Zhijin county of Guizhou province, the Amos component of Spss24. 0 software was used. The maximum likelihood method was used to estimate the parameters of the theoretical structural equations model. 【Result】1) The impact of farmers' cognition of the grain for green project on their participation and satisfaction, P value is less than 0. 01, the path coefficient is 0. 193 and 0. 254 respectively, indicating that the farmers' cognition of the grain for green project has a significant positive impact on farmers' participation and satisfaction of the project; 2) The influence of farmers' participation in the grain for green project on their satisfaction, P value is less than 0. 01, and the path coefficient is 0. 607, indicating that the participation of farmers in the grain for green project has a significant positive impact on farmers' satisfaction with the grain for green project; 3) The influence of the implementation degree of the grain for green project on farmers' recognition and satisfaction, P value is less than 0. 01, the coefficients are 0. 425 and 0. 294 respectively, indicating that the implementation of the grain for green project significantly affects the farmers' cognition and satisfaction with the project; 4) The impact of the implementation of the grain for green project on their participation, P value is 0. 145, which is significantly greater than 0. 05, indicating that the implementation degree of the project has no significant effect on the farmers' participation in the project. 【Conclusion】 The cognition and participation of farmers and the implementation degree are important factors affecting the farmers' satisfaction; the implementation and the farmers' cognition have significantly affected the farmers' participation in the project; The implementation degree significantly affects the farmers' cognition and farmers' expectation of the project; the degree of cognition and participation are important mediators of the theoretical model, not only do they directly affect satisfaction, but other variables indirectly affect farmers' satisfaction with the project through the two factors. Farmers' satisfaction can be further enhanced by further improving farmers' policy awareness and recognition of the project, continuously improving compensation method, improving compensation standards, extending compensation period, strengthening technical support, and timely improving management methods and means for the grain for green project.

Key words：farmer；grain for green；satisfaction degree；influencing factors；structural equations model

退耕还林工程作为大型林业生态工程建设项目，要实现可持续发展，必须在改善和修复工程实施区生态环境的同时，发挥其调整区域农业产业结构、增加农民收入的作用。农户是退耕还林工程的直接参与者，他们的态度关乎退耕还林工程的实施效果和可持续发展，而农户对退耕还林工程的满意度是其态度最直接的体现。因此，深入研究农户对退耕还林工程的满意度及其影响因素就显得尤为必要。

目前，学术界从农户视角研究退耕还林工程的成果颇丰。主要集中在三个方面：一是围绕农户参与退耕还林的行为、意愿及其影响因素（危丽等，2006；柯水发等，2008；万海远等，2013）等问题进行探讨研究。二是从农户视角探讨分析退耕还林工程的经济效益问题，主要集中在退耕还林工程对农户生产行为和生产结构调整的影响（汪阳洁等，2012；朱长宁等，2015）、对农户收入福祉的影响（刘浩等，2017；段伟等，2018）、对农户的退耕还林补偿（刘庆博等，2010；皮泓漪等，2018）等方面，其中，对农户收入的影响和退耕还林补偿研究成果较多。三是采用 CVM 等方法或 Logistic 模型，对农户保持或再参与退耕还林工程的意愿等问题进行了深入研究（徐建英等，2017；张朝辉等，2018）。综合来看，基于农户视角的退耕还林研究主要集中在退耕还林工程对农户收入的影响、工程中的农户参与、工程对农户补偿等方面，而以退耕还林农户满意度为主题的研究相对缺乏，只有极少数学者在相关研究（皮泓漪等，2018）中提及该问题，但并未展开系统论证，更缺乏基于实地调查数据的理论和实证分析。本文构建了一个理论模型，并利用云南省鹤庆县和贵州省织金县的 273 份实地调查数据，对退耕还林农户满意度的影响因素进行定性和定量的全面研究。

1　退耕还林农户满意度影响机理分析及研究假说

1.1　认知度

农户对退耕还林工程的认知度包括农户对退耕还林政策的了解程度、对工程是否有必要继续实施的认可度以及对工程能否长久坚持下去的预期。农户作为退耕还林工程的参与主体，其对退耕还林政策的认知直接影响他们对现行补偿政策的满意度及对工程的参与积极性（皮泓漪等，2018）。李荣耀（2011）认为，保障农民的知情权，培养农民的政策掌握能力，可以减少退耕还林工程的实施阻力，提高农户对退耕还林的认可度，进而让农户真正地融入退耕还林工程，并发挥其积极参与的作用。农户只有深入了解退耕还林政策，尤其是全面了解退耕还林工程补偿标准、补偿期限等，他们才有可能积极参与退耕还林工程。在退耕还林工程实施一定时间后，农户会从退耕还林工程给他们带来的福利尤其是收入进行评价，这直接影响到农户对工程的认可度，最终影响退耕还林农户的满意度。因此，提出如下假说：

H1：退耕还林农户的认知度正向影响其对退耕还林工程的参与度。

H2：退耕还林农户的认知度正向影响其对退耕还林工程的满意度。

1.2　参与度

消费者行为学中的参与度是指消费者在产品消费过程中所付出的精力、时间及金钱。由于消费者对不同产品付出的精力、时间等方面的差异，使得消费者对不同产品的关注程度也出现差异（张连刚等，2015）。组织行为学中的参与度主要是参与主体对组织或项目的参与情况。农户参与退耕还林的意愿是退耕还林工程可持续性的关键因素（喻永红，2014）。退耕还林农户的参与程度与农户的收入呈正向关系，而收入提高程度也是农户对退耕还林工程满意度的重要因素（刘璨等，2006）。一般而言，退耕农户实际参与退耕还林工程各环节工作越全面、长期经营林地的打算越强烈、在承包经营林地上投入较大资金的意愿越强烈、投工参与林草业管护或经营的行动越积极，则农户参与退耕还林工程越全面、参与度越深，退耕还林工程的实施效果越好，农户对退耕还林工程的满意度就越高。因此，本研究提出如下假说：

H3：退耕还林农户的参与度正向影响其对退耕还林工程的满意度。

1.3　执行度

退耕还林工程的执行度主要反映相关部门在落实退耕还林指标分配和补偿分配等政策中，补偿指标分配的合理与否，补偿方案是否透明，补偿金额兑现是否及时、足额。退耕指标的分配不合理容易产生寻租行为，增加农户对退耕还林工程的抵触情绪，进而降低农户的满意度（危丽等，2006）。退耕还林工程补偿问题对实施和成果的巩固也具有十分重要的意义，只有解决了农民由于退耕还林而导致的粮食和经济等各方面损失的经济补偿问题，才能提高退耕还林农户的积极性和主动性，进而保证退耕还林工程的顺利开展以及退耕后生态建设成效的长久保持（刘庆博等，2010）。透明的退耕还林补偿方案，及时、足额的兑现行为可以让农户全面了解国家退耕还林政策内容，感受国家对退耕还林农户的关怀，明确他们自身所拥有的权利和义务，增强退耕还林农户对工程的认可度，提高农户对工程的预期，进而提高农户对退耕还林工程的满意度。然而，固定不变的补偿标准可能使生态补偿由"激励过度"向"激励不足"转变，从而直接影响农户的工程参与及维护积极性（皮泓漪等，2018）。另外，退耕还林工程在执行的过程中，也会受到未来市场各种要素变化的影响，致使退耕还林政策的执行效果与预期存在偏差的可能性（柯水发等，2008），这种与预期存在偏差的执行效果也在一定程度上会影响农户对退耕还林工程的满意度。

H4：退耕还林政策的执行度正向影响农户对退耕还林工程的认知度。

H5：退耕还林政策的执行度正向影响农户对退耕还林工程的参与度。

H6：退耕还林政策的执行度正向影响农户对退耕还林工程的满意度。

1.4 满意度

退耕还林工程可持续发展形象地来说体现在 4 个环节，即"退得下""还得上""稳得住""不反弹"。本研究将围绕上述 4 个环节，从利益补偿满意度、技术支持满意度、政策稳定性满意度、自我能力发展满意度 4 个方面测度退耕还林农户满意度。第一，利益补偿满意度主要通过退耕还林补偿标准满意度来衡量，因为退耕还林补偿政策的核心是补偿标准，即农户利益补偿，这是"退得下"的根本保障。其一，补偿标准的制定及执行，直接影响着整个退耕还林工程能否顺利实施；其二，对于退耕农户而言，退耕还林中的直接补偿首先应该补偿的是他们失去种地收益的机会成本，补偿标准高低直接影响农户的收益多少。因此，退耕农户对补偿标准是否满意是反映农户对退耕后收益变化是否满意的重要方面。第二，技术支持满意度主要从规划设计，树种选择，种苗供应、种植、管理和抚育等技术指导等方面加以考虑。技术支持的强弱，事关退耕还林工程森林资源质量的高低和后续产业资源基础的好坏，这是"还得上"的根本保障。第三，退耕还林工程政策稳定性满意度主要通过补偿期限满意度来衡量。对退耕农户而言，政策稳定性直接与退耕还林补偿期限的长短有关系，尤其是生态林。第 1 轮退耕还林工程对生态林与经济林的林种比例有 8：2 的限制，新一轮退耕还林工程对林种比例虽然没有限制，但根据退耕还林实施地块的要求，许多地方仍然只适合发展生态林。因此，本研究尝试用补偿期限满意度反映退耕还林政策稳定性满意度，这是"稳得住"的根本保障。第四，自我能力发展满意度主要通过补偿方式满意度来衡量。退耕还林补偿方式分为直接补偿和间接补偿。直接补偿主要为经济补偿，包括实物（粮食）补偿和现金补偿；间接补偿就是把经济补偿转化为提供条件，如实施巩固退耕还林工程成果专项规划中的基本口粮田建设、农村能源建设、后续产业发展等。不同的补偿方式具有不同的适用范围和实施效果，如何从"输血"向"造血"转变，增强区域和农户的自我发展能力，实现退耕还林工程的可持续发展，需要选择恰当的补偿方式。因此，本研究尝试用补偿方式满意度反映农户自我发展能力满意度问题，这是

"不反弹"的根本保障。

2 退耕还林农户满意度影响因素理论模型构建

基于上述文献回顾、机理分析及研究假说，本研究提出了退耕还林农户满意度影响因素理论模型（图1）。在图1中，认知度、参与度、执行度和满意度都是潜在变量（Latent Variables，即无法观察的变量或理论变量）。图1所示的模型是结构模型，用于反映潜在变量之间的因果关系。作为因的潜在变量称之为外因潜在变量，用符号 ξ 表示；作为果的潜在变量称之为内因潜在变量，用符号 η 表示。外因潜在变量对内因潜在变量的解释变异（Explained Variation）会受到其他因素的影响，这些影响因素称之为干扰潜在变量，用符号 ζ 表示。图1中，执行度是外因潜在变量，用 ξ_1 表示。参与度、认知度和满意度是内因潜在变量，分别用 η_1、η_2、η_3 表示。

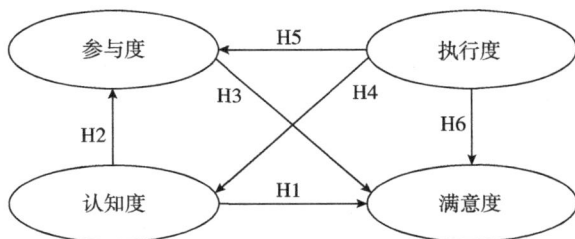

图1 退耕还林农户满意度影响因素理论模型

图1反映了本研究所构建的理论模型潜在变量之间的回归方程式：

$$\eta_3 = \beta_{31}\eta_1 + \beta_{32}\eta_2 + \gamma_{31}\xi_1 + \zeta_3$$
$$\eta_2 = \gamma_{21}\xi_1 + \zeta_2 \tag{1}$$
$$\eta_1 = \gamma_{11}\xi_1 + \zeta_1$$

式中：β_{31} 表示内因潜在变量参与度 η_1 对内因潜在变量满意度 η_3 的影响程度；β_{32} 表示内因潜在变量认知度 η_2 对内因潜在变量满意度 η_3 的

影响程度；γ_{31} 表示外因潜在变量执行度 ξ_1 对内因潜在变量满意度 η_3 的影响程度；γ_{21} 表示外因潜在变量执行度 ξ_1 对内因潜在变量认知度 η_2 的影响程度；γ_{11} 表示外因潜在变量执行度 ξ_1 对内因潜在变量参与度 η_1 的影响程度；ζ_3、ζ_2、ζ_1 分别是上述 3 个回归方程式的残差项。

3 研究设计

3.1 样本县退耕还林情况

（1）织金县退耕还林情况 织金县实施退耕还林工程始于 2002 年，到 2016 年底，经历了 2 轮。织金县第 1 轮退耕还林工程（2002-2014 年）完成任务 26607hm²，其中，退耕地造林 8407hm²，宜林荒山荒地造林 16333hm²；新一轮退耕还林工程（2014-2016 年）完成任务 12140hm²，其中退耕地造林 12140hm²。

（2）鹤庆县退耕还林情况 鹤庆县实施退耕还林工程始于 2000 年，到 2016 年底，经历了 2 轮。鹤庆县第 1 轮退耕还林工程（2000-2014 年）完成任务 8800hm²，其中，退耕地造林 30667.33hm²，荒山造林 5733.33hm²。新一轮退耕还林工程（2015-2016 年）完成任务 333.33hm²，全部为退耕地造林。

2007 年至新一轮退耕还林工程启动前，样本县没有新的退耕地造林任务，工作重点是巩固历年退耕还林成果。巩固退耕还林成果建设项目包括后（接）续产业发展种植业、后（接）续产业发展畜牧业、后（接）续产业发展培训项目、补植补造项目、恢复经营项目、农村能源建设项目、基本口粮田建设项目、生态移民项目等。

3.2 数据来源

在 2006、2012 年 2 轮调研的基础上，课题组于 2016 年 1 月和 6 月、2017 年 4 月先后对云南省鹤庆县和贵州省织金县进行第 3 轮实地跟踪调研。2006 年课题组按照典型抽样原则在织金县、鹤庆县选取了 6 个乡（镇），每个乡（镇）选取了 3-6 个村，采用随机抽样的方法选取退耕农户进行调查。本轮调查退耕还林农户 321 户，涉及乡镇 12 个、村委会 42

个，经过数据筛查，满足本研究数据要求的有效问卷为 273 份，有效问卷率为 85.05%。

在本轮农户调查问卷中，根据课题研究的需要，调查内容增加或丰富了参与度、执行度、认知度和满意度等方面的内容。其中，参与度、执行度、认知度和满意度 4 个变量的测度均采用李克特（Likert）5 级量表。考虑到本研究中 4 个潜在变量的调查存在较多选项，例如：完全没必要、完全不了解、完全不可能、完全不想等，因此，在设计这些问题的选项时，1 代表完全否定（比如非常差），5 代表完全肯定（比如非常好）。

3.3　数据描述

本研究样本数据的基本特征显示，被调查者以男性为主，男性占81.30%；年龄集中在 36 岁以上；文化程度以初中及以下文化程度为主，占被访者的 90.2%；退耕面积集中在 0.667hm² 以下。该样本数据特征与实际相符，具有一定的代表性。

表 1 显示，退耕还林农户对退耕还林工程的发展预期较高，变量的样本均值为 4.06，说明被调查农户认为退耕还林工程可以继续坚持下去。农户对退耕还林工程的认可度较高，该变量的样本均值为 3.95，说明多数农户认为退耕还林工程有实施的必要性。退耕还林工程的政策兑现和补偿方式等变量的均值皆高于 3.5，这反映退耕还林工程在政策兑现和补偿方式等方面工作开展总体较好。描述性统计结果也显示，退耕还林工程农户的投工参与程度较低，变量的样本均值仅为 2.21。

表 1　变量定义及描述性分析

观察变量	变量说明	均值	标准差
工程预期	您认为退耕还林工程能长久坚持下去吗？	4.06	0.955
政策知晓	您了解退耕还林工程的政策内容吗？	2.60	1.212
工程认可	您认为退耕还林工程有必要继续实施吗？	3.95	0.982
资金投入意愿	您在承包经营林地上是否愿意投入较大资金？	2.89	1.247
投工参与程度	您投工参与林草业管护或经营的程度？	2.21	1.426

续表

观察变量	变量说明	均值	标准差
林地长期经营意愿	对于您家的林地，是否有长期经营的打算？	3.78	1.077
政策兑现	您认为退耕还林补偿款的及时或足额兑现情况如何？	3.81	0.863
补偿透明度	您认为退耕还林补偿方案的透明度如何？	3.71	0.920
自我能力发展满意（补偿方式满意）	您对退耕还林补偿方式的满意度如何？	3.86	0.952
利益补偿满意（补偿标准满意）	您对退耕还林补偿标准的满意度如何？	3.44	1.059
政策稳定性满意（补偿期限满意）	您对退耕还林补偿期限的满意度如何？	3.44	1.063
技术支持满意	您对退耕还林工程的技术支持满意度如何？	3.26	1.330

4 满意度影响因素实证分析

4.1 信度和效度检验

在正式分析之前，需要对量表的信度和效度进行检验，以提高实证分析和研究结论的科学性和准确性。

信度检验是指采用同样的方法对同一对象重复测量，得到测量结果的一致性程度。目前，应用较为广泛的方法是采用 Cronbach's α 系数检验量表的信度（严玲等，2018；李月娥等，2018）。Cronbach's α 值越大，则变量各个问题的内部一致性程度就越高。一般认为，Cronbach's α 低于 0.6，则认为内部一致性较低，该量表信度较差；当量表的 Cronbach's α 系数在 0.7-0.8 之间，表示该量表的信度较高；当量表的 Cronbach's α 系数在 0.8-0.9 之间，表示该量表的信度非常高。表 2 显示，4 个潜在变量的 Cronbach's α 系数处于 0.802-0.921 之间，这表明 4 个潜在变量的量表都具有较高的可靠性。

效度检验是指测量工具或手段能够准确反映事物特性或功能的程度，主要包括关联效度、内容效度、结构效度 3 种类型。本研究拟采用结构效

度方法进行效度分析。本研究结构效度分析采用的是因子分析法。从表 2
可以看出，认知度、参与度、执行度和满意度 4 个观测变量所有测度指标
的因子载荷值，除了个别略低于 0.7 以外，其他均高于 0.7。这说明本研
究的量表具有良好的效度，可以较好地反映各个潜在变量。

表 2 潜在变量的 Cronbach'α 系数和观测变量的因子载荷

潜在变量	Cronbach'α 系数	观测变量	因子载荷
认知度	0.802	工程预期	0.731
		政策知晓	0.662
		工程认可	0.755
参与度	0.921	资金投入意愿	0.692
		投工参与程度	0.838
		林地长期经营意愿	0.712
执行度	0.887	政策兑现	0.739
		补偿透明度	0.805
满意度	0.831	自我能力发展满意（补偿方式满意）	0.739
		利益补偿满意（补偿标准满意）	0.878
		政策稳定性满意（补偿期限满意）	0.796
		技术支持满意	0.805

4.2 理论模型适配度评价

本研究样本数据的信度和效度较高，符合多变量正态分布，满足极大
似然法的基本假设。因此，本研究应用 Spss24.0 软件的 Amos 组件，应用
极大似然法进行参数估计。在对参数估计结果进行解读分析之前，需要对
整体模型进行适配度检验。整体模型适配度检验结果见表 3。模型适配度
拟合指数较多，本研究从简约拟合指数、相对拟合指数和绝对拟合指数 3
个方面，分别选择一些具有代表性的指数进行分析。通过表 3 可以看出，
初始模型适配度总体较好，但 χ^2/df、GFI（Goodness-of-Fit Index，良适
性适配指数）和 TLI（Tacker-Lewis Index，非规准适配指数）3 个指标的

初始模型拟合值未达适配标准。为了达到更好的模型拟合度效果，根据卡方值的变化情况和修改指标值所提供的数据，设定资金投入意愿和投工参与程度 2 个观测变量的误差变量 e_1 和 e_2 存在共变关系，在理论模型中增列了 e_1 和 e_2 2 个误差变量之间的共变关系，修正后理论模型的卡方值为 5.336，显著性概率值为 0.175，大于 0.05，未达显著性水平，表示假说的理论模型与实际数据契合。根据参数估计结果中的修改指标值，结合实际经济意义，继续增列工程预期和补偿期限满意 2 个观测变量的误差变量 e_4 和 e_9 之间的共变关系，卡方值进一步降低，且简约拟合指数、相对拟合指数以及绝对拟合指数的每一个检验指数都达到了适配标准，整体模型与实际数据的适配度更好。

表3　整体模型适配度检验[①]

指数分类	检验指数	适配标准	初始模型拟合值	最终模型拟合值
简约拟合指数	χ^2/df	<2	2.175	1.838
	PNFI	>0.5	0.536	0.531
	PCFI	>0.5	0.719	0.637
绝对拟合指数	GFI	>0.9	0.866	0.923
	RMSEA	<0.08	0.069	0.061
相对拟合指数	IFI	>0.9	0.944	0.907
	TLI	>0.9	0.871	0.915
	RFI	>0.9	0.937	0.956

①df：自由度 Degree of Freedom；PNFI：调整后的规准适配指数 Parsimony-Adjusted Normed Fit Index；PCFI：简约比较适配指数 Parsimony Comparative Fit Index；GFI：良适性适配指数 Goodness-of-Fit Index；RMSEA：渐进残差均方和平方根 Root Mean Square Error of Approximation；IFI：增值适配指数 Incremental Fit Index；TLI：非规准适配指数 Tacker-Lewis Index；RFI：相对适配指数 Relative Fit Index.

4.3　参数估计结果及讨论

图 2 是退耕还林工程农户满意度的最终理论模型及参数估计结果。同

时，根据图 2 的标准化参数估计结果及前文提出的研究假说，将研究假说路径及其对应的标准化参数估计系数整理在表 4 中。

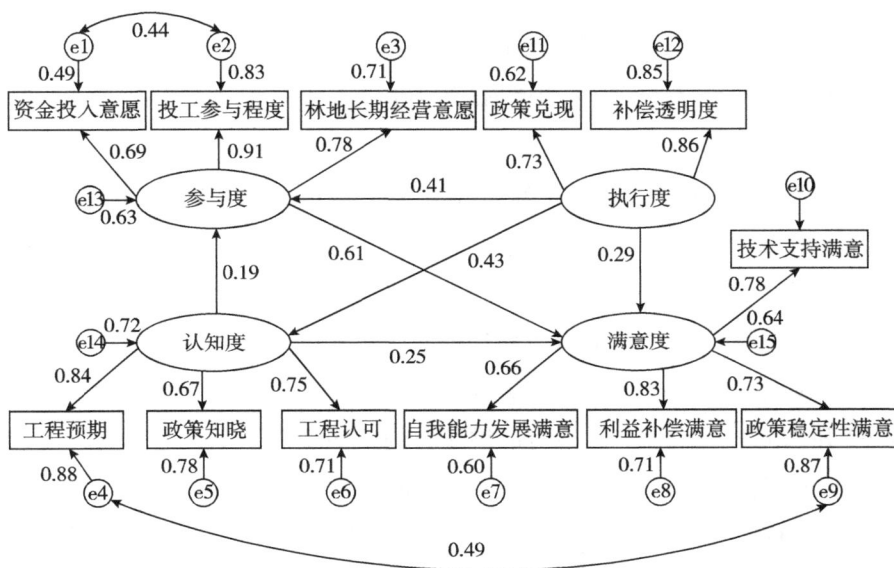

图 2 修正模型及参数估计结果

表 4 标准化估计结果及研究假说验证①

研究假说	研究假说路径	标准化系数	P	结论
H1	农户对退耕还林工程的认知度正向影响其满意度	0.254	***	接受
H2	农户对退耕还林工程的认知度正向影响其参与度	0.193	***	接受
H3	农户对退耕还林工程的参与度正向影响其满意度	0.607	***	接受
H4	退耕还林工程的执行度正向影响农户对其认知度	0.425	***	接受
H5	退耕还林工程的执行度正向影响农户对其参与度	0.411	0.145	拒绝
H6	退耕还林工程的执行度正向影响农户对其满意度	0.294	***	接受

①***：回归系数在 0.01 水平上显著 Significant at 0.01 level。

在结构模型中，标准化的参数估计系数值不仅可以反映潜在变量之间是否具有相关关系及相关的方向，还可以反映潜在变量之间相关关系的强弱程度。标准化的参数估计系数值越大，则说明作为因的潜在变量对作为果的潜在变量的影响越大。在测量模型中，标准化的参数估计系数值（即因子载荷）表示潜在变量对观测变量的影响，即观测变量在潜在变量中的相对重要性（张连刚等，2015）。通过图 2 和表 4 可以看出，本研究提出了 6 个研究假说，除了假说 H5 没有接受以外，其他研究假说均得到接受。

第一，农户对退耕还林工程的认知度对其参与度和满意度的影响，P 值都小于 0.01，路径系数分别为 0.193 和 0.254，均大于 0，这说明农户对退耕还林工程的认知度显著正向影响农户对退耕还林工程的参与度和满意度，研究假说 H1 和 H2 得以验证成立。结合图 2 还可以看出，认知度对工程预期、政策知晓和工程认可三者的标准化回归系数分别为 0.84、0.67 和 0.75，这说明，农户对退耕还林的认知度最主要是通过农户对退耕还林的工程预期来反映。因此，要增强农户对退耕还林工程的参与度和满意度，首先要提高农户对退耕还林工程的认知度，而要提高农户的认知度，除了对农户普及宣传退耕还林政策以外，更重要的是提高农户对退耕还林工程能长久坚持下去的预期度。

第二，农户对退耕还林工程的参与度对于其满意度的影响，P 值小于 0.01，路径系数为 0.607，说明农户对退耕还林工程的参与度显著正向影响农户对退耕还林工程的满意度，研究假说 H3 得以验证成立。图 2 显示，参与度对资金投入意愿、投工参与程度和林地长期经营意愿 3 个变量的标准化回归系数值分别为 0.69、0.91 和 0.78。这说明，农户对退耕还林工程的参与度最主要是通过投工参与程度来反映。通过对农户的座谈和实地调查，可以更加清楚地了解到农户对退耕还林地的投工参与程度基本反映了农户的参与度。另外，参与度在理论模型中还发挥着重要的中介作用。参与度不仅直接影响农户退耕还林工程的满意度，认知度还通过参与度间接影响退耕还林工程农户的满意度。

第三，退耕还林工程的执行度对农户退耕还林工程认知度和满意度的影响，P 值都小于 0.01，路径系数分别为 0.425 和 0.294。这说明，退耕还林工程的执行度显著正向影响农户对退耕还林工程的认知度和满意度，研究假说 H4 和 H6 得以验证成立。参数估计结果还显示，认知度在理论模型中发挥着显著的中介作用。认知度不仅直接正向影响满意度，执行度也通过认知度间接影响满意度。

第四，退耕还林工程的执行度对于其参与度的影响，P 值为 0.145，显著大于 0.05，说明退耕还林工程的执行度对农户退耕还林工程的参与度影响不显著，研究假说 H5 未获支持。这一研究假说未获支持的可能原因是，在退耕还林政策执行过程中，退耕还林补偿方案较为透明，补偿款的兑现情况较好。通过统计 273 份调研问卷在"政策兑现"和"补偿透明度" 2 个方面的相关数据后发现，有 69.3% 的农户家庭认为政策兑现执行情况较好，有 66.7% 的农户家庭认为退耕还林工程补偿透明度较高。由此可知，政策兑现和补偿透明度在整体上呈现出良好的趋势。因此，退耕还林政策的执行度对退耕还林农户的参与度影响不显著。与此同时，退耕还林工程的执行度对农户退耕还林工程的参与度影响不显著这一计量结果，也进一步证实了认知度在二者之间的中介传递作用。农户参与退耕还林工程的具体实践更多地取决于对退耕还林工程的理性思考，即考虑工程预期成果、政策知晓程度等情况，农户更为注重判断退耕还林工程的后续可持续发展程度。这一计量结果与本文实地调研情况完全相符，处于退耕还林工程区的农户，在资金投入意愿、投工参与程度、林地长期经营意愿等参与度方面会考虑林种（经济林、生态林）、森林类型（乔木林、灌木林）的区别。从林种看，经济林参与度一般比生态林高；从森林类型看，乔木林参与度一般比灌木林高。

5 结论与政策建议

5.1 主要结论

基于现有的相关文献，构建了退耕还林工程农户满意度影响因素理论模型，利用云南省鹤庆县和贵州省织金县退耕还林工程农户的数据，应用 Spss24.0 软件的 Amos 组件，运用极大似然法进行参数估计，揭示了退耕还林工程农户满意度的影响因素及作用机制。主要结论如下：第一，农户对退耕还林工程的认知度、参与度及工程执行度是影响农户满意度的重要因素。第二，农户的认知度正向显著影响农户的退耕还林工程参与度。第三，退耕还林工程的执行度正向显著影响农户对工程的认知度。第四，认知度和参与度是理论模型中重要的中介变量，执行度通过认知度这一中介变量显著正向影响农户对退耕还林工程的满意度，认知度通过参与度这一中介变量显著正向影响农户对退耕还林工程的满意度。

5.2　政策建议

基于以上研究，为了实现退耕还林工程的可持续发展，充分发挥退耕还林工程在生态修复、水土保持、贫困消除、农村经济发展等方面的政策效应，相关部门可以考虑从提高退耕还林农户的满意度入手，重点做好以下几个方面的工作：

第一，进一步提高农户对退耕还林工程的政策知晓度和认知度。尽管退耕还林工程已经实施多年，但仍有部分退耕农户对退耕还林工程实施意义、实施期限等了解不够。政策认知的局限性也限制和影响了农户对退耕还林工程的认可和发展预期，从而影响农户对退耕还林工程的满意度。随着农村电子政务无纸化的发展，国家强农惠农政策力度和范围的不断加大，惠农资金一卡通补贴项目逐年增加，退耕农户对每年退耕补偿金兑现到卡情况的关注程度越来越低，究竟得到多少退耕补偿金也不清楚。因此，一方面，除了利用广播、电视等传统媒体，还可以利用手机短信、微信等新媒体，继续加大退耕还林工程政策的宣传力度；另一方面，农信社等金融机构向惠农资金一卡通打款时应一一注明其补贴项目的内容，从而提高农户对退耕还林工程的政策知晓度和认知度。

第二，不断完善补偿方式、提高补偿标准、延长补偿期限和强化技术支持。前3项措施可以让农户进一步享受退耕还林工程的好处，进而调动农户参与退耕还林工程的积极性，增强其对退耕林地的资金投入意愿和长期经营意愿；后一项措施可以进一步提高退耕还林工程森林资源质量，为后续产业发展奠定坚实的资源基础。（1）就完善补偿方式而言，从2007

年起，虽然国家开始降低直接补偿（资金补偿）标准，启动间接补偿（如巩固退耕还林成果项目）方式，但巩固退耕还林成果由于管理方式、资金投入等方面的问题，导致间接补偿的效果未达预期。因此，国家应另外增加投资，单独启动一个能力建设项目，继续加强对退耕农户的技能培训，改造低效林，发展林下经济，培育后续产业，强化间接补偿效果，提高退耕农户自我发展能力，增加农民收入。（2）就提高补偿标准而言，一方面，当退耕还林后续产业发展滞后，缺乏直接经济效益时，国家开始降低直接补偿（资金补偿）标准，使一部分劳动力没有实现转移或转移较少的退耕农户，其家庭收入随之减少；另一方面，物价上涨、农业综合补贴项目增多、农林用地征占用提速，导致退耕还林的机会成本越来越大，但退耕还林资金补偿标准却不增反降，使退耕农户无法实现增加收益的愿望。因此，资金补偿标准应随社会经济形势的变化而提高，实行动态管理，降低退耕农户的机会成本，增加农民的收入。（3）就延长补偿期限而言，第 1 轮退耕还林工程中，部分农户的补偿期限已陆续到期，但第 1 轮退耕还林工程的主要目标是生态优先，生态林比重达 80%。因此，应继续延长补偿期限，让农户从经营生态林中受益。（4）就强化技术支持而言，目前是比较薄弱的。在退耕还林用地方面，存在国土资源数据与林业资源调查数据之间的矛盾；在退耕还林布局方面，存在分散不连片的现象；在树种、造林模式选择和种苗供应方面，存在不适应本地条件、优质数量尚不能满足需要的问题；在森林经营方面，水平比较粗放，林分质量还不能保证森林生态系统服务功能的充分发挥。因此，应强化技术支持，一是各级政府要坚持绿色执政理念，合理绘制国土空间利用蓝图，科学规划退耕还林工程，正确处理生态修复用地和基本农田用地、生态建设与产业布局之间的关系；二是健全科技服务网络，加强科技研究与推广，增加科技投入，为良种培育、造林树种选择、合理造林模式探索提供资金支持；三是规范项目管理行为，健全种苗供应、造林绿化、森林管护、森林抚育与采伐利用机制，实现退耕还林工程林木的可持续经营。

第三，及时完善退耕还林工程管理手段和方法。在强化退耕还林工程补偿资金使用和分配的公开透明度方面，各级相关部门应主动跟上农村电子政务无纸化发展的步伐，推进退耕还林工程补偿资金使用和分配情况的定期化和制度化。在公示载体方面，应改传统的单一墙报张贴为墙报张贴、手机上网查询等多种渠道并存，及时让农户了解到补偿资金的使用和安排情况，有利于增强农户对退耕还林实施情况的满意度。

参考文献

［1］段伟，申津羽，温亚利．西部地区退耕还林工程对农户收入的影响——基于异质性的处理效应估计［J］．农业技术经济，2018（02）：41-53.

［2］柯水发，赵铁珍．农户参与退耕还林意愿影响因素实证分析［J］．中国土地科学，2008，22（07）：29-35.

［3］李荣耀．后退耕时代农民退耕还林意愿的实证分析——基于陕西省吴起县248个农户的调查［J］．林业资源管理，2011（04）：20-25.

［4］李月娥，卢珊．辽宁省城市老年人主观幸福感影响因素研究——基于结构方程模型的分析［J］．西南交通大学学报（社会科学版），2006（01）：89-96.

［5］刘璨，张巍．退耕还林政策选择对农户收入的影响——以我国京津风沙源治理工程为例［J］．经济学（季刊），2006（10）：273-290.

［6］刘浩，陈思焜，张敏新，等．退耕还林工程对农户收入不平等影响的测度与分析——基于总收入决定方程的 Shapley 值分解［J］．林业科学，2017，53（05）：125-133.

［7］刘庆博，支玲．退耕还林补偿问题研究综述［J］．世界林业研究，2010，23（01）：44-49.

［8］皮泓漪，张萌雪，夏建新．退耕还林生态补偿标准研究——基于宁夏泾源县农户调查数据［J］．林业经济问题，2018（02）：39-44.

［9］万海远，李超．农户退耕还林政策的参与决策研究［J］．统计研究，2013，30（10）：83-91.

［10］汪阳洁，姜志德，王晓兵．退耕还林（草）补贴对农户种植业生产行为的影响［J］．中国农村经济，2012（11）：56-68.

［11］危丽，杨先斌，刘燕．农户参与意愿与退耕还林政策的可持续性［J］．重庆大学学报（社会科学版），2006，12（06）：29-35.

［12］徐建英，孔明，刘新新，等．生计资本对农户再参与退耕还林意愿的影响——以卧龙自然保护区为例［J］．生态学报，2017，37（18）：6205-6215.

［13］严玲，江静，郭亮，等．合同补偿中公平感知对承包人履约行为影响的实证研究［J］．管理学报，2018（05）：660-668.

［14］喻永红．补贴期后农户退耕还林的态度研究——以重庆万州为例［J］．长江流域资源与环境，2014，23（06）：774-780.

［15］张朝辉，耿玉德，王太祥．农户退耕意愿影响因素的贫困尺度差异分析——基于新疆阿克苏地区的调研数据［J］．林业经济问题，2018，38（01）：1-6+99.

［16］张连刚，柯水发．农户对林业专业合作组织满意度的影响因素实证分析［J］．西北林学院学报，2015，30（01）：285-292.

［17］朱长宁，王树进．退耕还林背景下农户生态农业生产方式采用行为研究［J］．南京农业大学学报（社会科学版），2015（03）：69-74.

实践篇

8 云南省森林绿色食品产业高质量发展水平测度及空间分布态势研究①

李仲铭　付　伟　罗明灿　陈建成

摘要：森林绿色食品产业高质量发展水平测度及空间分布态势研究对云南省市场经济前景及人民生活健康有重大意义。本文通过构建产业高质量发展水平测度指标体系，运用熵值法及 VIKOR 方法对云南省 2016—2020 年森林绿色食品产业高质量发展水平进行测度分析，并利用 Arc-GIS10.6 软件通过自然间断点分级法进行空间分布态势研究。结果显示：（1）云南省森林绿色食品产业处于较高质量发展状态；（2）产业高质量发展水平发展趋势为两端向中间聚集，即减少突出优劣势，产业整体向上；（3）产业高质量发展水平空间分布态势为较高质量地区由滇东北、滇西南向滇西北、滇东南偏移。由此针对云南省森林绿色食品产业高质量发展水平提升提出建议。

关键词：森林绿色食品；高质量发展；空间分布；云南省

---

① 本文发表于《西部林业科学》2022 年第 3 期，全文保持发表格式。

Measurement of high quality development level and spatial distribution trend of forest green food industry in Yunnan Province

LI Zhong-ming FU Wei LUO Ming-can CHEN Jian-cheng

Abstract：The research on the measurement of high-quality development level and spatial distribution trend of forest green food industry is of great significance to the prospect of market economy and people's life and health in Yunnan Province. By constructing the measurement index system of high-quality development level of industry, this paper measures and analyzes the high-quality development level of forest green food industry in Yunnan Province from 2016 to 2020 by using entropy method and VIKOR method and ArGIS10. 6. The software studies the spatial distribution situation through the natural discontinuity classification method. The results shows that：（1）The forest green food industry in Yunnan Province is in a state of high-quality development；（2）The development trend of the high-quality development level of the industry is to gather from both ends to the middle, that is, reduce and highlight the advantages and disadvantages, and the industry as a whole is upward；（3）The spatial development level of Yunnan is higher from northeast and southwest to northwest and southeast. Therefore, some suggestions are put forward to improve the high-quality development level of forest green food industry in Yunnan Province.

Key word：forest green food；high quality development；spatial distribution；Yunnan Province

现代人的日常生活紧密围绕着 "回归自然" "呼唤绿色" 两个主题[1]，随着安全、健康、环保的消费观念日益深入人心，森林绿色食品产业的竞争也愈发激烈。2021 年中央一号文件提出大力发展绿色农产品，试行食用农产品达标合格证制度。森林绿色食品产业是当今社会最具发展潜力的新兴产业，是绿色产业未来发展的主要趋势，是我国林业可持续、绿色发展的动力源泉，是我国林业发展的重要经济支柱之一。根据《中国林业和草原统计年鉴（2019）》，云南省森林面积位居全国第二名，森林覆盖率位居全国第六名，是名副其实的森林资源大省，云南省近年来出台多项相关政策致力于推进森林绿色食品产业的发展，从而提升云南省森林绿色食品产业的竞争力。

已有的森林绿色食品产业研究主要从概念分类、产业评价、政策扶持、竞争力评价 4 个方面展开。从概念分类方面，郑德胜和朱震锋[2] 提出，森林绿色食品是指具有森林生态系统生产环境等特征且符合中国绿色食品技术要求的使用林产品。最早关于森林绿色食品的论述为联合国粮农组织在 1995 年出版的《影响非木质林产品国际贸易的贸易限制》一书中，将非木质森林产品划分为森林食品与其它 16 类产品，具体包括坚果、水果、食用菌、油料、糖类等[3-4]。从产业评价方面，张晓梅和陈思[5] 对东北国有林区的森林绿色食品产业结构水平与集聚程度进行了评价。王德章等[6] 根据产业生命周期理论和实际发展研究中国绿色食品产业结构的现状与问题。从政策扶持方面，近年来，中央一号文件的出台为森林绿色食品产业的发展提供了战略性指向[7]。张晓梅和董姝琪[8] 认为，结合国家《“十三五”脱贫攻坚规划》，发展森林绿色食品产业是我国林区脱贫攻坚的有效方式之一。从竞争力评价方面，王德章等[9] 应用钻石体系理论建立竞争优势评价模型评价黑龙江省森林绿色食品产业竞争力。刘庆博等[10] 运用显示性对称比较优势指数等指标对核桃、板栗等坚果类森林绿色食品的竞争力进行分析。

对于高质量发展水平的测度，许多学者从不同的角度做了尝试：部分学者基于社会主要矛盾的角度构建了包含创新、绿色、和谐、民生和经济活力五个方面具体指标的综合评价体系[11]。王伟[12] 运用熵值法和 TOP-SIS 法测算了我国 31 个省份的高质量发展水平，发现南高北低、东强西弱、西北地区较落后。张侠和高文武[13]采取极值熵权法进行计算，得出我国经济质量发展水平逐年上升且不同地区间差异逐步缩小的研究结论。彭定赟和朱孟庭[14]利用主成分分析法研究发现我国经济发展质量区域间存在不均衡发展的现象。

综上所述，当前相关主题已具有一定的研究成果，但针对森林绿色食品产业高质量发展的研究较少。在研究角度方面，多集中于国家或省级层面，或聚焦于微观市场，针对各城市地区差异及空间分布态势的研究较少。在研究内容方面，"十四五"时期是全面推进农业绿色转型和高质量发展的关键时期，森林绿色食品产业受到了关注，研究更富有必要性。鉴于此，本文以云南省各地州市的森林绿色食品产业高质量发展作为研究对象，首先构建高质量发展水平测度指标体系，通过熵值法对指标进行权重赋值，后用 VIKOR 方法对森林绿色食品产业高质量发展水平进行测度分析，再通过聚类分析进行等级划分，最后通过 ArcGIS10.6 运用自然间断点法进行空间分布态势分析，以期丰富森林绿色食品产业高质量发展水平的实证研究领域。

1 材料与方法

1.1 研究区域概况

云南省森林面积宽广，同时，森林绿色食品的资源也非常丰富，具备了种类齐全、分布广阔等优良特质，适宜森林绿色食品产业的发展[15]。由《云南统计年鉴 2021》记录，2020 年云南省森林面积达 $2493.58 \times 10^4 hm^2$，其中人工林 $25.42 \times 10^4 hm^2$。橡胶、核桃、板栗等主要林产品的产量分别达到 $47.21 \times 10^4 t$、$112.50 \times 10^4 t$、$11.01 \times 10^4 t$。

1.2 森林绿色食品产业高质量发展水平测度指标体系

本研究综合考虑各产业高质量发展水平测度使用频率较高和相关学者专家的重要研究成果选取指标，最终选取生产效率、产品质量、经济效益、社会效益、生态效益五个二级指标从而构建森林绿色食品产业高质量发展水平测度指标体系。

表 1　森林绿色食品产业高质量发展水平测度指标体系

一级指标	二级指标	三级指标	指标解释	指标属性
森林绿色食品产业高质量发展水平	生产效率	森林绿色食品产业劳动力人均经济产出	森林绿色食品产业总产值/森林绿色食品产业从业人数（万元/人）	+
		林地生产率	森林绿色食品产业增加值/林地面积（万元/公顷）	+
	产品质量	农药使用强度	农药总使用量/播种面积（吨/公顷）	−
		化肥施用强度	化肥总施用量/播种面积（吨/公顷）	−
		单位面积森林绿色食品产业 GDP 产值	森林绿色食品产业总产值/播种面积（万元/公顷）	+
		森林绿色食品产业产值占生产总值的比重	森林绿色食品产业总产值/生产总值（%）	+
	经济效益	森林绿色食品产业从业人数占总从业人数比重	森林绿色食品产业从业人数/总就业人数（%）	+
		森林绿色食品产业结构指数	森林绿色食品产业总产值/第一产业总产值（%）	+
		森林绿色食品产业劳动力就业比重	森林绿色食品产业从业人数/农村劳动力就业人数（%）	+
	社会效益	农村居民可支配收入	农村居民可支配收入（亿元）	+
		有效灌溉系数	有效灌溉面积/林地面积（%）	+
	生态效益	森林覆盖率	森林覆盖率（%）	+
		人均林地	林地面积/总人口（公顷/人）	+

1.3　研究方法

1.3.1　熵值法

熵值法通过分析计算各指标的客观信息量从而对指标进行加权，权重大的指标对综合评价的影响大[16]。计算过程如下：（1）标准化原始数据；（2）计算指标的比例和熵值；（3）求差异性系数；（4）计算权重。

1.3.2　VIKOR 方法

VIKOR 方法是由 Opricovic 和 Tzeng 等人提出的折中的多属性决策方案[17]。

假定有 m 个高质量发展水平指标，n 为数据样本的年数，X_{ij} 表示第 j 年的第 i 个高质量发展水平指标值，则标准化后的属性值为：

$$f_{ij} = \frac{X_{ij}}{\sqrt{\sum_{i=1}^{m} X_{ij}^2}}, \quad i = 1, 2, \cdots, m; \quad j = 1, 2, \cdots, n \tag{1}$$

后计算正理想解和负理想解，即找出各个年份高质量发展水平各指标的最大值与最小值：

$$f_i^* = \{ \max_j f_{ij} \} \tag{2}$$

$$f_i^- = \{ \min_j f_{ij} \} \tag{3}$$

f_{ij} 为第 j 年指标经标准化后第 i 个指标的评估值，f_i^* 为各个年份第 i 个指标的最大值，f_i^- 为各个年份第 i 个指标的最小值。

$$S_j = \sum_{i=1}^{n} \frac{w_i(f_i^* - f_{ij})}{f_i^* - f_i^-} \tag{4}$$

$$R_j = Max\left[\frac{w_i(f_i^* - f_{ij})}{f_i^* - f_i^-} \right] \tag{5}$$

式中：S_j 表示第 j 个年份的评估值到正理想解的加权距离，R_j 表示第 j 个年份的评估值到负理想解的加权距离。

$$Q_j = \frac{v\ (S_j - S^*)}{S^- - S^*} + \frac{(1-V)\ (R_j - R^*)}{R^- - R^*} \tag{6}$$

式中：Q_j 表示第 j 个年份高质量发展水平的 VIKOR 值。其中，$S^* = \min S_j$，$S^- = \max S_j$，$R^* = \min R_j$，$R^- = \max R_j$，S^* 为高质量发展水平群体最大效用，R^* 为高质量发展水平群体最小遗憾，V 为最大群体效用权重。当 V<0.5 时，说明该方案受到群体中大多数的认可，当 V>0.5 时，说明该方案被群体中大多数所否决。因此，为同时追求群体效用最大化和个别遗憾最小化，把 V 设为 0.5[18]。

1.3.3 自然间断点分级法

自然间断点分级法是由 Jenks 提出的一种基于数据本身特点进行自然间断的地图分级算法[19]。在云南省森林绿色食品产业高质量发展水平测度的基础上，通过 ArcGIS10.6 软件中自然间断点分级法将 16 个地州市的森林绿色食品产业高质量发展水平划分为高质量地区、中高质量地区、中等质量地区、低质量地区 4 类，以进行空间分布态势研究。

1.4 数据来源

本研究通过生产效率、产品质量、经济效益、社会效益、生态效益五个方面对云南省森林绿色食品产业高质量发展水平进行测度，原始数据为《云南统计年鉴》（2017~2021 年）等官方公开数据，对原始数据进行整理从而研究产业高质量发展水平测度。

2　结果与分析

2.1　云南省森林绿色食品产业高质量发展水平测度分析

利用熵值法确定指标权重，通过 VIKOR 方法分别计算云南省 16 个州（市）2016-2020 年间的森林绿色食品产业高质量发展水平并进行排序，见表2。

表 2　云南省森林绿色食品产业高质量发展水平及排序

地州（市）	2016 年		2017 年		2018 年		2019 年		2020 年	
	水平	排序	水平	排序	水平	排序	水平	排序	水平	排序
昆明	0.79	10	0.84	8	0.71	10	0.74	11	0.55	12
曲靖	0.98	4	0.95	4	1.00	1	1.00	1	0.68	11
玉溪	0.64	13	0.60	13	0.50	13	0.64	12	0.99	1
保山	0.99	2	0.96	3	0.95	4	0.97	4	0.39	13
昭通	0.98	3	0.98	1	0.98	3	0.97	3	0.93	4
丽江	0.50	14	0.51	14	0.41	14	0.60	13	0.97	2
普洱	0.82	7	0.85	7	0.85	6	0.94	5	0.39	14
临沧	1.00	1	0.98	2	0.99	2	0.98	2	0.97	3
楚雄	0.76	11	0.78	10	0.78	8	0.80	9	0.85	6
红河	0.81	8	0.79	9	0.83	7	0.86	8	0.76	9
文山	0.00	16	0.34	15	0.25	15	0.40	15	0.80	8

地州（市）	2016 年		2017 年		2018 年		2019 年		2020 年	
	水平	排序	水平	排序	水平	排序	水平	排序	水平	排序
西双版纳	0.80	9	0.88	6	0.75	9	0.77	10	0.06	16
大理	0.20	15	0.15	16	0.18	16	0.19	16	0.68	10
德宏	0.91	5	0.90	5	0.88	5	0.89	6	0.30	15
怒江	0.85	6	0.69	12	0.68	11	0.88	7	0.90	5
迪庆	0.66	12	0.71	11	0.56	12	0.54	14	0.81	7

通过系统聚类的方式，对各地州（市）森林绿色食品产业高质量发展水平做出了分级界定（图1）。

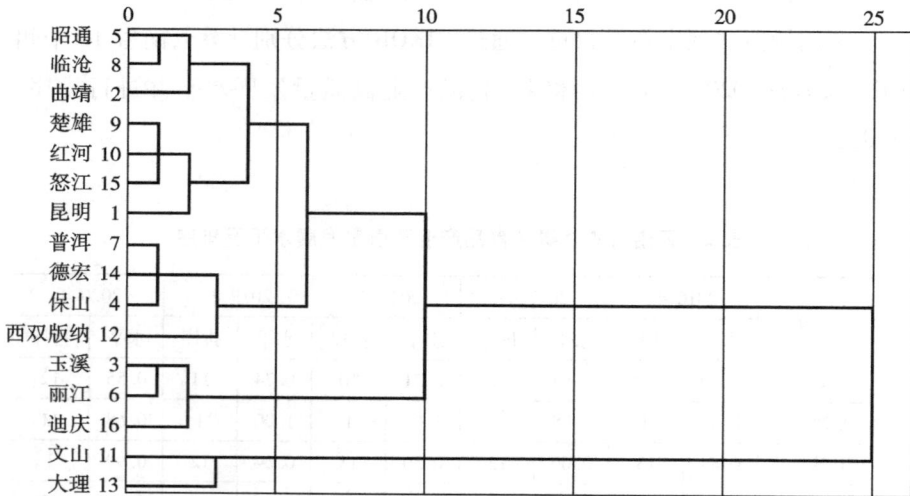

图1 云南省16个地州市森林绿色食品产业高质量发展聚类谱系

依据系统聚类分析的结果及已有研究，将 16 个地州市分为四类：高质量地区、中高质量地区、中等质量地区、低质量地区[20]。

第一类高质量地区，包括昭通、临沧、曲靖、楚雄、红河、怒江和昆明 7 个州（市）。其中，昭通和临沧在 2016-2020 年间森林绿色食品产业高质量发展水平稳居前四位，而曲靖在 2019 年前同样稳居前四位，说明以上 3 个州（市）森林绿色食品产业各方面发展均衡。以临沧为例，其森林绿色食品产业发展水平较高有以下 3 个原因：（1）响应省级政府号召，发挥资源优势打造"绿色食品"牌；（2）建立优势产业，推广澳洲坚果产业发展；（3）坚持标准生产，确保产品质量安全。作为云南省森林绿色食品产业高质量发展的模范城市，临沧森林绿色食品产业的发展经验值得借鉴和推广。

第二类中高质量地区，囊括普洱、德宏、保山和西双版纳 4 个州（市）。综合得分较高，说明这 4 个州（市）经济实力雄厚，自然资源总量丰富。其中，普洱、德宏、保山 3 个州（市）在 2019 年前均处于较高排名，但在 2020 年的排名均有较大下滑，原因各不相同：普洱森林绿色食品产业发展缓慢主要由于产业就业人数下降明显，导致产业发展停滞；德宏于 2020 年林地面积减少，导致森林绿色食品产业产值、第一产业产值均受到不同程度影响；保山在 2020 年全市人口下降，导致从业人数减少，直接影响了产业产值。鉴于此，实现森林绿色食品产业高质量发展需要劳动力、自然资源、资金多方面协调发展。

第三类中等质量地区，主要包括玉溪、丽江和迪庆 3 个州（市）。以上 3 个州（市）虽为中等质量地区，但在 2020 年均呈现积极的发展态势，玉溪由 2016 年的 13 名升至第 1 名，丽江由 2016 年的 14 名升至第 2 名，迪庆由 2019 年的 14 名升至第 7 名。三大州（市）凭借其地理位置和政策扶持，在不断缩小与其他州（市）的高质量发展水平差距，生产总值、第一产业总值以及森林绿色食品产业总值都出现大幅度增加，尤其玉溪 2020 年与 2016 年进行对比，近乎双倍增长。

第四类低质量地区，包含文山和大理两个州（市）。这两个州（市）的综合得分和综合排名均较为靠后，虽呈现上升态势，但变化不明显，森林绿色食品产业高质量发展水平有待提升，抑制其发展的因素也有所不同。文山生产效率低、技术进步缓慢，导致产业生产总值长期居后。大理的林地面积较少，自然资源和生态环境制约了森林绿色食品产业的发展，使其处于下游水平。总体而言，低质量地区应多维度向高质量地区看齐，从各方面提升该地区森林绿色食品产业的发展水平。

2.2 云南省森林绿色食品产业高质量发展水平空间分布态势分析

根据 VIKOR 方法对云南省森林绿色食品产业高质量发展水平进行测度，并利用 ArcGIS10.6 通过自然间断点分级法对其进行可视化分析。

（1）2016 年云南省森林绿色食品产业高质量地区为 6 个，2020 年下降为 5 个；2016 年中等质量地区为 2 个，2020 年增加为 4 个；2016 年低等质量地区为 2 个，2020 年减少为 1 个。2016 年 VIKOR 得分最高为临沧1.00，2020 年为玉溪 0.99；2016 年得分最低为文山 0.00，2020 年为西双版纳 0.06。说明 2016-2020 年云南省森林绿色食品产业高质量发展水平整体向中等态势聚拢，突出优劣势均减少。

（2）2016-2020 年，云南省森林绿色食品产业高质量地区由滇西、滇东北地区向滇西北、滇中地区转移；中高质量地区由滇中、滇南地区向滇西、滇东南地区转移；中等质量地区由滇中、滇西北地区向滇西南、滇西地区转移；低质量地区由滇东南、滇西地区向滇西南地区转移。从整体看，较高质量地区由东北、西南转移至西北、东南，发生较大偏移。

3 结论与建议

3.1 结论

（1）根据系统聚类，将 2016-2020 年云南省森林绿色食品产业高质量发展水平进行 VIKOR 打分，综合分析得出：以上五年间云南省森林绿色食品产业高质量发展水平等级数量排序为高质量地区>中高质量地区>中等质量地区>低质量地区，说明云南省森林绿色食品产业处于较高质量发展状态。经过过去几十年的努力，云南省森林绿色产业迅速发展，目前已进入持续加速发展的新时期。然而仍存在部分高质量水平较低的地州（市），且原因各不相同，主要集中于产业就业人数少、林地面积减少、技术水平不足三方面。

（2）利用 ArcGIS10.6 通过自然间断点分级法将云南省森林绿色食品

产业 2016 年、2020 年空间分布态势进行比较，发现：云南省森林绿色食品产业高质量发展水平发展趋势为两端向中间聚集，即减少突出优劣势，产业整体向上；空间分布态势为较高质量地区由滇东北、滇西南向滇西北、滇东南偏移。云南省森林绿色食品产业高质量发展水平较高主要由于生态环境好、种植面积大以及自然资源丰富，带有粗放经营的特点，然而这些优势会因为其他省市的发展而不再有显著的竞争优势，难以持久，因此应在政府扶持下加强相关及支持性产业发展，从而提升云南省森林绿色食品产业高质量发展水平，实现共赢。

3.2 建议

（1）制定、实施产业政策。根据上述分析，普洱、保山等地州市森林绿色食品产业高质量水平下降的主要原因均为产业从业人数下降。不仅森林绿色食品产业面临危机，第一产业均面临人才流失的现状。年轻人受教育程度普遍提高，学历的增加使大量人才由第一、二产业向更为新兴的第三产业转移。因此，各级政府应制定相应产业政策，吸引人才回流，促进产业高质量发展。

（2）宣传、保护生态环境。云南省森林绿色食品产业当前处于较高质量发展水平主要得益于其良好的生态环境和丰富的自然资源，然而根据分析，德宏、大理等地州（市）已存在林地面积减少的情况。云南省森林绿色食品产业当前需保持现有优势，并将现有优势转化为长期优势。鉴于此，政府和企业应对当地居民宣传保护生态环境的重要性，并对行动力强的居民进行表扬嘉奖，引领全民保护生态环境。

（3）加强、促进科技研发。在产业发展过程中重要技术问题的产生十分常见。在今后的生产过程中，应以环保为主旨进行加工技术研发工作，改变原有的栽培方式，通过普及适用的技术，提升产业发展进程。由于森林绿色食品开发迟缓，技术落后，因此科技开发已成为主要工作。特别是应该向经验丰富的农业系统和海外进行学习，确立适合林业系统的绿色食品开发管理体制。

（4）培育、发展相关产业。发展相关及支持性产业既可以通过较低的价格为森林绿色食品产业通过生产所需的各类原材料，还可以通过缩短与森林绿色食品企业的地理距离，加快企业间传递产品信息、交流重新理念的效率，具有重大意义。同时，对产业技术层面的升级也起到了一定程度的支持，便于建立良性互动的"地方经济"。

参考文献

［1］刘正祥，张华新，刘涛．我国森林食品资源及其开发利用现状［J］．世界林业研究，2006（1）：58-65．

［2］郑德胜，朱震锋．国有林区绿色食品全产业链发展研究［J］．林业经济问题，2019，39（6）：621-627．

［3］Iqbal M. Trade Restrictions Affecting International Trade in Non-wood Forest Products［M］. Rome：Food and Agriculture Organization of the United Nations，1995.

［4］张润昊．森林食品产业区域发展推进策略研究［D］．长沙：中南林业科技大学，2011．

［5］张晓梅，陈思．东北国有林区森林食品产业结构水平与空间集聚特征分析［J］．林业经济问题，2019，39（5）：512-519．

［6］王德章，赵大伟，杜会永．中国绿色食品产业结构优化与政策创新［J］．中国工业经济，2009（9）：67-76．

［7］翟绪军，马桂方．黑龙江省森林食品产业发展阶段识别与分析——基于乡村振兴战略视角［J］．林业经济，2019，41（9）：80-86．

［8］张晓梅，董姝琪．森林食品产业减贫的作用机理及效应分析［J］．林业经济问题，2019，39（3）：256-261．

［9］王德章，赵大伟，陈建梅．产业竞争优势模型：基于黑龙江省绿色食品产业的实证研究［J］．中国工业经济，2006（5）：32-39．

［10］刘庆博，刘俊昌，陈文汇．我国坚果类森林食品的国际竞争力分析［J］．西北林学院学报，2013，28（1）：265-268．

［11］李金昌，史龙梅，徐蔼婷．高质量发展评价指标体系探讨

［J］. 统计研究，2019，36（1）：4-14.

［12］王伟. 我国经济高质量发展评价体系构建与测度研究［J］. 宁夏社会科学，2020（6）：82-92.

［13］张侠，高文武. 经济高质量发展的测评与差异性分析［J］. 经济问题探索，2020（4）：1-12.

［14］彭定赟，朱孟庭. 经济高质量发展影响因素的优先序分析及其测度研究［J］. 生态经济，2020，36（12）：50-56+76.

［15］朱华. 云南植被多样性研究［J］. 西南林业大学学报（自然科学版），2022，42（1）：1-12.

［16］张杰，邱志敏，林静章，等. 基于熵权的 Topsis 综合评价法的工艺优化及模具设计［J］. 塑料工业，2021，49（12）：86-90.

［17］徐冬梅，徐梦臣，王文川，等. VIKOR 法在城市供水方案优选中的应用［J］. 人民长江，2020，51（2）：116-118+159.

［18］王筱. 基于 VIKOR 法的区域创新生态系统构建及评价研究——以无锡市为例［J］. 现代营销（下旬刊），2021（2）：166-169.

［19］李乃强，徐贵阳. 基于自然间断点分级法的土地利用数据网格化分析［J］. 测绘通报，2020（4）：106-110+156.

［20］刘忠宇，热孜燕·瓦卡斯. 中国农业高质量发展的地区差异及分布动态演进［J］. 数量经济技术经济研究，2021，38（6）：28-44.

9 中国森林食品产业区域竞争力评价

——基于因子分析法[①]

张 航 彭志远

摘要： 建立我国森林食品产业区域竞争力评价体系非常重要且必要，研究各区域的竞争力排行及其决定性的影响因素对于森林食品产业发展具有重要意义。本文构建广义森林食品产业区域竞争力的评价指标体系，采用因子分析法对我国森林食品产业 2009 年至 2018 年的面板数据进行统计分析，得到 31 个省份（不包括港澳台）竞争力得分，并动态比较我国华中、华东、华南、东北、西南、西北、华北七大地区域森林食品产业综合竞争力的地区差异及其形成原因。结果显示：在 2009 年至 2018 年间，华南、华中、华东地区占据前三位，西南、东北地区位居第五、第六，西北、华北地区处在最后两位。西南、西北、华北地区的竞争力得分变化较为平稳，华南地区竞争力得分提高迅猛，华中地区竞争力得分呈现 U 型变化趋势，东北地区竞争力得分呈现倒 U 型变化趋势。资源要素并非森林食品产业竞争力的决定性影响因素，西南、东北地区应当发挥资源要素丰富地区的优势，完善本区域深加工产业链、引进科技人才、提高技术服务、加大政府林业产业发展投资。从而破解资源丰富地区竞争力却不强的困境。

---

① 本文发表于《西部林业科学》2021 年第 6 期，全文保持发表格式。

关键词：产业竞争力；森林食品；因子分析；行业发展；资源要素

Regional Competitiveness Evaluation of Forest Food Industry in China: Based on Factor Analysis

ZHANG Hang　PENG Zhi-yuan

Abstract：It is very important and necessary to establish the regional competitiveness evaluation system of forest food industry in China, and it is of great significance to study the regional competitiveness ranking and its decisive influencing factors for the development of forest food industry. The evaluation index system of regional competitiveness of forest food industry in broad sense was constructed, and uses factor analysis method to analyze the panel data of forest food industry in China from 2009 to 2018, the competitiveness scores of provinces and cities were obtained by using factor analysis method for the panel data of forest food industry in China from 2009 to 2018, and the regional differences and its causes of forest food industry comprehensive competitiveness of seven regions were analyzed. The results showed that from 2009 to 2018, South China, Central China and East China occupied the top three, Southwest and Northeast China ranked fifth and sixth, and Northwest and North China were the last two. The changes of competitiveness scores in Southwest, Northwest and North China were relatively stable. The competitiveness scores in South China surged. The competitiveness scores in Central China showed a U-shaped trend, and the competitiveness scores in Northeast China showed an inverted U-shaped trend. Resource factors were not the decisive factors affecting the competitiveness of forest food industry. Southwest and Northeast China should take advantages of its rich resources, improve the regional deep processing industry chain, introduce scientific and technological talents, improve technical services, and increase government investment in forestry industry development.

Key words: industrial competitiveness; forest food; factor analysis; industry development; resources factor

当前人民物质生活得到了极大的提高，绿色健康生活成为新的追求。森林食品作为一种新兴的食品标准，最先由我国浙江省提出，是一种纯天然无污染的可食用类高质量林产品及其制品[1]。与已有的有机食品或者绿色食品的概念不同，森林食品的着重点在于，对产地的要求必须是在优质的森林生态条件下，满足安全可食用的林产品。随后我国林业行业标准[2]中提出森林食品应当遵守可持续的经营原则，采取特色的方式生产，由专业机构的检验认证。学术界专家在广泛调研后扩大了森林食品的广度，学者认为不论是天然林还是人工林、自然生长或是人工培育、植物微生物或是动物，只要满足高质量可食用的前提都属于森林食品[3]。森林食品作为一种新兴绿色健康理念，可以显著提高森林资源在认证后的经济价值、生态价值和社会价值，对我国贫困林区减贫意义重大[4-5]。因此森林食品产业竞争力具有一定的研究意义。

研究产业竞争力的方法多种多样，但根据指标权重的依据，总体上可以分成主观权重与客观权重两类。主观法如德菲尔法和AHP层次分析法等，对于权重的判断来自于多位专家学者召开会议讨论，投票确定等。其优点在于充分采纳了当前主流学者的观点，不容易产生偏差，缺点则在于得到的权重缺乏一定的客观性[6]。客观法如因子分析法、熵值法等，这些方法依据数学原理，对指标数据进行分析处理，从而得到权重，更具有科学性与稳健性[7-8]。

所谓竞争力，是在市场竞争中供给某种产品或是服务的能力。而产业区域竞争力则是在竞争力的范畴上确定了市场的范围与产品的种类[9]。当前，国内学者对产业区域竞争力的研究范围集中于省级行政区之间的比较，包括体系的构建与动态的评价；国外学者则依托于修正的钻石模型，根据不同行政区域的产业竞争力进行分析与评价。如：陆小莉等[10] 选择半参数模型来分析技术创新对于数字化产业区域竞争力产生的影响；梁树广等[11] 把产业竞争力、区域竞争力与质量竞争力理论融入钻石模型中，构建区域制造业质量竞争力的评价体系，而后综合评价各个区域的制造业质量竞争力，分析了我国各区域的制造业质量竞争力强弱及其成因。

由于国外没有森林食品这一概念，因此从农产品竞争力角度综述。Gopinath 等提出农业生产要素的原始积累与技术进步可以带来生产力的提高，从而提升农业区域竞争力[12]。Osborne 等发现国家资源的比较优势和农业补贴政策是该国农业竞争力的核心影响因素[13]。Mosoma 指出应当拓展第二产业对农产品深加工提高农产品的附加价值，以此来提高农产品竞争力最为有效[14]。

国内学者研究森林食品时，对其范围的界定分为两种：一种为狭义森林食品，采用中国林业和草原统计年鉴对森林食品的定义，其包括竹笋干、食用菌、山野菜等[15-16]；另一种为广义森林食品，凡是森林中自然生长或人工培育的可供食用或间接食用的动植物及其制品都属于森林食品的范畴[17]，例如森林水果、坚果、饮品、调味料和中药材等[18-21]。

目前国内学者对森林食品产业结构的研究较多。张晓梅等采用层次分析法研究东北国有林区森林食品产业结构水平与产业集聚程度[18]。吕爱华等以产业生命周期理论、产量拟合曲线数据模型等方法分析浙江省森林食品产业，要实现产品多样化特色化，以应对森林食品产业结构的变革[19]。陈红等研究大兴安岭地区，认为企业的聚集效应可以提高产品的创新能力与品牌打造能力，从而提高该区域的森林食品竞争力[22]。

关于森林食品产业竞争力的相关研究较少，且分狭义竞争力与广义竞争力。狭义竞争力只包括行业内部指标，如刘庆博等研究坚果类森林食品的出口竞争力，得出市场占有率、贸易竞争指数和比较优势指数对出口竞争力的影响最为显著[20]。广义竞争力不仅仅包括行业内部指标还包含相关领域指标，如张润昊从资源要素指标、产业发展指标和市场占有率指标构建森林食品区域品牌竞争力[15]。陈红等基于层次分析法从品牌基础能力、理解能力和市场能力 3 个方面对黑龙江省森林食品产业品牌竞争力进行具体分析，提出优化供给侧流程以增强竞争力的对策建议[21]。

综上所述，国内学者对森林食品产业结构的研究较多，缺乏对森林食品产业竞争力的研究；研究范围为以狭义森林食品与狭义森林食品竞争力较多；研究对象大多是单一省份或区域，基于全国的研究视角较少。鉴于此，本文深入探析以全国各省份为研究视角，研究范围基于广义森林食品，构建包含行业内部指标与相关领域指标的广义森林食品产业竞争力体系，试图分析 2009-2018 年中国 31 个省市的森林食品产业竞争力地区差异情况，丰富森林食品产业竞争力的实证研究领域。

1　研究方法

1.1　因子分析模型

因子分析法是处理评价指标体系中众多变量数据的重要方法，其本质是降维的思想，即采用较少的且互为独立的因子来表达原始变量中提供的主要信息。假设评价指标体系中含有 p 个变量 x_1，x_2，$\cdots$，x_p，通过归一化处理后均值为 0，标准差为 1。使用 k（k<p）个因子 f_1，f_2，$\cdots$，f_k 的线性组合来构成原始的 p 个变量，因子模型可表示为，

$$\begin{cases} x_1 = a_11f_1 + a_12f_2 + \cdots + a_1kf_k + \varepsilon_1 \\ x_2 = a_21f_1 + a_22f_2 + \cdots + a_2kf_k + \varepsilon_2 \\ x_3 = a_31f_1 + a_32f_2 + \cdots + a_3kf_k + \varepsilon_3 \\ \quad\quad\quad\quad\quad \vdots \\ x_p = a_p1f_1 + a_p2f_2 + \cdots + a_pkf_k + \varepsilon_p \end{cases} \quad (1)$$

以上线性组合用矩阵形式可表示为：

$$X = AF + \varepsilon \quad\quad\quad\quad\quad\quad (2)$$

其中 F 表示出现在原始变量的线性组合中的公共因子，ε 表示原始变量未被解释的成分构成的特殊因子，A 为因子载荷矩阵[23]。

因子得分函数可表示为：

$$F_j = \beta_{j1}X_1 + \beta_{j2}X_2 + \cdots + \beta_{jp}X_p (j = 1, 2, \cdots, m) \qquad (3)$$

因子综合得分评价模型可表示为：

$$y_1 = \omega_1 F_{i1} + \omega_2 F_{i2} + \cdots + \omega_m F_{im} (i = 1, 2, \cdots, n) \qquad (4)$$

其中，$\omega_j = \dfrac{\alpha_j}{\sum_{i=1}^{m}\alpha_i} (j = 1, 2, \cdots, m)$ 为第 j 个公因子的方差贡献百分比。

1.2 森林食品产业竞争力评价指标体系

为保证森林食品产业竞争力评价的客观性，在把诸如农产品竞争力文献的研究成果与相关专家意见结合的基础上，本着客观性、一致性与可行性的原则选择数据变量，并构建如表 1 所示的不仅包含森林食品行业指标，还包括相关领域指标的森林食品广义竞争力评价指标体系。

表 1　森林食品产业竞争力评价指标体系

指标	指标含义	指标属性
水资源存量 $X_1 / \times 10^8 \mathrm{m}^3$	地表以及地下水资源存量	正向
森林覆盖率 $X_2 / \%$	各省市地区森林覆盖率	正向
森林面积 $X_3 / \times 10^4 \mathrm{hm}^2$	各省市地区森林资源面积	正向
森林食品总产量（广义）X_4 / t	包括水果、干果、林产饮品、林产调料品、竹笋干、食用菌、山野菜、森林药材、木本油料	正向
森林食品产值 $X_5 / \times 10^4$ 元	包括水果、坚果、含油果和香料作物、茶及其他饮料作物、森林药材、森林食品（狭义）的种植和林产品采集	正向
果蔬、茶饮料等加工 $X_6 / \times 10^4$ 元	包括水果、坚果、含油果和香料作物、茶及其他饮料作物、森林药材、森林食品（狭义）的种植和林产品采集	正向
森林药材加工 $X_7 / \times 10^4$ 元	森林药材加工制造产值（第二产业）	正向
林业生产服务 $X_8 / \times 10^4$ 元	林业生产服务产值（第三产业）	正向
林业科技、教育、法治、宣传等 $X_9 / \times 10^4$ 元	林业科技、教育、法治、宣传等的投资	正向
林业信息化 $X_{10} / \times 10^4$ 元	林业信息化的投资	正向

续表

指标	指标含义	指标属性
林业专业技术服务 $X_{11}/\times10^4$ 元	林业专业技术服务的产值	正向
林业公共管理及其他组织服务 $X_{12}/\times10^4$ 元	林业公共管理及其他组织服务的产值	正向
政府林业产业发展投资 $X_{13}/\times10^4$ 元	包括特色经济林和木本油料以及林下经济	正向
林业产业补助 $X_{14}/\times10^4$ 元	政府林业产业补助资金	正向
林区公益性基础设施建设 $X_{15}/\times10^4$ 元	林区公益性基础设施建设投入	正向

1.3 数据来源

本文通过《中国林业和草原统计年鉴》收集了 2009-2018 年我国 31 个省份（不含港澳台）的截面数据，文中略去变量指标数据。

2 结果与分析

2.1 截面数据的因子分析测度结果

开始因子分析之前要对数据变量之间的相关性进行检验，判断其是否适合进行公共因子的提取。本文选择 Kaiser-Meyer-Olkin 检验与 Bartlett Test of Sphericity 检验，基于统计分析软件 SPSS 26.0 版本。检验结果表明，2009-2018 年的数据变量的 Kaiser-Meyer-Olkin 检验统计量均大于 0.7，Bartlett Test of Sphericity 检验的观测值较大，且概率 p 值小于显著性水平 0.01，拒绝原假设，得到相关系数矩阵非单位阵。两种检验结果均证明本研究数据适合作因子分析。10a 数据的公因子对各指标变量的方差贡献率均大于 0.7，能够解释原始数据变量的 70% 以上的信息，具有较强的解释力。

依据学者公认的特征根大于 1 和累计方差贡献率 80% 左右的方法来决定提取因子的个数。2016-2018 年公共因子累计方差贡献率见表 2。

表2 2016-2018年分年度截面数据公共因子累计方差贡献率

公共因子	2018年旋转载荷平方和			2017年旋转载荷平方和			2016年旋转载荷平方和		
	特征根	方差的%	累积%	特征根	方差的%	累积%	特征根	方差的%	累积%
F1	4.15	27.667	27.667	3.995	26.635	26.635	3.115	20.766	20.766
F2	2.677	17.847	45.514	2.947	19.65	46.285	2.879	19.191	39.957
F3	1.763	11.75	57.264	2.677	17.849	64.134	2.824	18.828	58.784
F4	1.411	9.409	66.673	1.790	11.93	76.064	1.968	13.117	71.901
F5	1.275	8.5	75.173	1.172	7.812	83.876	1.173	7.820	79.721

表3为2016-2018年使用最大方差法对原始因子载荷矩阵进行正交旋转后得到的因子载荷矩阵，因子载荷是变量与公共因子的相关系数，其载荷绝对值越大，则两者的相关性越高，可知该公共因子可以较好地替代该变量所传递的信息。

根据表3中的载荷值大小比较，可以为提取出的公共因子进行命名解释，这里以2016年为例。指标变量 X_{10}、X_{13}、X_{14}、X_{15} 最大的载荷值在公共因子F1上，可知公共因子F1主要是解释政府林业产业发展投资与补助以及林业信息化与基础设施建设的综合性指标，故将其命名"政府投资与建设因子"。指标变量 X_4、X_5、X_6 最大的载荷值在公共因子F2上，可知公共因子F2主要是解释森林食品产量与产值以及果蔬饮料加工制造的综合性指标，故命名"行业发展水平因子"。指标变量 X_8、X_9、X_{11}、X_{12} 最大的载荷值在公共因子F3上，可知公共因子F3主要是解释科学技术与公共管理及服务的综合性指标，因此命名为"科技与服务因子"。指标变量 X_1、X_2、X_3 最大的载荷值在公共因子F4上，可知公共因子F4主要是体现水资源、森林资源的综合性指标，因此命名"资源要素因子"。指标变量 X_7 最大的载荷值在公共因子F5上，可知公共因子F5主要是体现森林药材加工与制造的指标，故命名"医药产业因子"。

参照2016年的公共因子命名方式，2018年F1、F2、F3、F4、F5依次命名"行业发展水平因子""科技与服务因子""资源要素因子""政府投资与建设因子""医药产业因子"。2017年F1、F2、F3、F4、F5依次

表3 2016—2018年旋转后的因子载荷矩阵

2018年

指标	F1	F2	F3	F4	F5
X_4	0.901	0.067	0.029	0.099	0.036
X_{14}	0.834	0.286	-0.037	0.263	0.017
X_5	0.828	0.295	0.173	0.003	0.105
X_6	0.715	0.165	0.016	-0.394	0.270
X_{13}	0.705	0.282	0.069	0.380	0.063
X_{10}	0.603	0.071	0.206	0.483	0.099
X_9	0.455	0.301	0.223	0.197	-0.017
X_{12}	0.125	0.894	0.000	0.049	0.152
X_{11}	0.390	0.874	0.019	-0.041	-0.026
X_8	0.202	0.84	0.052	0.120	0.127
X_3	0.044	0.016	0.888	0.061	0.088
X_1	0.112	0.030	0.849	0.028	-0.055
X_{15}	0.185	0.079	0.030	0.850	-0.013
X_7	-0.005	0.125	-0.108	0.058	0.878
X_2	0.350	0.097	0.330	-0.104	0.595

2017年

指标	F1	F2	F3	F4	F5
X_{10}	0.958	0.035	-0.005	0.153	0.087
X_{15}	0.936	0.049	0.030	0.204	0.136
X_9	0.867	0.176	0.196	0.188	0.090
X_{13}	0.811	0.395	0.269	0.096	0.030
X_{14}	0.669	0.595	0.162	-0.082	-0.095
X_4	0.333	0.859	0.028	-0.047	-0.046
X_6	-0.068	0.856	0.262	0.042	0.119
X_5	0.249	0.854	0.265	0.162	0.065
X_{11}	0.116	0.299	0.891	0.059	-0.014
X_{12}	0.005	0.118	0.888	0.018	0.134
X_8	0.246	0.118	0.882	0.048	0.070
X_3	0.138	-0.005	-0.045	0.864	0.053
X_1	0.215	0.030	0.126	0.798	-0.131
X_7	0.133	-0.038	0.101	-0.138	0.862
X_2	0.099	0.290	0.112	0.483	0.567

2016年

指标	F1	F2	F3	F4	F5
X_{13}	0.958	0.066	0.015	0.186	0.069
X_{15}	0.958	0.066	0.015	0.186	0.069
X_{14}	0.690	0.528	0.271	-0.115	-0.040
X_{10}	0.633	0.218	0.368	0.328	0.218
X_4	0.275	0.878	0.081	-0.086	-0.061
X_5	0.235	0.869	0.265	0.144	0.010
X_6	-0.101	0.832	0.265	0.040	0.095
X_8	0.228	0.148	0.873	0.06	0.006
X_{12}	-0.061	0.141	0.870	0.129	0.226
X_{11}	0.098	0.326	0.866	0.011	-0.071
X_9	0.336	0.320	0.356	0.221	0.087
X_3	0.183	-0.075	-0.062	0.811	-0.105
X_1	0.173	0.027	0.219	0.802	-0.078
X_2	0.039	0.257	0.123	0.599	0.514
X_7	0.146	-0.05	0.072	-0.140	0.869

命名"政府投资与建设因子""行业发展水平因子""科技与服务因子""资源要素因子""医药产业因子"。后续 2009 至 2015 年份同理。

因此以 2017 年为例 F1、F2、F3、F4、F5 的权重分别为 31.8%、23.4%、21.3%、14.2%、9.3%。计算各年各项分值，并对各年综合得分进行排序，结果见表 4。

表 4　2009 年、2012 年、2015 年和 2018 年森林食品产业区域竞争力因子综合得分

排名	2018 年		2015 年		2012 年		2009 年	
	省份	综合得分	省份	综合得分	省份	综合得分	省份	综合得分
1	广西	1.40	广西	1.26	山东	1.26	山东	0.88
2	湖南	1.00	湖南	0.92	四川	0.76	湖南	0.85
3	山东	0.75	山东	0.88	广西	0.68	江西	0.65
4	湖北	0.53	广东	0.44	浙江	0.64	广西	0.61
5	浙江	0.48	湖北	0.40	湖南	0.54	四川	0.48
6	四川	0.41	云南	0.40	江西	0.41	云南	0.45
7	广东	0.40	四川	0.36	云南	0.37	浙江	0.34
8	云南	0.32	福建	0.28	江苏	0.30	江苏	0.29
9	江西	0.24	江西	0.21	黑龙江	0.28	湖北	0.21
10	福建	0.19	浙江	0.20	湖北	0.21	辽宁	0.20
11	安徽	0.17	江苏	0.16	福建	0.15	广东	0.11
12	新疆	0.12	安徽	0.07	陕西	0.06	福建	0.07
13	贵州	0.01	黑龙江	0.06	广东	0.06	新疆	0.05
14	江苏	0.00	吉林	-0.01	安徽	0.05	安徽	0.05
15	陕西	-0.09	辽宁	-0.04	辽宁	-0.02	吉林	0.00
16	黑龙江	-0.17	陕西	-0.07	河北	-0.05	河北	-0.02
17	吉林	-0.18	河北	-0.12	河南	-0.08	黑龙江	-0.05
18	重庆	-0.20	重庆	-0.18	新疆	-0.15	河南	-0.07
19	甘肃	-0.22	新疆	-0.21	重庆	-0.24	陕西	-0.10
20	河北	-0.22	河南	-0.27	内蒙古	-0.27	内蒙古	-0.20
21	河南	-0.24	内蒙古	-0.28	吉林	-0.28	西藏	-0.26
22	内蒙古	-0.25	贵州	-0.28	西藏	-0.31	贵州	-0.32

排名	2018 年		2015 年		2012 年		2009 年	
	省份	综合得分	省份	综合得分	省份	综合得分	省份	综合得分
23	北京	-0.32	西藏	-0.31	北京	-0.36	甘肃	-0.34
24	西藏	-0.34	海南	-0.34	海南	-0.37	重庆	-0.34
25	辽宁	-0.34	甘肃	-0.38	贵州	-0.38	山西	-0.39
26	海南	-0.39	山西	-0.38	甘肃	-0.38	海南	-0.41
27	山西	-0.47	北京	-0.40	山西	-0.43	北京	-0.45
28	青海	-0.53	青海	-0.51	青海	-0.56	宁夏	-0.47
29	宁夏	-0.66	上海	-0.61	宁夏	-0.59	青海	-0.55
30	上海	-0.69	天津	-0.62	上海	-0.62	上海	-0.58
31	天津	-0.71	宁夏	-0.62	天津	-0.69	天津	-0.69

2.2 区域竞争力评价

观察表 4 可以发现，总体上来看 10a 间我国森林食品竞争力的格局变化不大，但东南沿海地区与东北地区变化较大，辽宁省与内蒙古自治区竞争力得分排名显著下降，广东省与福建省竞争力得分显著提升。

因此为进一步研究森林食品产业区域竞争力，下面将按地理区域划分研究，探寻影响森林食品竞争力的重要因素。

森林食品产业区域竞争力的研究区域划分如表 5 所示。采用各区域中包含的省级行政区的综合竞争力得分的均值和公共因子得分的均值，代表该区域的综合竞争力得分与公共因子得分。以此进行区域间的综合与各项的比较，分析其中的差异及变化趋势。结果如图 1 至图 6 所示。

表 5 研究区行政和地理区划

七大行政地理分区	省级行政区
华北	北京、河北、山西、天津、内蒙古
东北	黑龙江、吉林、辽宁
华东	山东、江苏、安徽、浙江、江西、福建、上海
华南	广东、海南、广西

七大行政地理分区	省级行政区
华中	河南、湖北、湖南
西南	四川、贵州、云南、重庆、西藏
西北	陕西、甘肃、青海、宁夏、新疆

注：本研究不包括港澳台（1.3）。

森林食品产业竞争力综合得分如图 1 所示，2009 年至 2018 年间华南、华中、华东地区占据前三位，西南、东北地区位居第五、第六，西北、华北地区处在最后两位。西南、西北、华北地区的竞争力得分变化较为平稳，华南地区竞争力得分提高迅猛，华中地区竞争力得分呈现 U 型变化趋势，东北地区竞争力得分呈现倒 U 型变化趋势。

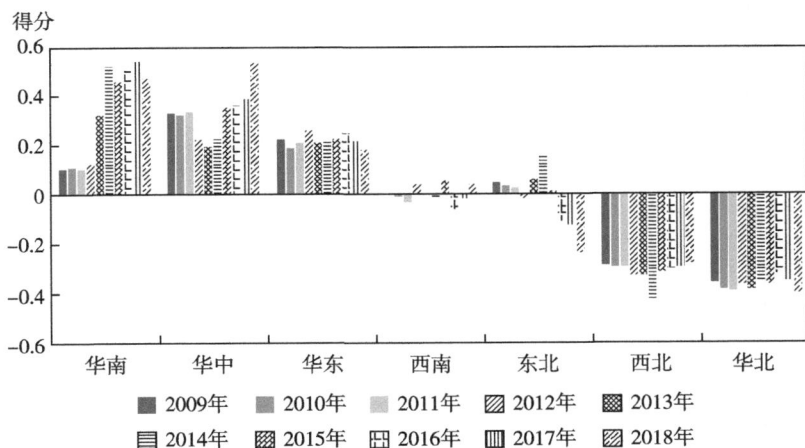

图 1 2009 年至 2018 年我国七大地区森林食品产业竞争力综合得分

行业发展水平因子得分如图 2 所示。华东地区最初处在行业发展领先水平，后被华南地区超越。华中、西南、西北地区竞争力得分上下波动较小，东北、华北地区的竞争力得分呈下降趋势。

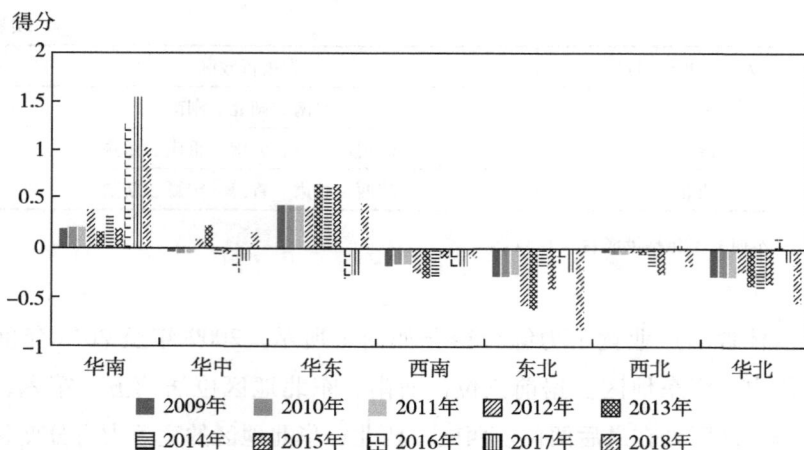

图 2　2009 年至 2018 年我国七大地理地区行业发展水平因子得分

政府投资与建设因子得分如图 3 所示，华南、东北、西北地区竞争力得分呈现倒 U 型变化趋势，华中、华东、西南、华北、西北地区竞争力得分呈现 U 型变化趋势。华中地区与其他地区差距非常明显，华东地区与其他地区差距较为明显，其余地区差距在逐渐缩小。

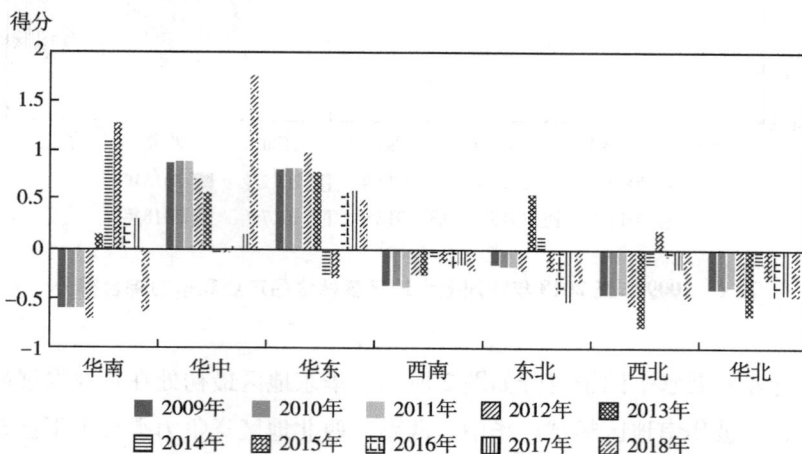

图 3　2009 年至 2018 年我国七大地理地区政府投资与建设因子得分

　　科技与服务因子得分如图4所示，七大地区排序在2009年至2011年期间大致为华南、华中、华东、东北、西南、华北、西北地区，波动幅度较小。2012年至2018年期间，西南地区呈现U型变化趋势：2012年超越华中地区成为第一位；2014年降至第五位，2014年后华中、华东地区分别位居第一、第二位，其他地区差距逐渐缩小。

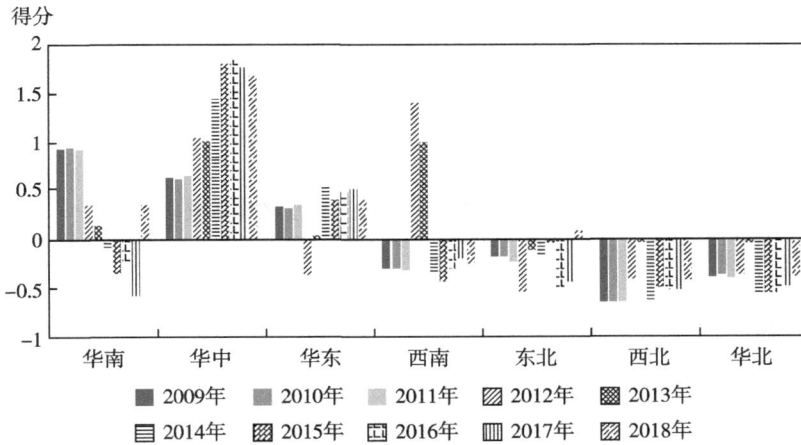

图4　2009年至2018年我国七大地理地区科技与服务因子得分

　　资源要素因子得分如图5所示，七大地区排序在2009年至2018年期间大致为西南、华南、东北、华中、西北、华东、华北地区。2013年华中地区显著提高至第三位，东北地区显著下降至第七位，2014年之后东北地区回升至第三位。华北、西北地区在2018年均有显著提高，分别位于第三位和第四位。

　　医药产业因子得分如图6所示，七大地区排序在2009年至2011年期间为东北、华中、西南、西北、华东、华南、华北地区。华南地区在2013年提高至第二位。其他地区差异不大。

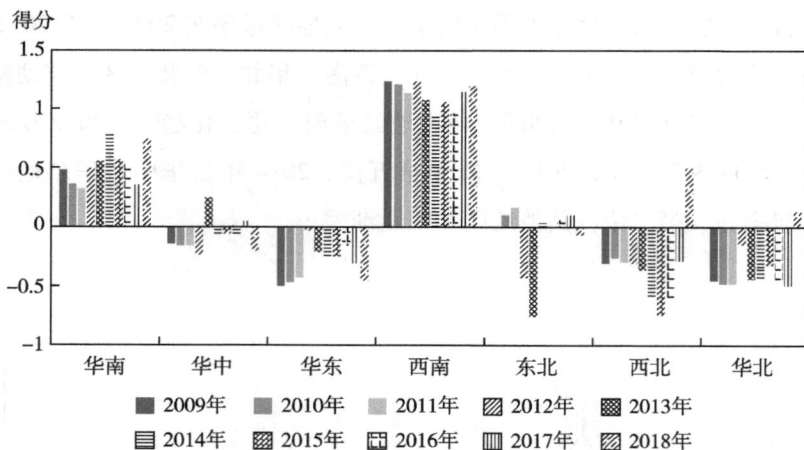

图5　2009年至2018年我国七大地理地区资源要素因子得分

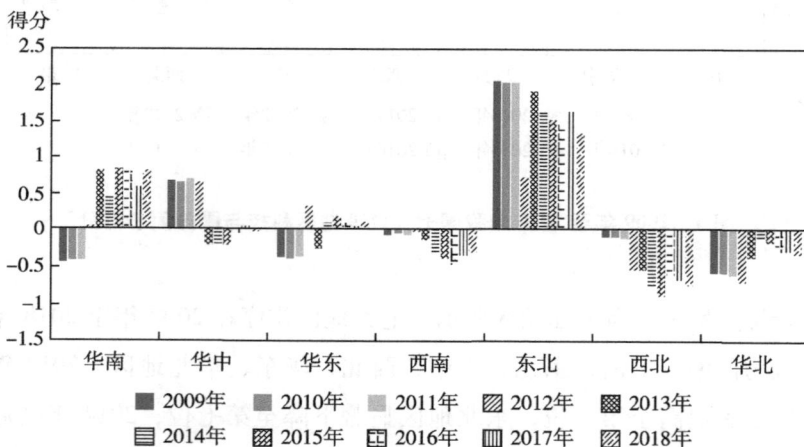

图6　2009年至2018年我国七大地理地区医药产业因子得分

3　讨论与结论

3.1　讨论

目前森林食品产业竞争力的研究多集中于东北地区，尚未有研究全国范围的森林食品竞争力文献。本研究中东北地区森林食品产业竞争力较弱且与其他地区的差距在逐渐扩大，与陈红等[21]的研究结果一致。关于森林食品产业竞争力影响因素方面：刘庆博等[20]认为行业发展要素最为重要与本文结果吻合；王玉昭等[24]得出产业集群是最为重要的影响因素与本文有所不同。究其原因为研究产业竞争力选取指标的范围不同，分为广义和狭义竞争力评价体系；计算得分时采用的方法不同，分为主观赋权和客观计算；研究的时间跨度不同；研究的区域范围不同。因此在不同的研究视角下得到的结论都具有一定的理论意义。本文在广义竞争力体系的基础上研究全国 31 个省份 10a 跨度的宏观数据进行客观计算得分，得到了区域间产业竞争力的动态比较，对我国整体的森林食品产业发展的政策制定具有重要意义。但对于区域间狭义森林食品产业竞争力的研究仍存在不足，理论与政策尚存空白。

3.2　结论与政策建议

根据上文的实证分析结果可以得到如下结论：（1）当前全国七大地区竞争力分为两种类型，一类是华东、华南、华中森林食品产业竞争力较强的地区，另一类是西南、西北、华东、东北森林食品产业竞争力较弱的地区。（2）华南地区竞争力增长最快的原因是其行业水平发展较快、资源要素也较为丰富。（3）华中地区竞争力位于第二的原因是其政府投资力度大、科技与服务水平强。（4）华东地区竞争力位于第三的原因是虽然其行业水平强于华中地区，但受到资源要素匮乏的限制。（5）西南地区作为资源要素最丰富的地区但其竞争力位于中等水平的原因是行业发展水平弱、政府投入低。因此资源要素不是决定竞争力的关键因素。

针对本文研究结论提出相应的政策启示。西南、东北地区应当发挥资源要素丰富地区的优势，其提高竞争力的手段主要是加大行业发展，完善本区域深加工产业链；加大科技投资，引进科技人才来建设林业信息化，同时为森林食品产业提供专业的技术服务与科学的组织管理服务，搭建产品供销平台；加大政府林业产业发展投资，提高林业产业补助和完善公益性设施建设。从而破解资源丰富地区竞争力却不强的困境。

参考文献

［1］陈红，张婧．东北地区森林食品产业的 SWOT 分析［J］．林业科技，2005（06）：66-68.

［2］国家林业局．森林食品总则：LY/T 1684-2007［S］．北京：中国标准出版社，2007.

［3］张润昊．森林食品产业区域发展推进策略研究——以湖北襄阳为例的理论与实证分析［M］．北京：对外经济贸易大学出版社，2013.

［4］朱杰丽，柴振林，尚素微，等．浙江省森林食品认证现状及对策研究［J］．现代农业科技，2010（20）：346-347.

［5］张晓梅，董姝琪．森林食品产业减贫的作用机理及效应分析［J］．林业经济问题，2019，39（03）：256-261.

［6］徐知渊，吕昌河．长三角城市旅游产业竞争力综合比较研究——基于 AHP 法与 BP 人工神经网络模型［J］．中国人口·资源与环境，2017，27（S1）：237-240.

［7］杨丽，付伟，凡哲，等．云南省绿色产业竞争力评价与空间分布态势研究［J］．林业经济，2020，42（12）：70-82.

［8］喻娟．我国跨境电商企业省域竞争力评价体系研究［J］．商业经济研究，2021（07）：98-102.

［9］陈红儿，陈刚．区域产业竞争力评价模型与案例分析［J］．中国软科学，2002，17（01）：100-105.

［10］陆小莉，刘强，孙慧慧．中国数字化产业竞争力的区域差异与影响效应［J］．经济与管理研究，2021，42（04）：58-72.

［11］梁树广，马中东，张延辉，等．基于钻石模型的区域制造业质量竞争力评价［J］．统计与决策，2020，36（23）：173-177.

［12］Gopinath M，Kennedy P L. Agricultural Trade and Productivity Growth：A State-Level Analysis［J］. American Journal of Agricultural Economics，2000，82（05）：1213-1218.

［13］Osborne Stefan，Michael Trueblood. An Examination of Economic Efficiency of Russian Crop Output in the Reform Period ［C］. Chicago：The Meeting of the American Agricultural Economics Association，2001：1-27.

［14］Mosoma K. Agricultural Competitiveness and Supply Chain Integration：South Africa，Argentina and Australia ［J］. Agre-kon，2004，43（01）：132-144.

［15］张润昊. 森林食品区域品牌建设策略研究——以湖北襄樊为例［J］. 安徽农业科学，2011，39（03）：1492-1494.

［16］翟绪军，马桂方. 黑龙江省森林食品产业发展阶段识别与分析——基于乡村振兴战略视角［J］. 林业经济，2019，41（09）：80-86.

［17］褚家佳，张智光. 森林生态安全与森林食品安全相互作用机理模型研究［J］. 林业经济问题，2014，34（02）：107-112+192.

［18］张晓梅，陈思. 东北国有林区森林食品产业结构水平与空间集聚特征分析［J］. 林业经济问题，2019，39（05）：512-519.

［19］吕爱华，尚素微，曹件生，朱秀玲. 浙江省森林食品产业发展阶段分析与展望［J］. 浙江林业科技，2013，33（04）：90-96.

［20］刘庆博，刘俊昌，陈文汇. 我国坚果类森林食品的国际竞争力分析［J］. 西北林学院学报，2013，28（01）：265-268.

［21］陈红，宋阳. 黑龙江省森林食品产业品牌竞争力层次模糊综合评价研究［J］. 中国林副特产，2008（02）：81-85.

［22］陈红，张志刚. 大兴安岭森林食品产业集群发展研究［J］. 中国林副特产，2006（06）：75-78.

［23］薛薇. SPSS统计分析方法及应用（第四版）［M］. 北京：电子工业出版社，2017.

［24］王玉昭，蒋敏元. 以产业集群发展提升东北内蒙古国有林区综合竞争力的构想［J］. 中国林业经济，2008，15（02）：27-30.

10　中国省域核桃产业竞争力评价^①

10　中国省域核桃产业竞争力评价[①]

余红红　韩长志　李　娅

摘要：核桃作为中国重要的木本油料产业之一，在发挥生态保护、促进贫困地区经济发展、实现我国乡村振兴战略等方面发挥着重要作用。科学评价中国各省（市、自治区）核桃产业竞争力对明确地区核桃发展劣势、巩固竞争优势、合理制定产业未来发展战略具有重要意义。基于核桃生产及消费相关静态统计年鉴数据，采用熵值法和因子分析法，从基本竞争力、生产竞争力、市场竞争力、技术竞争力4个方面对中国18个主要核桃种植省市区进行核桃产业竞争力综合评价。结果表明：以云南、新疆、四川、北京、山东为代表的区域，核桃产业竞争力最强，应充分发挥其资源优势，加快科技创新，提高当地核桃产业化程度；以浙江、河南、山西、陕西、河北为代表的区域，核桃产业竞争力较强，应在产业规模的基础上，重点发展第二产业，推动核桃产业转型升级；以重庆、安徽、湖南、湖北、甘肃、贵州、吉林、西藏为代表的区域，核桃产业竞争力最弱，应进一步发挥核桃产业发展潜力，以优质产品取胜。

关键词：核桃产业；竞争力；熵值法；因子分析法；省域

---

① 本文发表于《北方园艺》2021年第18期，全文保持发表格式。

Evaluation of Competitiveness of China's Provincial Walnut Industry

YU Honghong   HAN Changzhi   LI Ya

Abstract: As one of China's important woody oil industries, walnut plays an important role in ecological protection, promoting economic development in poverty-stricken areas, and realizing China's rural revitalization strategy. Scientific evaluation of the competitiveness of the walnut industry in China's provinces (municipalities, autonomous regions) is of great significance for identifying the disadvantages of regional walnut development, consolidating competitive advantages, and rationally formulating future development strategies for the industry. Based on the static statistical yearbook data of walnut production and consumption, the walnut industry competitiveness of 18 major walnut growing provinces, municipalities, autonomous regions in China was comprehensively evaluated from four aspects of basic competitiveness, production competitiveness, market competitiveness and technical competitiveness by using entropy method and factor analysis method. The results showed that the walnut industry was the most competitive in the regions represented by Yunnan, Xinjiang, Sichuan, Beijing, and Shandong. It should give full play to its resource advantages, accelerate technological innovation, and increase the degree of local walnut industrialization. Regions represented by Zhejiang, Henan, Shanxi, Shaanxi, and Hebei had relatively strong competitiveness in the walnut industry. Based on the scale of the industry, they should focus on the development of the secondary industry and promote the transformation and upgrading of the walnut industry. The regions represented by Chongqing, Anhui, Hunan, Hubei, Gansu, Guizhou, Jilin and Tibet had the weakest competitiveness of the walnut industry. The development potential of the walnut industry should be further utilized to win with high-quality products.

Key words：walnut industry；competitiveness；entropy method；factor analysis；nationwide

　　木本油料产业作为关系中国健康优质植物食用油供给的重要传统产业，在补足食用植物油消费量需求缺口以及维护国家粮油安全方面发挥着重要的作用。核桃作为中国重要的木本油料树种之一，在发挥生态保护、环境优化方面具有重要功能，同时，在促进贫困地区经济发展、实现我国乡村振兴战略方面也发挥着重要作用，该产业的健康、有序、快速发展对缓解中国粮油供给及促进西南地区经济发展具有重要的现实意义。中国核桃主要种植区域分布在西南、大西北、东部沿海和华中区域，核桃产量主要集中在云南、新疆、四川、陕西等地区。近年来，中国核桃产业发展迅速，种植面积、产量均居世界第一，已经成为名副其实的核桃生产大国。根据 2018 年《中国林业统计年鉴》数据显示，中国核桃种植面积已达 816.57 万 hm^2，核桃（干果）产量总产量为 382.07 万 t，其中，西南区和大西北区的核桃产量分别为 182.10 万 t、128.38 万 t，分别占全国总产量的 47.66%、33.60%，在上述地区中，云南和新疆的总产量就高达 196.88 万 t，所占比例高达 63.41%。同时，东部沿海地区和华中区域也是我国核桃重要的生产区域，2018 年核桃产量分别为 39.48 万 t、32.11 万 t。上述核桃种植地区资源禀赋条件、经济发展基础和科技支撑能力不同，其产业发展水平不尽相同，呈现出明显的不均衡性。为了进一步加快核桃产业对农户增收的促进作用，各省份（直辖市、自治区）普遍存在寻找核桃产业竞争优势、提高产业竞争力的强烈需求。

　　目前，国内学者对核桃产业发展研究具有系统、定量的研究成果较少。从研究对象看，主要涉及云南[1]、新疆[2] 等单一地区，对整体核桃产业研究较少；研究内容主要涉及某一地区的产业现状分析[3]、生产发展现状[4]、市场消费[5-6] 等方面，但涉及核桃竞争力方面的研究较少；

研究方法主要以定性分析为主，针对核桃产业竞争力评价主要采用钻石模型[7]、SWOT 分析法[8]、层次分析法[9] 等，而 SWOT 分析法、波特钻石模型等研究方法主观认知性较强，容易产生主观判断和臆想，难以实现定量分析。国内学术界对我国谷子产业[10]、林业产业[11-12] 开展诸多竞争力的研究，由于不同区域区位优势以及经济发展水平的不同，相关结论和建议具有很强的针对性。因此，该研究在国内外研究的基础上，构建了包含基本竞争力、生产竞争力、市场竞争力、技术竞争力 4 个方面核桃产业竞争力评价指标体系，采用熵值法和因子分析法对中国 18 个省份（直辖市、自治区）的核桃产业竞争力进行定量评价，并进行了综合判断和分析。

1 材料与方法

1.1 研究方法

1.1.1 核桃产业竞争力评价指标体系构建

国内外学者对农业、林业产业竞争力的研究主要从 2 个方面展开，一方面从显示性指标、分析性指标、比较优势指标等比较优势的角度进行测算[13]，多涉及市场占有率、资源禀赋系数等指标；另一方面则是基于波特钻石模型理论，从生产要素、需求条件、企业战略、结构与同业竞争、政府、机会 6 个方面定性分析产业竞争力[14-15]。以往研究对核桃产业竞争力评价主要涉及科技创新指标、综合优势指数[16-17] 等，基于此，该研究构建了 4 个一级指标和 19 个二级指标用于评价全国核桃产业竞争力水平（表1）。

表 1 核桃产业竞争力评价指标

目标层	一级指标	二级指标	指标代码
核桃产业竞争力	基本竞争力	人均地区生产总值/元	X_1
		人均可支配收入/元	X_2
		公路网密度/（km·km^{-2}）	X_3

目标层	一级指标	二级指标	指标代码
核桃产业竞争力	基本竞争力	铁路网密度/（km·km^{-2}）	X_4
		农村人口数量/人	X_5
	生产竞争力	核桃种植面积/万 hm^2	X_6
		资源禀赋系数	X_7
		规模优势指数	X_8
		成本收益率/%	X_9
		产值/元	X_{10}
	市场竞争力	市场占有率/%	X_{11}
		核桃加工企业数量/个	X_{12}
		省级龙头企业数量/个	X_{13}
		中国核桃之乡数量/个	X_{14}
		核桃品牌数量/个	X_{15}
	技术竞争力	科研技术人员数/人	X_{16}
		科研机构数量/个	X_{17}
		农业植物新品种权授权数/个	X_{18}
		核桃专利申请授权数	X_{19}

1.1.2 熵值法

对云南省核桃产业竞争力水平中各个层次指标赋予权重进行确定，可以选择层次分析法、专家打分法以及熵值法等，由于层次分析法、专家赋值打分法受主观性影响较大，在一定程度上影响了最终结果的准确性。熵值法借鉴了信息论中熵是对不确定性的一种度量的概念，用来判断某个指标的离散程度，离散程度越大说明该指标对综合评价的影响越大。具体步骤如下。

（1）设有 m 个地区作为评价对象，n 个指标，可以得到原始数据矩阵（x_{ij}）$_{m×n}$，X_{ij} 表示第 i 个评价对象的第 j 个指标；

（2）数据标准化处理：设定评价指标 j 的理想状态值为 X_j^*，从选取的指标来看，选取的指标均为正向指标，即理想值越大越好，记为 X_{jmax}^*，现定义指标值对理想值的接近度为 X'_{ij}，则 $X'_{ij}=X_{ij}/X^*_{jmax}$，定义标准化矩阵为 $Y=(y_{ij})_{m×n}$，其中，$y_{ij}=X'_{ij}/\sum X'_{ij}$（$0\leqslant y_{ij}\leqslant 1$）；

（3）计算第 j 个指标的熵值：$e_j=-(1/\ln m)\sum y_{ij}\ln y_{ij}$；

（4）计算用于确定指标权重的差异化系数，也称为指标的效用值：$g_i=1-e_j$；

（5）确定指标权重：$w_j=g_j/\sum g_j$；

（6）计算第 i 个对象的熵值得分：$f_i=\sum w_j×X'_{ij}$。

1.1.3　因子分析法

该法作为一种降维方法，将多个指标转化为一个或几个综合指标，使这些指标尽可能地反映原先指标的信息量，并且彼此间相互独立，减少了信息交叉，保证了评价结果的准确性和客观性。因子分析模型如下：

$$X_1=a_{11}F_1+a_{12}F_2+\cdots a_{1m}F_m+\varepsilon_1$$
$$X_2=a_{21}F_1+a_{22}F_2+\cdots a_{2m}F_m+\varepsilon_2$$
$$\vdots$$
$$X_p=a_{p1}F_1+a_{p2}F_2+\cdots a_{pm}F_m+\varepsilon_p$$

其中，F_1、F_2、$\cdots$、F_m 表示公共因子，a_{pm} 表示第 p 个变量在第 m 个公共因子上的因子载荷，ε_1、ε_2、$\cdots$、ε_p 为特殊因子。

1.2　数据来源

1.2.1　统计年鉴数据

主要涉及《中国统计年鉴》《中国林业统计年鉴》《中国科技统计年鉴》，其中，人均地区生产总值、人均可支配收入、公路网密度、铁路网密度、农村劳动力数量、规模优势指数相关数据主要来源于《中国统计年鉴2019》相关数据计算得到；核桃种植面积、市场占有率、资源禀赋系数相关数据根据《中国林业统计年鉴2018》相关数据、国家统计局公布的相关数据计算得到。科研技术人员数、科研机构数量、专利授权授予数均来于《中国科技统计年鉴2019》。

1.2.2　官方网站数据

主要来源于各个省份农业信息网、农业农村厅、人民政府官网等网站等，其中，核桃加工企业数量由各个省份农业信息网、农业农村厅、人民政府官网等网站公布数据汇总而来；省级龙头企业数据来源于各个省份按批次公布的农业产业化省级龙头企业名单，从名单中筛选出从事核桃产品相关的企业，每年的数据根据公布合格的企业名单加上新增的企业名单，剔除不合格的企业名单整理得到；受数据收集限制，成本收益率、产值、核桃品牌数量、核桃专利申请授权数等指标数据收集难度较大，故在后续分析中未将上述指标纳入核桃产业竞争力评价指标体系。

1.2.3　研究对象

考虑到我国核桃产业在不同地区的实际发展情况，该研究并未选取全国所有省份为分析对象，而是选取北京、河北、山西、吉林、浙江、安徽、山东、河南、湖北、湖南、重庆、四川、贵州、云南、西藏、陕西、甘肃、新疆 18 个核桃主产区的省份作为对比分析对象。

2　核桃产业竞争力测算与分析

2.1　熵值法测算结果

通过对核桃产业竞争力中各个指标对目标层的权重进行计算，由表 2 可知，生产竞争力权重分值最高，为 0.342，说明该指标对核桃产业竞争力的影响最大，其中，尤以种植面积所占权重分值最大（0.135），说明种植规模对核桃产业竞争力有着重要的推动作用；其次是规模优势指数（0.116），说明核桃的规模优势对竞争力的作用程度较大；资源禀赋系数最小（0.091），但所占权重高于其它指标。市场竞争力对核桃产业的贡献次之，所占权重为 0.320，其中，市场占有率权重为 0.116，作用最大，省级龙头企业数量权重为 0.044，作用最小。实地调研发现，目前云南省核桃产业发展主要是靠规模优势，以劳动密集型为主的加工企业在核桃产业中具有重要地位。此外，产业基础对核桃产业产业竞争力也有着重要贡献，其权重为 0.213，其中人均可支配收入对产业竞争力有较大影响，权重大于 0.070，表明地区居民经济收入的提高有助于发展核桃产业竞争力。

表 2   核桃产业竞争力指标权重

指标	权重	指标	权重
基本竞争力	0.213	X_1	0.046
		X_2	0.074
		X_3	0.028
		X_4	0.032
		X_5	0.033
生产竞争力	0.342	X_6	0.135
		X_7	0.091
		X_8	0.116
市场竞争力	0.320	X_{11}	0.116
		X_{12}	0.050
		X_{13}	0.044
		X_{14}	0.110
技术竞争力	0.125	X_{16}	0.025
		X_{17}	0.023
		X_{18}	0.077

基于上述所构建的核桃产业竞争力评价指标体系，进一步对 18 个省份核桃产业竞争力水平进行评价，由表 3 可知，2018 年我国核桃产业竞争力排名前 5 位省市区分别为云南、新疆、四川、北京、陕西，排名后 5 位的分别是重庆、贵州、湖南、吉林、西藏。上述 18 个省份核桃产业竞争力水平综合评价平均得分为 0.226，高于平均值的 8 个省份，分别是云南、新疆、四川、北京、陕西、山东、山西、河南，有 10 个省份低于此值，可见核桃产业发展区域差异性较大，西藏排名较落后，处在第 18 名。

表3　2018年18个省份核桃产业竞争力综合得分

地区	得分	排名	地区	得分	排名	地区	得分	排名
云南	0.726	1	山西	0.258	7	湖北	0.143	13
新疆	0.343	2	河南	0.240	8	重庆	0.143	14
四川	0.307	3	河北	0.196	9	贵州	0.138	15
北京	0.299	4	浙江	0.193	10	湖南	0.135	16
陕西	0.265	5	安徽	0.159	11	吉林	0.095	17
山东	0.259	6	甘肃	0.152	12	西藏	0.019	18

2.2　因子分析法测算

利用 SPSS 23.0 软件对我国 18 个省份的 2018 年核桃产业竞争力相关数据进行 KMO 和 Bartlett 球形检验，KMO 值为 0.603，大于 0.6，巴特利特球形检验的卡方统计值为 301.095，伴随概率为 0，小于显著性水平 0.01，表明样本个数充足，数据间具有相关性，适合做因子分析。其次，根据因子旋转的结果，可以发现有 3 个因子的特征根大于 1，第 1 个公因子的特征值是 6.746，方差贡献率为 44.975%；第 2 个公因子的特征值为 3.285，方差贡献率为 21.902%；第 3 个公因子的特征值为 1.995，方差贡献率为 13.298%，3 个特征值累计方差贡献率达 80.176%，可以充分反映 18 个核桃产区产业竞争力的评价信息。因此，提取前 3 个公因子 F_1、F_2、F_3 可以较好地解释原始数据。F_1 公因子中占比较大的是种植面积、资源禀赋系数、规模优势指数、市场占有率、核桃加工企业数量、省级龙头企业数量、中国核桃之乡数量等因素，表明 F_1 公因子更能代表核桃生产规模与生产实力；人均地区生产总值、人均可支配收入、公路网密度、铁路网密度、科研技术人员数、农业植物新品种权授予数等在第二公因子 F_2 中作用明显，表明 F_2 代表了核桃产业基础环境与技术研发能力；第三公因子 F_3 中作用明显的是农村人口数量、科研机构数量指标，表明第三公因子 F_3 可以代表核桃产业的人力投入和创新水平能力。根据因子得分系数矩阵，计算得到公因子得分和综合得分，并按照综合得分进行排序，结果见表 4。其中，3 个公因子和综合得分越大，说明核桃产业发展的规模越大、实力越强、基础环境越好、科技创新水平越高、交通基础越完善、人力投入越多，综合竞争力越强。由于原始数据的初始化处理使得核桃产业各公因子和综合得分的平均水平定位于零点，故表4中负的数值说明该地区核桃产业的基础环境、科技创新水平、生产规模和实力、加工水平低于整个行业平均水平，意味着该地区需要继续努力发展核桃产业，才能达到全国核桃产业发展的平均水平，正值的意义与其相反。从综合评分F可以看出云南、北京、山东、新疆、四川、浙江、河南、山西8个省份的核桃产业发展水平高于全国平均水平，其它10个省份的核桃产业发展水平低于全国平均水平。

表4　中国省域核桃产业竞争力公因子得分、排名情况

地区	F_1 得分	F_1 排名	F_2 得分	F_2 排名	F_3 得分	F_3 排名	F 得分	F 排名
云南	3.419	1	−0.039	6	0.157	8	1.933	1
北京	−0.008	6	3.288	1	−1.396	17	0.662	2
山东	−0.279	10	0.966	3	2.277	1	0.485	3
新疆	1.299	2	−0.656	15	−0.738	15	0.427	4
四川	0.452	3	−0.459	14	0.951	3	0.286	5
浙江	−0.202	8	1.018	2	−0.535	14	0.076	6
河南	−0.338	11	0.048	5	1.522	2	0.076	7
山西	0.181	5	−0.376	13	0.336	6	0.055	8
陕西	0.318	4	−0.214	10	−0.775	16	−0.008	9
河北	−0.260	9	−0.242	11	0.187	7	−0.181	10
重庆	−0.481	13	0.273	4	−0.396	13	−0.261	11
安徽	−0.634	15	−0.059	7	0.568	5	−0.278	12
湖南	−0.802	17	−0.138	9	0.716	4	−0.368	13
湖北	−0.622	14	−0.111	8	−0.052	9	−0.388	14
甘肃	−0.142	7	−0.992	17	−0.353	11	−0.409	15
贵州	−0.403	12	−0.709	16	−0.168	10	−0.448	16
吉林	−0.666	16	−0.322	12	−0.362	12	−0.522	17
西藏	−0.831	18	−1.276	18	−1.939	18	−1.136	18

2.3 综合分析

利用相同数据，不同评价分析方法，所得结果不尽相同，尽管如此，2 种方法均表明云南省核桃产业竞争力位居首位，以及新疆、四川、北京在排名方面存在一致情况。结合 2 种分析方法，可以将我国 18 个主要核桃种植省份核桃产业竞争力基本可以分为三大类。（1）以云南、新疆、四川、北京、山东为代表的地区。该类地区核桃产业综合竞争力最强，特别是云南、新疆、四川等地区核桃资源优势、规模优势较强，优于其他省份地区，这得益于政府的政策引导和适宜核桃生长的地区气候，然而，3 个地区在产业基础环境与科技创新能力方面均低于全国平均水平，制约了核桃产业竞争力水平的进一步提升。北京市核桃产业竞争力排名靠前得益于科技创新能力较强、科研机构与科研人才较多以及交通基础与地区经济发展水平等优势。同时，山东作为人口大省，劳动力数量较多，由于核桃在种植、管护、加工过程中均需要大量的劳动力，农村劳动力数量的多少影响着核桃产业发展水平的高低。（2）以浙江、河南、山西、陕西、河北为代表的地区。该类核桃产业综合竞争力较强。浙江经济发展基础、交通基础条件、技术研发能力较强，核桃产业发展集约程度较高，核桃单产水平较高。河南省、河北省在核桃种植面积较少，低于全国平均水平，规模优势不明显，然而，河南省经济基础较好、人口较多，为核桃产业的发展提供了良好的产业基础，而河北省则在核桃产品品牌"六个核桃"建设方面取得了较好的效果。山西省、陕西省核桃种植规模和生产实力较为突出，资源禀赋条件较好。（3）以重庆、安徽、湖南、湖北、甘肃、贵州、吉林、西藏为代表的地区。该类核桃产业综合竞争力最弱。总体来看，该类地区核桃产业种植规模较小，同时，甘肃、贵州、吉林、西藏等地区经济发展较为落后，且主要以畜牧业和养殖业为主，对核桃产业的科技投入与资金投入不够，相关的科研机构与科研人才较少。

3 结论与建议

3.1 结论

运用熵值法和因子分析法,对中国 18 个核桃种植省份核桃产业竞争力进行了综合评价。依据 2 种评价方法的综合排名,排名顺序略有不同,但总体相差不大。全国核桃产业竞争力可以分为 3 个层次,云南、新疆、四川、北京、山东地区核桃产业竞争力最强,浙江、河南、山西、陕西、河北地区核桃产业竞争力较强,重庆、安徽、湖南、湖北、甘肃、贵州、吉林、西藏地区核桃产业竞争力最弱。

3.2 建议

核桃产业发展规模、产业基础环境与科技创新能力对产业竞争力的影响较大,为了更好地提升全国核桃产业竞争力,该研究提出以下建议。(1) 国家层面应强化对于各省级核桃产业的发展定位指导工作,确定"优势突出、分类实施、产品互补、总体提升"的我国核桃产业发展路径,从而有效提升我国核桃产业总体竞争力水平。即一类地区应在发挥资源优势的基础上,借助当地旅游资源,加快核桃庄园的建设,促进核桃产业三产融合;二类地区应利用已有的产业规模,以第二产业为发展重点,加快产业集聚发展步伐,推动核桃产业转型升级;三类地区应加快制定各地区核桃种植区域产业规划,避免盲目鼓励非种植地区发展核桃产业行为。(2) 科研创新能力已经成为制约一个产业竞争力的核心要素。面对木本油料在国家的重大缺口以及核桃种植、产品技术研究等过程中的种种问题,急需科研创新能力及技术成果转化能力等方面的提升。广大高等院校、科学院所应积极开展基础研究工作,研发核桃相关产品技术,提高核桃产品创新、技术创新,从而较好地实现科技人员向林农精准普及知识技能,更好地提升核桃产业的技术创新能力和成果转化能力。(3) 基础设施条件的改善对于核桃产业以及其他产业的发展具有重要的促进作用。不断提升山区交通、水利、供电等基础设施建设,不断增强对于核桃生产基地的日常管理工作,从而提高核桃的生产能力。稳定核桃产业持续发展能力，促进核桃增产增收。（4）应充分保障核桃产业发展资金的持续投入，进一步提升核桃产业国际竞争力水平。一方面，各级政府应安排专项资金用于核桃产业竞争力的进一步提升，强化财政资金投入；另一方面，各级政府应联合银行、农村信用社以及其他金融机构积极探索新形势条件下的融资贷款方式，合理适时降低涉农贷款门槛，同时向相关核桃企业提供税收减免政策，加快解决核桃合作社、相关企业以及林农缺乏资金问题。

参考文献

［1］董敏，赵学娇，罗明灿，等．云南农户核桃销售渠道实证研究［J］．林业经济，2016，38（06）：59-64.

［2］李忠新，杨莉玲，阿布力孜·巴斯提，等．新疆核桃产业化发展研究［J］．新疆农业科学，2014，51（05）：973-980.

［3］余红红，李娅，廖灵芝．云南省核桃产业发展策略研究［J］．林业经济问题，2019，39（04）：427-434.

［4］朱占江，李忠新，杨莉玲，等．核桃壳仁分离技术研究进展［J］．食品工业，2014，35（02）：216-219.

［5］党转转，马惠兰．中国核桃国内市场消费特征及潜力预测［J］．北方园艺，2015（18）：211-215.

［6］余红红，李娅．消费者对核桃产品的需求意愿及影响因素分析：基于云南省昆明市1115份消费者调查数据［J］．林业经济，2019，41（10）：62-69.

［7］刘晓利．基于"钻石模型"的临安山核桃产业竞争力分析与提升研究［D］．杭州：浙江农林大学，2012.

［8］任欢．新疆核桃生产发展优势及竞争力研究［D］．乌鲁木齐：新疆农业大学，2015.

［9］郭磊磊，韩洁，贾长安．商洛核桃产业竞争力水平测定与提升［J］．陕西农业科学，2015，61（10）：107-110.

［10］刘斐，李顺国，夏显力．中国谷子产业竞争力综合评价研究

[J]．农业经济问题，2019（11）：60-71．

[11] 张广来，李璐，廖文梅．基于主成分分析法的中国林业产业竞争力水平评价 [J]．浙江农林大学学报，2016，33（06）：1078-1084．

[12] 王刚，陈伟，曹秋红．基于 Entropy-Topsis 的林业产业竞争力测度 [J]．统计与决策，2019，35（18）：55-58．

[13] 张玉杰．辽宁省农业内部结构与竞争力的实证分析 [J]．农业经济，2015（04）：47-49．

[14] 何喆．基于钻石模型的中国茶产业国际竞争力研究 [J]．农村经济，2018（08）：25-30．

[15] 吴雪．基于钻石理论的织金县食用菌产业核心竞争力评价研究 [J]．中国食用菌，2019，38（10）：60-63．

[16] 贾长安．商洛核桃产业竞争力水平测定与分析 [J]．江西农业学报，2010，22（12）：212-214．

[17] 崔新宇，潘仲尼，张冠琼，等．邯郸核桃产业比较优势分析 [J]．种子科技，2017，35（08）：156-160．

11　中缅木质林产品产业内贸易水平评价实证研究①

杨伟娟　李　娅　丁九敏

摘要： 为探究中缅木质林产品的产业内贸易水平、特点、各自产品的竞争优势，明晰未来发展方向，提出推动中缅木质林产品贸易的建议，为"一带一路"倡议和孟中印缅经济走廊建设背景下中缅木质林产品贸易发展及其研究提供参考。本研究选择 UN Comtrade、世界银行等数据库的静态数据，测算贸易结合度指数、产业内贸易相关指数进行分析。结果显示：中缅木质林产品贸易联系紧密，近两年总产业内贸易水平虽有所增长，但整体并不稳定，且垂直型产业内贸易结构是主要的产业内贸易表现形式，各类木质林产品仍以产业间贸易为主。研究表明，我国应提高产业内贸易水平，推动垂直型结构向水平型产业内贸易结构转变，提高国际分工地位，同时帮助缅甸林产品加工业的发展，双方建立信任关系，发挥双方优势，最终实现互利双赢。

关键词： 中缅贸易；木质林产品；产业内贸易

---

①　本文发表于《西部林业科学》2021 年第 4 期，全文保持发表格式。

An Empirical Study on the Evaluation of Intra-industry Trade in Wood Forest Products between China and Myanmar

YANG Wei-juan   LI Ya   DING Jiu-min

Abstract: This article explores the level and characteristics of the intra-industry trade of wood forest products between China and Myanmar, as well as the competitive advantages of their respective products, in order to clarify the future development direction, and put forward suggestions for promoting China-Myanmar wooden forest product trade. The development of China-Myanmar wood forest product trade and its research which is under the background of economic corridor construction is intended to provide the reference. This study selects static data from databases such as UN Comtrade and the World Bank to calculate the index of trade integration and intra-industry trade-related for analysis. The results show that China-Myanmar wood forest products trade is closely linked, and the total intra-industry trade level has increased in the past two years, but the overall situation is not stable. The vertical intra-industry trade structure is the main form of intra-industry trade, and all types of wood forest products are still dominated by inter-industry trade. Research shows that our should improve the level of intra-industry trade, promote the transformation of a vertical structure to a horizontal intra-industry trade structure, and improve the status of the international division of labor. At the same time, it not only helps the development of Myanmar's forest products processing industry, but also establishes a relationship of trust between the two parties, and makes use of the advantages of both parties to ultimately get a win-win situation.

Key words: China-Myanmar trade; wood forest products; intra-industry trade

2019 年，中国木质林产品交易量成为全球之最，人造板等制造业工业制成品出口处于世界首位[1]。缅甸是我国"一带一路"倡议的"重要支点国家"[2]，2020 年中缅双方领导人表示"打造中缅命运共同体"[3]，双方友好关系为中缅木质林产品贸易提供了良好的发展环境。同时，中国与缅甸的林业合作一直秉持不以牺牲环境为代价发展经济，绿色可持续发展才是双方追求所在的发展观。在历史的长河中，木质林产品在双方贸易中就已占据了重要地位[4]。根据国际粮农组织（FAO）数据库统计，2020 年缅甸森林面积仍占全国陆地面积的 43.71%，而中国森林面积仅占国土面积的 23.34%。然而，作为重要进口国的缅甸，将继续减少砍伐量，木材配额在 $61×10^4$ 棵左右，大大增加了中缅木质林产品贸易走向的不确定性[5]。

中国正处于高速发展之中，对林产品的需求也呈大幅增长趋势。产业内贸易可促进一国的规模经济，增加产品的竞争力，便于改变其产业结构。处于产业内贸易的两国，所面临的交易代价相对较少[6]。基于缅甸在"一带一路"、孟中印缅经济走廊、澜湄林业合作[7] 的地位以及中缅木质林产品贸易中的重要性，对此深入探究中缅木质林产品的产业内贸易水平及结构类型，力争贸易实现共赢并推动木质林产品贸易向高质量方向发展，并为双方友好关系添柴加薪。缅甸限制木材配额，加之世界各国也颁布相应的木材出口限制等政令，这无疑给中国的木质林产品市场带来新的转向：由简单加工利用到增值增效研发，对此，中缅间产品结构也将做出相应的调整。

前人研究发现，产业内贸易可分为水平型与垂直型两类，前者主要指同等质量但品种不同的产品，由消费者偏好引起，有利于国家产品的改革、消费与技术的创新，通常发生在发达国家之间；而后者则主要指质量不同的产品，由消费档次引起，有利于增加国家的贸易额和技术溢出，通常发生在发达国家与发展中国家之间[8]。随着科技的不断进步，消费者更加注重产品的差异化与品质化，水平型产业内贸易更加注重产品异质性，关注消费者对产品的满意度，相较于垂直型产业内贸易更利于培养产品的竞争优势。深刻把握两种产业内贸易类型，有助于产品的转型。中缅两国社会发展阶段、国情等各不相同，但同为发展中国家，并迫切地希望国民的生活水平提高，社会形成良好的宏观经济环境，若在木质林产品行业上两国做出一定的改变，也将推动垂直型向水平型产业内贸易的转变[9]。

就产业内贸易理论的发展研究而言，朱刚体等[10] 开展了产业内贸易的历史来源、基本内容及理论评价等，田文[11] 以进口的中间投入品为视角对定义、计量及关系进行了研究，苑涛[12] 则认为中国与发达国家的贸易从垂直型转型到水平型产业内贸易，是我国在对外贸易方面赶超发达国家的体现。就影响因素而言，周弋等[13] 认为增加产品多样性是提高产品竞争力的重要途径；同时，一些学者通过构建产业内贸易影响因素模型，证实了不同因素对产业内贸易发展的影响[14-16]。就研究对象而言，主要集中在制造业[17]、服务业[18] 与农产品[16-17] 等领域，鲜有对林产品产业内贸易的研究报道。同时，中国与发达国家之间对比研究较多[19]，与发展中国家产业内贸易研究较少。

因此，本研究基于中缅木质林产品贸易合作的现状分析，利用 UN Comtrade、世界银行等数据库静态数据，通过测算贸易结合度指数、产业内贸易静态及动态指标，以期明确中缅两国木质林产品贸易的特点及具有竞争性的木质林产品，同时指明未来中缅木质林产品贸易的发展方向，并基于中缅木质林产品的产业内贸易水平与主要结构类型分析，提出推动中缅木质林产品贸易的建议，从而为后续中缅木质林产品贸易研究提供重要的理论参考。

1　区域木质林产品贸易概况

中缅边境线长达 2185km，其中滇缅边境线长约 1997km，占总中缅边境线的 91.40%，云南省在中缅贸易中的地位不言而喻。云南省与缅甸的边境口岸数达 12 个，主要分布在德宏州、临沧市、保山市、西双版纳傣族自治州、普洱市、怒江州。2019 年，云南自由贸易区正式成立，包括昆明、红河、德宏 3 个区域，云南省将德宏区打造为中缅经济走廊的重要节点。

早在 20 世纪 80 年代，中缅木材贸易就逐渐展开了。中国从缅甸进口木材主要包括原木、锯材等初产品，而出口木制品主要包括人造板、纸和纸板、木质家具等制造业工业制成品。随着 2000 年国家林业局天然林保护工程的正式启动，国内木材供需开始出现大量缺口，而中缅边境地区进口木材的零关税政策，使得中缅木材交易量逐渐增高[20]。至 2003 年，缅甸成为云南省木材第一大贸易伙伴，从缅甸进口木材量占与周边国家总木材量的 85% 左右[21]。但从 2007 年开始，由于双边对进口木材加强了约束，我国从缅甸进口木材量逐渐减少，尤其是 2014 年 4 月缅甸开始实施禁止原木出口计划之后，我国对缅甸林产品进口呈下降趋势，其中原木进口贸易额在 2014 年达到峰值（贸易逆差达 2010－2016 年峰值 61518.82×10^4 美元），其贸易额进而出现断崖式下滑；锯材进口贸易额在 2013 年达到峰值，进而下降；其他木材进口贸易额在 2013 年达到峰值，而其他木质林产品进口额基本保持不变。近些年中国木质林产品加工向着精、深加工的方向发展，着力于提高产品的附加价值。2010－2018 年间我国对缅甸出口额呈增长趋势（其中 2017 年中缅木质林产品贸易开始走向贸易顺差），出口贸易额从 2010 年到 2019 年（15326.41×10^4 美元）扩大了 11.6倍，人造板、木制品、纸和纸品及木制家具出口贸易额呈增长趋势，其他木质林产品波动幅度较小，出口贸易额略有增加（以上数据来源于 UN Comtrade 数据库）。

2 研究方法

2.1 数据来源

对于木质林产品的分类，不同统计口径所包含的种类不尽相同。本文结合 FAO 和《中国林业统计年鉴》的统计方式，将木质林产品归结为原木、锯材、单板、人造板、木制品、木浆、其他木材、纸和纸板、木制家具共计 9 种类别。数据来源于 UN Comtrade 数据、世界银行统计数据库以及 FAO 数据库，同时按照 HS 1996 的分类标准进行收集、整理数据。

2.2　评价指标

2.2.1　贸易结合度指数

贸易结合度指数（TII）是用来衡量两国在贸易某方面的相互依存度，可直接反映出两者的贸易紧密程度[22]。具体计算公式为：

$$TII_{ij} = \frac{EX_{ij}/EX_i}{IM_j/IM_w} \tag{1}$$

式中：TII_{ij} 表示 i、j 两国的木质林产品贸易结合度指数；EX_{ij} 表示 i 国对 j 国的木质林产品出口额；EX_i 表示 i 国的木质林产品出口总额；IM_j 表示 j 国的木质林产品进口总额；IM_w 表示世界所有国家的木质林产品进口总额[23]。

2.2.2　G-L 指数法

到目前为止，对于测算产业内贸易程度，G-L 指数法是经典且权威的一种方法。计算公式如下：

$$G - L = 1 - \frac{\sum_{i=1}^{n} |X_i - M_i|}{\sum_{i=1}^{n} |X_i + M_i|} \tag{2}$$

$$G-L_{adj} = \frac{G-L}{1-K} \tag{3}$$

$$K = \frac{\sum_{i=1}^{n} X_i - \sum_{i=1}^{n} M_i}{\sum_{i=1}^{n} (X_i + M_i)} \tag{4}$$

上述公式中，i 表示某类木质林产品的类型，X_i 表示中国向缅甸出口 i 类型的木质林产品，M_i 表示中国从缅甸进口 i 类型的木质林产品。同时，为了避免因贸易失衡（顺差\逆差）而导致 G-L 指数被低估，进而引入 G-L 修正指数，同时加入了贸易调节因子 K 值[24]。

2.2.3　动态指标——MIIT

G-L 指数与 G-L 修正指数只能从静态指标进行分析产业内贸易水平，

单从静态分析可能得出与事实相背离的结论。并且，无法反映出在国际市场与国际分工的地位[25]。故引入动态指标 MIIT（公式中用 M 表示）分析贸易的动态变化，计算公式如下：

$$M_i = \frac{\Delta X_i - \Delta M_i}{\mid \Delta X_i \mid - \mid \Delta M_i \mid}, \quad \Delta X_i = X_{i,t} - X_{i,t-1}, \quad \Delta M_i = M_{i,t} - M_{i,t-1} \qquad (5)$$

式中：ΔX_i、ΔM_i 表示两个时间点间第 i 类木质林产品中国的出口与进口贸易额的变化量，本文时间间隔为 1 年，与前一年进行比较；M_i 取值范围在 -1~1 之间，当 $\mid M_i \mid$ <0.5 时以产业内贸易为主，反之为产业间贸易。

2.2.4 边际总产业内贸易指数与分类指数

动态产业内指数并不能反映出具体是哪种产业内贸易结构主导的产业内贸易，因此引入边际总产业内贸易指数（A_j），产业间贸易指数 IT（T_i），以及边际总产业贸易指数（包括水平型产业内贸易指数 HIIT 与垂直型产业内贸易指数 VIIT）。

$$T_i = 1 - A_j \qquad (6)$$

$$A_j = 1 - \frac{\mid \Delta X_j - \Delta M_j \mid}{\sum_{i=1}^{n} \mid \Delta X_i \mid + \sum_{i=1}^{n} \mid \Delta M_i \mid} \qquad (7)$$

式中：X_j 代表中国所有木质林产品总和，M_j 代表缅甸所有木质林产品总和。

$$H = \sum_{i=1}^{n} \frac{\mid \Delta X_i \mid + \mid \Delta M_i \mid}{\sum_{i=1}^{n} \mid \Delta X_i \mid + \sum_{i=1}^{n} \mid \Delta M_i \mid} \mid 1 - M_i \mid \qquad (8)$$

$$V = A_j - H \qquad (9)$$

式中：H 为水平型产业内贸易指数 HIIT，V 为垂直型产业内贸易指数 VIIT。当 H>V，说明水平型结构主导产业内贸易，反之由垂直型结构主导。

3 结果与分析

3.1 2012-2019 年中缅木质林产品贸易结合度

在中缅木质林产品贸易中，无论是进口还是出口，贸易强度基本处于较高水平。从缅甸出口角度来看，2012-2015 年贸易强度指数呈现上升趋势，2015 年达到历史峰值，从 2016 年起，贸易强度指数迅速下滑，但截至 2019 年底，贸易强度指数仍然大于 1，说明中缅木质林产品贸易联系紧密。从中国出口角度来讲，2012 年与 2013 年中国对缅甸的出口强度较低，经贸联系略为松散，但从 2014 年起至 2019 年，中国对缅甸出口木质林产品的贸易强度指数均高于 1，整体呈现上升趋势，表明中缅贸易联系不断加强。

表 1   2012-2019 年中国与缅甸木质林产品贸易结合度指数

年度	缅甸出口角度	中国出口角度
2012	1.93	0.81
2013	1.30	0.87
2014	2.55	1.55
2015	4.40	1.93
2016	1.39	1.13
2017	1.87	4.75
2018	1.62	3.01
2019	2.25	3.37

3.2 2012-2019 年中缅木质林产品的 G-L 指数及动态指标

由表 2 可知，在 2012-2019 年期间，原木、锯材、人造板、纸和纸板的 G-L 指数值均趋近于 0，产业内贸易水平极低，以产业间贸易为主，互补性较强。单板的产业内贸易较不稳定，近两年的产业内贸易指数极高，以产业内贸易为主，竞争性较强。木制品在 2012 年和 2013 年产业内贸易指数处于较高水平，但从 2014 年出现了断崖式下滑，产业内贸易指数一直保持在 0.5 以下，表明目前木制品以产业间贸易为主。其他木材、木制家具 G-L 指数略有波动，但指数值变化都在 0.5 以下，且表现出降低趋势，说明了其他木材、木制家具一直以来是以产业间贸易为主导，且产业间贸易水平逐渐增强。

表2 中缅各类木质林产品的 G-L 指数

木质林产品	年度							
	2012	2013	2014	2015	2016	2017	2018	2019
原木	0.0000	0.0002	0.0004	0.0003	0.0004	0.0053	0.0019	0.0076
锯材	0.0000	0.0013	0.0002	0.0013	0.0005	0.0105	0.0098	0.0012
单板	0.0641	0.0955	0.9121	0.5275	0.3550	0.4458	0.6210	0.9844
人造板	0.0000	0.0000	0.0005	0.1568	0.0726	0.0029	0.0067	0.0006
木制品	0.6043	0.9430	0.3556	0.2822	0.1523	0.2384	0.1574	0.1129
木浆	0.0000	0.4380	0.0515	0.6598	0.7319	0.0000	0.3789	0.3091
其他木材	0.0523	0.0328	0.1691	0.3453	0.2341	0.3842	0.0177	0.0016
纸和纸板	0.0096	0.0032	0.0001	0.0003	0.0001	0.0260	0.0009	0.0011
木制家具	0.1554	0.0014	0.0332	0.0020	0.0010	0.0056	0.0256	0.1176

引入 G-L 修正指数后，对年度木质林产品贸易指数进行分析，G-L 指数和 G-L 修正指数呈现的整体趋势是一致的，但 G-L 修正指数值均高于 G-L 指数值。从 2017 年起，贸易逆差转变为贸易顺差，差距也在不断的缩小，G-L 指数与 G-L 修正指数的差距也在开始降低，这种现象验证了当贸易不平衡情况（逆差\顺差）出现时，G-L 指数值会被低估。无论是 G-L 指数值还是 G-L 修正指数值均在 0.5 以下，说明中缅木质林产品贸易整体情况是以产业间贸易为主。

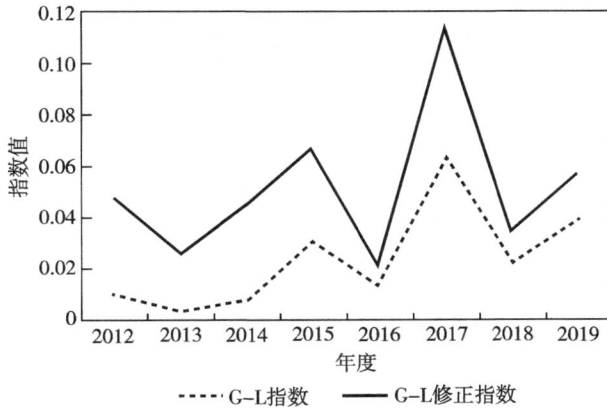

图 1　中缅木质林产品贸易的 G-L 指数和 G-L 修正指数

从动态结果可以看出，2012-2019 年存在一半以上的 MIIT 指数的绝对值为 1，木质林产品发展趋势为产业间贸易。原木、锯材、人造板、其他木材与木制家具多年来均为产业间贸易；木制品、纸和纸板在大多数年份以产业间贸易为主，且最终以产业间贸易为发展方向，这些与静态指标所得结果基本吻合。而单板发展波动较大，呈现出一定的不稳定性，但动态指标结果并没有像静态指标展示的最终呈现产业内贸易的趋势，而是产业间贸易趋势；木浆在静态指标中的 2015 年与 2016 年呈产业内贸易趋势，而在动态指标结果中一直为产业间贸易，这充分展示了只采用静态分析方法的局限性[26]。

表 3　中缅木质林产品产业内贸易 MIIT 指数

木质林产品	起止年份						
	2012-2013	2013-2014	2014-2015	2015-2016	2016-2017	2017-2018	2018-2019
原木	-0.9996	-0.9983	0.9995	1.0000	1.0000	0.9073	1.0000
锯材	-0.9958	0.9967	-0.9787	0.9957	1.0000	-0.9915	-1.0000
单板	1.0000	1.0000	1.0000	0.9173	0.1583	-1.0000	-1.0000
人造板	1.0000	0.9990	0.5528	1.0000	1.0000	0.9288	-0.9669

续表

木质林产品	起止年份						
	2012-2013	2013-2014	2014-2015	2015-2016	2016-2017	2017-2018	2018-2019
木制品	-0.9731	1.0000	0.2595	-0.2059	0.5094	0.9515	0.9313
木浆	-0.9833	-1.0000	1.0000	1.0000	0.5245	-1.0000	-0.6992
其他木材	-0.9997	1.0000	1.0000	0.5320	-0.5050	-1.0000	-1.0000
纸和纸板	1.0000	1.0000	-1.0000	1.0000	0.4270	1.0000	0.9976
木制家具	1.0000	-1.0000	1.0000	1.0000	0.9885	-1.0000	0.5680

3.3 2012-2019 年中缅木质林产品贸易的边际总产业内贸易指数及分类指数

从表 4 可看出 A_j 波动幅度较大，表明中缅木质林产品同时受产业内与产业间两种贸易形式影响，近几年呈现出产业内贸易发展趋势，而 2017 年正式提出中缅经济走廊建议的时刻，也说明了中缅经济走廊的推进促进了产业内贸易的发展。从近几年的年份区间来看，除了 2015-2016 年，HIIT 略大于 VIIT，其余年份 VIIT 均远超于 HIIT，且两者差值不断增加。因此 2012-2019 年，垂直型结构是中缅木质林产品贸易的主要表现形式。而双边要素禀赋、人均收入、两国经济发展等多种因素的差距是造成垂直型结构的原因。

表 4 中缅木质林产品产业内贸易结构

年度	动态指数值			
	A_j	IT	HIIT	VIIT
2012-2013	0.1077	0.8923	0.0007	0.1070
2013-2014	0.6539	0.3461	0.0019	0.6520
2014-2015	0.0286	0.9714	0.0061	0.0225
2015-2016	0.0617	0.9383	0.0573	0.0044
2016-2017	0.0867	0.9133	0.0396	0.0471
2017-2018	0.6541	0.3459	0.0084	0.6457
2018-2019	0.8894	0.1106	0.0520	0.8374

4 讨论与结论

4.1 讨论

在研究结果方面，中缅木质林产品产业内贸易与中日[24]、中国与孟中印缅经济走廊沿线国家[23]、中国与东盟[27]、中俄[28]的产业内贸易分析结果类似：以产业间贸易为主，产业内贸易水平较低且以垂直型结构为表现形式。此类结果是由两国经济发展水平、人均收入差异所导致，显示出中国木质林产品的竞争力略显不足。在研究方法上，中国与东盟、中国与孟中印缅的产业内贸易结构研究仅采用静态研究方式；中日产业内贸易采用动态与静态相结合的方式；中俄双边贸易分析除了采用静态分析指数，更加入贸易引力模型分析影响木质林产品贸易的主要因素及贸易潜力的测算；对于此次研究的中缅木质林产品的产业内贸易分析，在传统的产业内贸易计量基础上加入了贸易强度指数，便于分析两者贸易的依存度，但本研究并未深入探讨影响产业内贸易水平的主要因素。今后的研究方向将定位于木质林产品贸易的影响因素，贸易成本作为双边贸易所无法规避的重要因素将成为研究重点。

4.2 结论

通过测算 TII 指数与产业内贸易相关指数，发现中缅木质林产品贸易联系紧密，近两年总产业内贸易水平虽有所增长，但整体并不稳定，且垂直型产业内贸易结构是主要的产业内贸易表现形式，各类木质林产品仍以产业间贸易为主。基于研究结果，建议采取如下措施以繁荣中缅木材林产品贸易。

（1）加强区域经济合作，促进双边贸易发展。

随着"一带一路"和孟中印缅经济走廊建设倡议的提出与推进，应加大中国与缅甸之间的林产品贸易。木质林产品对于运输条件要求高，应加快基础设施的建设，特别是交通运输的建设。印度、老挝、越南等也是我国重要的贸易伙伴，在加强与缅甸进行贸易的同时，也应多关注与其他国家的贸易往来。缅甸同属于东盟、澜湄区域，加强区域经济合作，有利于促进中缅木质林产品的产业内贸易进程。

在"一带一路"建设中，缅甸具有重要地位。中国同东南亚"五通"指数报告中，东南亚11个国家中，缅甸仅排第9位，属于良好型国家，说明两国合作前景广阔，但贸易潜力还未完全发挥。2017年5月环境保护部等4部委联合发布《关于推进绿色"一带一路"建设的指导意见》，加强可持续发展，可提高双边国民、企业的支持。对于两国木质林产品贸易来说，更应该遵循绿色理念，追求绿色贸易发展。

（2）提高林产品差异性，建立国际知名品牌。

近两年单板属于产业内贸易，中缅竞争性较强，通过完善产品多样性，打造产品差异有利于推动双方产业内贸易发展。相对于垂直型产业内贸易，水平型产业内贸易能带来更多的贸易额，并且更利于国家经济的良性发展。对于企业来说，在保证产品质量的前提下，提高产品的差异性进而增加产品的附加价值，这将是企业核心竞争力所在。中缅木质林产品的产业内贸易水平较弱，企业应增强应对风险、加大创新以及引进人才的能力。开创知名品牌离不开政府的引导，以优惠政策引导先进企业进行境外建设联盟企业或者子公司，让一部分企业"走出去"，使其产品直接销售给当地人民，规避贸易壁垒，再带动剩余企业"走出去"。

（3）加强中缅林业投资项目。

缅甸属于资本稀缺国家，发展加工业，必然会重视外来投资的引入。中缅两国贸易历史悠久，且地缘条件占据优势，我国企业应加大关注缅甸发布的招商引资政策。当我国资本引入缅甸后，为缅甸带来了先进的管理技术与生产技术，促进其本地的木材加工业的发展，可改变中缅木质林产品贸易只有中国受益的看法，增加缅甸政府对中缅木质林产品贸易的信心。

参考文献

［1］刘永泉．"一带一路"区域价值链的基本条件——基于中国木质林产品的分析［J］．林业经济，2019，41（02）：55-61.

［2］李晨阳，孟姿君，罗圣荣．"一带一路"框架下的中缅经济走

廊建设：主要内容、面临挑战与推进路径［J］．南亚研究，2019（04）：112-133+157-158.

［3］高程，王震．中国经略周边的机制化路径探析——以中缅经济走廊为例［J］．东南亚研究，2020（01）：1-19+154.

［4］秦光远，程宝栋，张剑．中缅木材贸易发展特征与前景展望［J］．林业资源管理，2015（05）：8-12+49.

［5］佚名．2019年缅甸仍将减少木材砍伐生产量［J］．中国包装，2019，39（03）：96.

［6］刘艺卓，左常升，徐宏源．中国林产品产业内贸易分析［J］．中国农村经济，2006（09）：38-44.

［7］翟洪波，姜远标．澜沧江—湄公河林业合作的现状与未来［J］．西部林业科学，2019，48（03）：157-161.

［8］喻志军，姜万军．产业内贸易现状的实证分析［J］．统计研究，2008（06）：35-41.

［9］梁剑．人类绿色命运共同体视角下的中国—东盟林业交流合作机制途径探讨［J］．西部林业科学，2020，49（01）：162-166.

［10］朱刚体，贾继锋．"产业内贸易"理论述评［J］．国际贸易问题，1985（05）：13-18.

［11］田文．产品内贸易的定义、计量及比较分析［J］．财贸经济，2005（05）：77-79.

［12］苑涛．西方产业内贸易理论述评［J］．经济评论，2003（01）：91-94.

［13］周弋，任若恩．中国产业内贸易现状及制造业的国际竞争力［J］．经济与管理研究，1999（06）：32-35.

［14］陈迅，李维，王珍．我国产业内贸易影响因素实证分析［J］．世界经济研究，2004（06）：48-54.

［15］马剑飞，朱红磊，许罗丹．对中国产业内贸易决定因素的经验研究［J］．世界经济，2002（09）：22-26+80.

［16］徐娅玮. 中国产业内贸易的现状与成因分析 ［J］. 国际贸易问题, 2001 （12）: 29-30.

［17］汪斌, 邓艳梅. 中日贸易中工业制品比较优势及国际分工类型 ［J］. 世界经济, 2003 （04）: 21-25+80.

［18］程大中. 中美服务部门的产业内贸易及其影响因素分析 ［J］. 管理世界, 2008 （09）: 57-66.

［19］林琳. 中美产业内贸易研究 ［J］. 国际贸易问题, 2006 （01）: 33-39.

［20］华亚溪. 缅甸新军人政权时期的林业管理、民族冲突与中缅关系 ［D］. 昆明: 云南大学, 2017.

［21］潘瑶, 徐晔, 王庆华, 等. 中缅边境木材贸易的现状及对策思考 ［J］. 西部林业科学, 2016, 45 （04）: 65-69.

［22］别诗杰, 祁春节. 中国与"一带一路"国家农产品贸易的竞争性与互补性研究 ［J］. 中国农业资源与区划, 2019, 40 （11）: 166-173.

［23］田刚, 杨光, 吴天博. 中国与孟中印缅经济走廊沿线国家木质林产品贸易前景分析 ［J］. 世界林业研究, 2020, 33 （02）: 112-116.

［24］伍海泉, 韩爽, 田刚. 中日木质林产品产业内贸易实证分析——基于 1995～2018 年进出口贸易数据 ［J］. 林业经济, 2020, 42 （06）: 43-51.

［25］薄晓东, 张希栋. 产业内贸易测度与实证研究述评 ［J］. 商业时代, 2014 （22）: 4-6.

［26］陈双喜, 王磊. 中日服务业产业内贸易实证研究 ［J］. 国际贸易问题, 2010 （08）: 76-83.

［27］苏蕾, 袁辰. "一带一路"下中国与东盟木质林产品产业内贸易实证分析 ［J］. 林业经济问题, 2018, 38 （03）: 65-68+107.

［28］吴天博, 田刚. "一带一盟"建设视域下中俄木质林产品双边贸易现状及潜力评价——基于贸易引力模型的实证研究 ［J］. 林业经济, 2019, 41 （04）: 75-81+115.

12　基于乡村振兴视角的云南省核桃产业发展路径分析①

王佳英　李　娅

摘要： 乡村振兴战略是解决我国当前林业产业发展困境的重要政策，是构建现代林业产业体系的必然选择。乡村振兴战略中的"七条道路"，其中4条道路与林业产业发展路径密切相关，主要涉及共同富裕之路、质量兴农之路、乡村绿色发展之路和中国特色减贫之路。以乡村振兴视角为切入点，基于云南省核桃产业发展动态数据以及统计年鉴静态数据，对核桃产业存在的问题及融合乡村振兴战略发展路径进行研究。结果表明：云南省核桃产业发展尚存在着经营制度不完善、结构性失衡、核桃生产加工未标准化以及核桃精准扶贫后续动力不足等问题。因此，建议加快构建新型农业经营体系，建立健全核桃产品供需衔接机制，加强核桃产业绿色化、标准化，激发核桃精准扶贫内生动力，实现云南省核桃产业全面促进乡村振兴。

关键词： 核桃产业；乡村振兴；发展路径；云南省

---

①　本文发表于《北方园艺》2021年第9期，全文保持发表格式。

Development Path Analysis of Walnut Industry in Yunnan Province From the Perspective of Rural Revitalization

WANG Jiaying   LI Ya

Abstract: Rural revitalization strategy is an important policy and an inevitable choice to solve the current predicament of forestry industry development in China and to construct a modern forestry industry system. Based on the 'Seven Roads' of rural revitalization, the road of common prosperity, the road of quality agriculture, the road of rural green development and the road of poverty reduction with Chinese characteristics were closely related to the development path of forestry industry. From the perspective of rural revitalization, based on the dynamic data of walnut industry development in Yunnan Province and the static data of statistical yearbook, the existing problems of walnut industry and the development path of integrating rural revitalization strategy were studied. The results showed that the walnut industry management system in Yunnan Province was not perfect, the walnut industry was structurally unbalanced, the walnut production and processing was not standardized, and there was insufficient endogenous power for walnut targeted poverty alleviation. Therefore, it was suggested to accelerate the construction of a new agricultural management system, establish and improve the linkage mechanism between supply and demand of walnut products, strengthen the greening and standardization of walnut industry, stimulate the endogenous power of targeted poverty alleviation of walnut, and realize the comprehensive promotion of rural revitalization of Yunnan Province walnut industry.

Key words: walnut industry; rural revitalization; development path; Yunnan province

2017 年中央农村工作会上，习近平总书记系统全面地阐述了实现中国特色社会主义乡村振兴的"七条道路"。乡村振兴是国家意志、社会历史发展阶段以及政府合理政策相结合的产物，社会主义新农村建设是乡村振兴探索的第四阶段[1]。林业产业作为高效、高产、优质和持续的产业体系，是实现乡村振兴的重要抓手，乡村振兴战略是实现现代林业产业体系的政策引导。国内学者就乡村振兴背景下产业发展的研究报道较多，研究对象主要有食用菌产业[2]、药材产业[3]、棉花产业[4]、林下旅游[5-6] 等，研究内容涉及发展现状[7]、融合路径[8]、精准脱贫效率[9-10] 以及产业转型困境[11] 等方面，针对上述不同产业在实现乡村振兴方面的路径选择主要涉及农业供给侧改革、完善经营制度、加强科技投入、构建产品价值链高端化等方面。核桃作为云南省近些年大力发展的重要产业，在种植规模、产量、产值以及受益群体方面均居我国众省份前列，成为破解广大山区致富的核心产业[12]。2018 年，核桃种植面积高达 350.92 万 hm^2，总产量 116 万 t，产值 318 亿元[13]，占全省林业产业总产值的 14.32%。前期课题组对于核桃产业发展的研究主要涉及产业现状[13]、市场销售[14] 以及产业竞争力[15] 方面，同时，国内学者也尚未有关基于乡村振兴战略视角开展核桃产业与其融合发展的研究报道。对云南省核桃产业与乡村振兴发展道路的融合度开展研究，对加快提升云南省核桃产业高质量发展具有重要的现实意义，也是构建现代林业产业体系的必然选择，是实现广大贫困地区现代化的关键之举[7]。因此，该研究以云南省核桃产业发展为例，从乡村振兴战略中的路径选择角度出发，基于课题组前期前往大理、临沧、保山等云南省核桃主产区的实地动态调研数据和《中国统计年鉴》（2012—2019 年）、《中国林业统计年鉴》（2012—2017 年）、《云南统计年鉴》（2012—2019 年）中核桃相关静态数据，从共同富裕之路、质量兴农之路、乡村绿色发展之路和中国特色减贫之路等 4 条道路出发，探索核桃产业与乡村振兴战略的融合度关系，从而明确云南省核桃产业目前存在发展中问题，为未来进一步打造云南省高质量核桃产业提供相关政策参考，也为实现云南省核桃产业健康、有序、快速发展以及促进乡村振兴提供重要的理论参考。

研究发现，核桃产业发展与乡村振兴关系密切。云南省现有 2600 多万山区农民种植核桃，核桃收入已经成为该省重要经济支柱，核桃产业已成为该省山区覆盖面最广、产业带动性最强、群众受益面最广的绿色、支柱产业，核桃在促进该省乡村振兴方面发挥着重要的经济作用。在实施乡村战略过程中，党中央国务院对于最终实现的目的提出了明确要求坚持农业农村优先发展，按照产业兴旺、生态宜居、乡风文明、治理有效、生活富裕的总要求。因此，对于乡村振兴与产业之间的关系不言自明，即乡村振兴必然要求产业兴旺，就核桃产业而言，实现乡村振兴需要充分依靠核桃产业的健康、有序、快速发展，充分挖掘乡村振兴路径实现的内涵，围绕 7 条路径破解产业发展困境，打造产业发展模式（图1）。

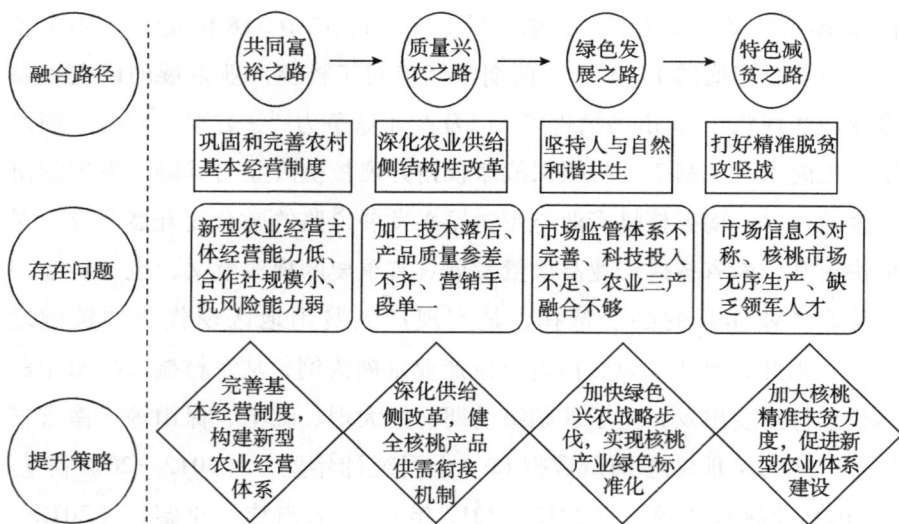

图1 核桃产业与乡村振兴发展路径

1　云南核桃产业发展现状

云南农村现代化建设相对落后，各地农业产业发展不均衡问题如初。前期研究发现，云南省四大传统核桃主产区合作社、核桃龙头企业数量增长明显，"农户+合作社+龙头企业"模式优势明显，得益于农村基本经营制度的完善[15]；2020 年，农业农村部印发了《新型农业经营主体和服务主体高质量发展规划（2020—2022 年）》，提出了五大支持政策和四大保障措施，进一步促进了各地经营模式的转变。2018 年，云南省农民专业合作社总数达 6 万余个，较 2017 年增加 6628 个，增长率为 12.4%，其中从事种植业的合作社 29898 个，占总数的 49.83%；获省级重点核桃相关龙头企业个数累计 102 家，其中大理州核桃龙头企业数量达 32 家，居全省第一（图2）。2018 年云南省农村居民人均可支配收入为 10767.9 元，位居全国倒数行列，其中经营性收入为 5599 元，为全国中上水平，由此可见，该省农村经济水平发展较为落后、农民收入较低，但产生经营行为的农户家庭较多，经营性收入占比较大。同时，根据云南省林业厅的统计数据显示，核桃是全省栽培范围最广、面积最大、产量产值最高的干果经济林[16]。云南省 129 个县（市）中有 120 多个县（市）种植核桃，其中漾濞、大姚、南华等九地被列为"中国核桃之乡"，占全国总数量的 39.13%[13]。该省核桃传统种植区主要为大理、临沧、保山及楚雄等地，上述地区 2016 年核桃产量分别占全省总产量的 37.38%、24.57%、10.64%、6.91%。

云南省核桃产业在发展过程中尚存在诸多问题，2018 年云南林业产业总产值达 2221 亿元，其中核桃产值仅占 14.3%，造成了"高投入，低产出"的发展困境；核桃产业结构化失衡，核桃三产不融合，核桃产品数量、质量与消费者需求之间产生矛盾；核桃市场体系不完善，缺乏标准化、绿色化有效管理；核桃产业有效增加农户经营性收入，但其内生动力不足、科技创新不足，效率低下[13]。云南省核桃产业发展与乡村战略"四条路经"息息相关，破解云南省核桃产业发展困境，要分析云南省核桃产业发展路径内在机理，离析核桃产业经营受阻原因。

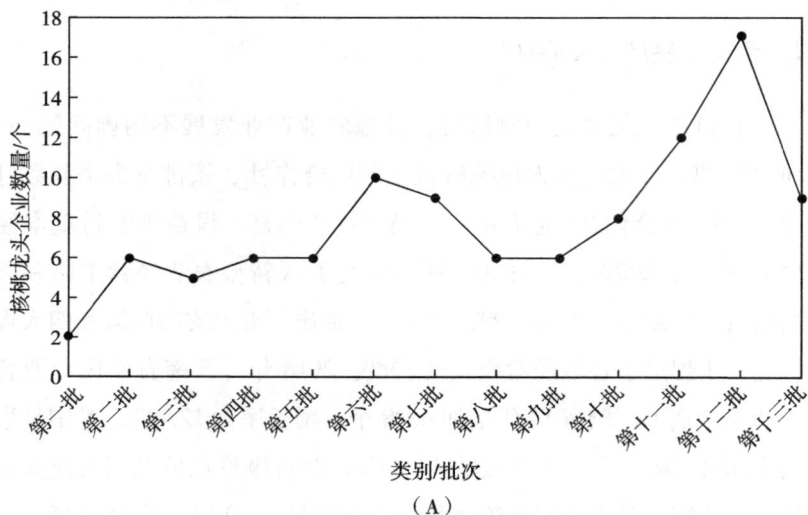

（A）

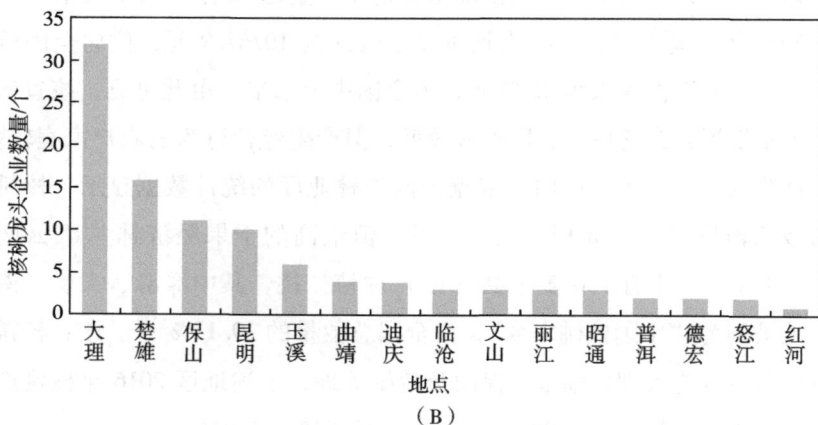

（B）

图 2　云南省省级重点核桃龙头企业获批情况

注：A 为十三批次核桃龙头企业分布情况，B 为 2018 年核桃龙头企业不同州（市）分布情况。

2　对标乡村振兴发展路径云南省核桃产业存在问题分析

2.1　对标共同富裕之路，经营制度不完善

我国农村基本经营制度的基础是农户承包经营，农村集体经济组织是

农村集体所拥有的各类资产和资源的管理运营主体，是农村集体经济的组织载体[17]。近年来，该省核桃的生产组织结构从传统的单一农户经营模式向"农户+合作社+龙头企业"经营模式转变，提高了农业经营主体的服务水平，促进了核桃产业的高质量发展。然而据调查，目前云南省核桃产业经营制度不尽完善。全省核桃产业经营主体多以本土农户为主，缺乏先进经营技术、社会资本等；形式主义严重，存在一定数量的空壳合作社；缺乏国内外大型龙头企业，近年来云南省核桃龙头企业数量虽有所增加，但占比很低，2018 年（第十三批）入选了核桃相关龙头企业 9 家（图2），仅占该年林业龙头企业总数量的 7.84%，且主要分布在核桃主产区，地区之间分布不均匀。同时，在实地调研中发现，受到亚当·斯密"经济人"追求经济最大化影响，国家推行的农业补贴政策无形中提高了农地的租金，客观上影响了农户流转土地的意愿，给新型经营模式带来了一定的障碍[18]。此外，核桃产业经营合作社在实际经营中存在管理较为粗放、组织架构不尽完善以及组织之间生产要素资源禀赋差异较大等问题，严重影响着核桃产业的进一步经营。以往研究表明，中国特色农业现代化道路的最显著特点不是经营规模化，而是服务规模化，即通过社会化服务带动小农户，提升规模经营水平和农业现代化水平[19]。然而，在多元化经营模式成为主流的背景下，云南省核桃产业水平比较低下，产业经营制度尚不完善，严重影响着未来新型农业经营主体和服务主体现代化水平，削弱了核桃种植农户与合作社利益联结的稳固性以及抵抗风险能力。

2.2 对标质量兴农之路，产业结构化失衡

当前，我国农业供给侧结构性问题凸显，尤其结构性问题更为突出[20]。核桃产业作为重要的林业产业，其结构性问题也表现突出。缓解农业供给侧结构性矛盾关键要发展与消费者契合的高产量、高质量和高数量农产品，确保农产品有效供给[21]。核桃三产发展不均衡严重制约着核桃产业的发展，就一产而言，云南省核桃种质资源位于中国前列[22]，核桃品种非常优良，主要生产果大壳薄、仁白质细具有丰富营养价值的深纹核桃[15]，2018 年核桃产量 116 万 t，产值 318 亿元（图3）[13]；就第二产

业而言，云南省尚未形成产、供、销、贸、工、农一体化核桃加工体系，云南省知名生产加工企业摩尔农庄生物科技开发有限公司加工工艺落后、核桃利用率低，公司建成的第三、第四功能饮料生产线项目与第五期核桃综合加工项目合计年产值达 50 亿元，与 2018 年河北省"养元六个核桃"公司旗下光核桃乳就实现营业性收入 80.2 亿元形成鲜明对比。该省核桃产业加工技术落后，产品质量参差不齐，品牌效应低等，满足不了消费者的产品质量需求，从而造成了核桃产业的"大资源，小产值"现象，使得核桃产业结构化失衡。就第三产业而言，云南省核桃三产产值占比最低，不到 2%，由核桃产业带动的乡村旅游贡献不大，"核桃人家""核桃观光旅游""核桃休闲运动"等经营模式发展不成熟，产值效率低。农业供给侧结构性改革问题是中国农业面临的一大难题，也是乡村振兴战略的重点，更是限制云南省核桃产业发展的一大因素。由此可见，明确云南省核桃产业发展内部问题，是缓解核桃产业结构性失衡的有效路径。

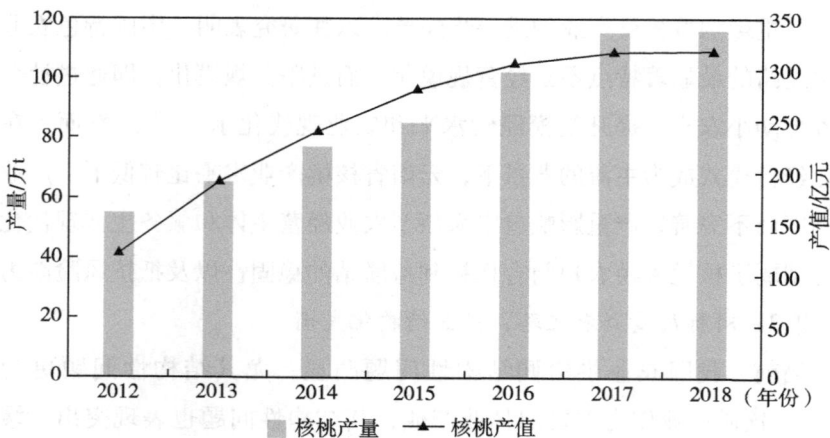

图 3　2012-2018 年云南省核桃产量和产值

2.3　对标绿色发展之路，生产加工技术落后

云南省先后制定了一些关于核桃生产加工地方性标准文件，主要涉及

无公害生产、穗条质量、砧木培育、地理标志产品等方面，在一定程度上促进了当地核桃加工体系的标准化、规范化建设（表1）。尽管如此，云南省核桃产业在种植、加工以及核桃质量检验等环节尚缺乏较为严格统一的标准，在核桃种植过程中，水肥管理方式简单粗放、施肥方式不尽科学，特别是对于核桃病虫害防治方面选择化学药剂标准缺乏，使得同一核桃品种的产品质量良莠不齐；在核桃初级加工过程中，大多数地区依然采用高耗能、高污染、高排放的旧式传统烤炉进行核桃烘烤，烤房建设规模、供热方式缺乏统一的标准，烘烤 1t 核桃平均需燃料 0.8t[23]，仅 2018 年云南省用于核桃烘烤燃料约 93 万 t，对资源和环境造成了很大的威胁。由此可见，云南省核桃在生产以及加工方面尚缺乏较为严格的标准化、绿色化的规范制度以及监督体系，与进一步实现乡村振兴战略中的"绿色发展之路"还有较大的差距。

表 1　云南省核桃生产加工相关地方标准文件

实施日期	标准名称	适用内容	颁发部门
2007 年 12 月	《云南昌宁县无公害核桃生产综合标准》	明确了无公害核桃种植的产地环境、种植区划、主要种植品种、苗木培育、生产管理技术、品种改良技术、有害生物控制、果实产量与质量、采收、加工、贮藏	云南省质量技术监督局
2009 年 11 月	《云南省核桃穗条质量暂行标准》	为大力发展木本油料产业，对云南省核桃质量指标和综合控制指标进行统一和规范，提高造林苗木质量	云南省林业厅
2014 年 3 月	《地理标志产品 "漾濞核桃"》	为"漾濞核桃"种植生产、干果加工和品质质量制定统一的专业技术依据，进一步规范生产行为和市场秩序	大理州林业局、大理州质量技术监督局
2017 年 6 月	《地理标志产品 "大姚核桃"》	对"大姚核桃"的品质、术语定义、保护范围、栽培管理、产品分级等特色指标做出了相关的规定，杜绝了其它核桃冒充"大姚核桃"的违法行为	云南省质量技术监督局
2019 年 12 月	《薄壳山核桃砧木培育技术规程》	规定了薄壳山核桃砧木培育技术，提高核桃嫁接成活率	云南省市场监督管理局

实施日期	标准名称	适用内容	颁发部门
2019 年 12 月	《核桃技术标准体系》	指导核桃标准的制修订与管理工作，服务于核桃的生产、经营、质量监督、科学研究、标准化工作	云南省市场监督管理局

2.4 对标特色减贫之路，后续动力不足

核桃作为云南第一大经济林树种，该产业的发展情况直接影响着该省乡村振兴战略的实施进程[12]。2019 年，全省农村居民人均可支配收入 11902 元，同比增长 10.5%，其中经营净收入 6214 元，增长 11.0%；中国核桃之乡云南省漾濞县，截至 2018 年底，其中全县 70% 的农户靠核桃脱贫致富。云南省核桃产业在促进农户持续增收、带动就业等方面具有重大作用。然而，由于核桃产业缺乏专业化人才领头、科技创新力度不够、各生产要素内生动力不足等原因，导致核桃产业在助推当地经济提升方面的效率不高，后续实现乡村振兴的动力不足。同时，由于存在不同年份核桃市场价格不同、核桃销售与购买信息不对称、政府与市场调控矛盾以及农户缺乏对市场变化的反应等原因，造成一方面核桃种植面积不断扩种、产量不断攀升，另一方面则是核桃有价无市、产值不高等矛盾现象凸显。实地调研发现，2019 年云南省各地核桃出现大量滞销，产品被大力压价等现象，本应是致富的"幸福果"，却变成了广大核桃种植农户的负担。云南核桃产业是促进乡村振兴的有效手段，如何依托当地特色资源，整合生产要素，进一步提高核桃产业对后续乡村振兴的动力，从而实现该省现代林业建设的关键。

3 结论

核桃作为云南省重要的经济林产业，其发展与乡村振兴关系密切，该研究以乡村振兴战略为切入点，基于云南省核桃产业发展动态数据以及统计年鉴数据，发现核桃产业存在经营制度不尽完善、产业结构化失衡较为

严重、生产加工方面尚缺乏严格的标准化和绿色化规范制度、产业带动后续乡村振兴的动力不足等问题，距实现产业兴旺第一要义相差甚远。不完善的基本经营制度意味着经营主体角色难以转变，新型经营体系难以构建，农业现代化经营难以实现。而云南省核桃产业的产量与高质量、需求和有效供给之间的矛盾使产业结构化失衡愈演愈烈，一二三产业发展不平衡、不融合，严重影响着该省未来核桃产业的竞争力。此外，云南省核桃产业种植方式不科学，加工技术落后等不利于产业可持续发展，经营管理缺乏创新手段、缺少领军人才，核桃产业难以助力脱贫致富。

实现云南省核桃产业高质量发展，拉动边疆民族地区经济增长，关键是要明确云南省核桃产业发展路径。依据乡村振兴战略中的"四条道路"，云南省核桃产业发展应从以下 4 个方面开展工作：在农村基本经营制度方面，要加快构建现代农业经营组织，培养新型农业经营主体和服务主体，避免"空壳社"浪潮，夯实乡村治理基础；在农业供给侧产业方面，要深化农产品市场改革，加大农产品市场基础设施建设，调整财政支农政策、农业金融支农政策，化农业劳动力为人力资本，提高产品和服务质量；在乡村绿色发展方面，主要在源头把关，建立健全市场溯源体系，加大科技投入，优化生产方式，促进核桃产业实现"金山银山"的转变；在实现核桃增收致富方面，要加强市场监管，精准投入，加大针对性财政支持，完善市场信息，提高核桃经营主体市场敏锐度。

4 建议

4.1 完善核桃产业基本经营制度，加快构建新型农业经营体系

中国农村多元并存的农业经营主体必然产生多样化的经营模式，云南省农村文化差异和地形条件限制，导致农户分散和小规模兼业农户的出现。发展现代化农业，需加快构建新型农业经营体系，发展多种形式的适度规模经营，构筑农业农村人才体系，鼓励核桃龙头企业主导发展"一村一业""一村一品"，建成国际核桃交易中心；同时，建立健全新型农业经营主体与小农户的利益联结机制，促进农村一二三产业融合，提高核

桃产业抗风险能力和产品质量，把产业属性和产品特性紧密连接；政府要加快土地流转进程，开展"土地托管"经营，将大规模生产主体转为大规模社会化服务主体；加大科技投入力度，尤其加大机械化资金投入力度，将有限的财政资金用在提高农业生产力上，完善基础设施建设，尤其加强物流中转建设，提高运输流动性。

4.2   深化农业供给侧结构性改革，建全核桃产品供需衔接机制

深化农业供给侧改革，关键要优化产业结构，深入了解云南核桃产业内部问题，调整核桃生产结构，发展高质高效、绿色特色、多功能林业产业。发挥好政府市场职能和市场决定性作用，优化核桃资源配置，确保核桃产品市场安全。首先，深化核桃产品市场改革，完善生产和市场监管体系，加大核桃产品市场的软、硬件设施，提高产品质量；加大生产环节、加工环节、销售环节科研支持力度，全方位提高核桃产品和服务质量；将"工业化"管理理念引入农业生产，发展"农业庄园""核桃园"等模式，加大产业集聚效应。其次，发展"互联网+核桃"模式，利用直播带货方式，提高云南省核桃知名度，扩大核桃消费需求。最后，优化核桃产品区域布局，建立健全核桃产品供需衔接机制，缓解核桃供给和需求矛盾。

4.3   加快绿色兴农战略实施步伐，实现核桃产业绿色化与标准化

实现云南省核桃产业现代化，要加快实施质量兴农和绿色兴农战略，走高效化和生态化之路，形成现代林业产业体系。针对核桃种植、加工以及产品质量检验等环节中的问题，实施"绿色化、标准化"管理手段势在必行。核桃种植以及加工过程中的"绿色化、标准化"是实现核桃产业发展及提升竞争力的重要根基，构建产品质量追溯体系则是实现核桃产业高质量发展的重要保障。首先，要完善市场监管体系，加强核桃产品种植、加工和检验环节的监管，做到产品来源有所寻，产品流向有所查；其次，加大科技和资金投入，加快运用智能节能生产机器，尤其推广无烟核桃烘烤炉在农村的使用，优化生产方式，鼓励和引导经营主体使用绿色环保工具生产；最后，坚持以绿色发展引领生态振兴，将核桃产业和生态产

业融合发展，利用核桃生态功能开展乡村休闲旅游、观光等活动，增加核桃乡村生态产品和服务供给，实现核桃乡村的"绿水青山"转变成"金山银山"。

4.4　加大核桃产业增收致富力度，促进乡村振兴战略实施

核桃产业是促进云南省广大山区人民增收致富的重要载体，是实现乡村振兴战略的基础性和保障性路径。为了更好地实现核桃产业在巩固脱贫攻坚成果过程中的帮扶作用，应加大核桃产业的扶持力度，充分依托当地特色资源，整合生产要素，提高经营主体的增收能力，从而为未来实现乡村振兴战略发挥重要的支撑作用。首先，各级政府组织应加强对核桃产业的引导作用，充分发挥市场主体作用，整合不同部门资源力量，加大对核桃市场无序涣散的整治力度，完善核桃绩效考核制度；其次，加快建成云南省国际核桃产业数据中心，精确指导产业发展，完善市场信息机制，增强经营主体对市场变化的反应能力，增强农户抵抗市场风险能力，提高核桃农户生产的积极性和参与度；最后，加快培育新型职业农民和新型农业经营主体，整合劳动要素，将核桃产业的人力资本、社会资本、金融资本、多种资本有效链接，提高低收入户和普通农户的生计水平，带动就业，帮助农户增加可持续性收入，最终实现人民生活富裕以及乡村振兴。

参考文献

［1］张海鹏，郜亮亮，闫坤．乡村振兴战略思想的理论渊源、主要创新和实现路径［J］.中国农村经济，2018（11）：2-16.

［2］毛琦红．"乡村振兴"背景下浙江食用菌产业现状及发展策略研究［J］.中国食用菌，2019，38（10）：67-69.

［3］黄思．乡村振兴战略背景下产业振兴路径研究：基于一个药材专业市场的分析［J］.南京农业大学学报（社会科学版），2020，20（03）：26-33.

［4］程文明，王力，陈兵．乡村振兴下民族地区特色产业提质增效研究：以新疆棉花产业为例［J］.贵州民族研究，2019，40（06）：

166-171.

[5] 金媛媛，王淑芳. 乡村振兴战略背景下生态旅游产业与健康产业的融合发展研究 [J]. 生态经济，2020，36（01）：138-143.

[6] 赵威. 乡村振兴背景下乡村旅游经济产业提升 [J]. 社会科学家，2019（09）：95-100.

[7] 万俊毅，曾丽军，周文良. 乡村振兴与现代农业产业发展的理论与实践探索："乡村振兴与现代农业产业体系构建"学术研讨会综述 [J]. 中国农村经济，2018（03）：138-144.

[8] 魏薇. 乡村振兴战略下推动农业产业融合发展对策建议 [J]. 农业经济，2020（04）：6-8.

[9] 沈宏亮，张佳，郝宇彪. 乡村振兴视角下产业扶贫政策的增收效应研究：基于入户调查的微观证据 [J]. 经济问题探索，2020（04）：173-183.

[10] 朱海波，聂凤英. 深度贫困地区脱贫攻坚与乡村振兴有效衔接的逻辑与路径：产业发展的视角 [J]. 南京农业大学学报（社会科学版），2020，20（03）：15-25.

[11] 李安，余俊雯. 从生活展示到产业的转型：短视频在乡村振兴中的产业价值 [J]. 现代传播（中国传媒大学学报），2020，42（04）：134-139.

[12] 余红红，李娅. 云南省核桃产业精准扶贫效果研究 [J]. 林业经济问题，2019，39（05）：537-543.

[13] 余红红，李娅，廖灵芝. 云南省核桃产业发展策略研究 [J]. 林业经济问题，2019，39（04）：427-434.

[14] 余红红，李娅. 消费者对核桃产品的需求意愿及影响因素分析：基于云南省昆明市 1115 份消费者调查数据 [J]. 林业经济，2019，41（10）：62-69.

[15] 李娅，余红红. 基于全产业链视角的云南省核桃产业国内竞争力分析 [J]. 林业经济问题，2018，38（05）：38-43+104.

［16］李娅，韩长志．云南省核桃产业发展现状及对策分析［J］．经济林研究，2012，30（04）：162-167.

［17］张晓山．完善农村基本经营制度　夯实乡村治理基础［J］．中国农村经济，2020（06）：2-5.

［18］陈晨．农业补贴政策对农户农地流转决策的影响［D］．南京：南京农业大学，2014.

［19］孔祥智．促进新型农业经营主体和服务主体高质量发展［J］．中国合作经济，2020（04）：7-8.

［20］陈锡文．农业供给侧结构性改革要进行三大创新［J］．农村工作通讯，2016（08）：34.

［21］黄季焜．农业供给侧结构性改革的关键问题：政府职能和市场作用［J］．中国农村经济，2018（02）：2-14.

［22］张本荣．云南核桃种质资源现状及开发利用［J］．中国农业信息，2016（05）：95+100.

［23］崔艳慧．云南省漾濞县核桃专业化烘烤组织模式构建的探究［D］．昆明：云南师范大学，2017.

13 基于访客偏好的普达措国家公园自然教育类生态体验项目发展对策[①]

孙　倩　耿荣敏　邱守明　杨晓云

摘要： 准确把握访客对国家公园内自然教育类生态体验项目的喜好度及影响因素，对于提升公众参与意愿，引导公众体验自然教育，推动国家公园自然教育高质量发展具有重要意义，选择普达措国家公园体制试点区，设计了生态观光、休闲游憩、自然教育等5类生态体验项目，分析访客对自然教育类生态体验项目的偏好情况及其影响因素。结果表明：访客对自然教育类生态体验项目的偏好程度在5类生态体验项目中处于末位，访客偏好受到同行者、对国家公园理念的了解程度、感知有用性等因素的影响，据此提出了普达措国家公园在开展自然教育类生态体验项目方面的建议。

关键词： 国家公园；自然教育；生态体验；偏好

---

①　本文发表于《西南林业大学学报（社会科学版）》2022年第5期，全文保持发表格式。

Development Countermeasures for the Ecological Experience Project of Natural Education in Pudacuo National Park Based on Visitors' Preference

Sun Qian　Geng Rongmin　Qiu Shouming　Yang Xiaoyun

Abstract：It is of great significance to accurately grasp visitors' preference and their influencing factors to the ecological experience project of natural education in the national park, which can increase public participation willingness, guide the public to experience natural education, and promote the high-quality development of natural education. In order to analyze visitors' preference for the ecological experience project of natural education and their influencing factors, this paper innovatively designs five types of ecological experience project including ecological sightseeing, leisure and recreation, natural education and other types for the Pudacuo National Park System Pilot Area. The following results were obtained：visitors' preference for the ecological experience project of natural education is the bottom among the five types；visitors' preference are affected by factors such as fellow travelers, understanding degree of the concept of national park, perceived usefulness. According to the above results, the countermeasures and suggestions for carrying out the ecological experience project of natural education in Pudacuo National Park are put forward.

Key words：national park；natural education；ecological experience；preference

　　国家公园生态体验是以自然教育、环境解说、游憩等为体验形式，为公众提供生态体验机会，从而发挥其保护、游憩、教育、社区发展等的公众体验功能[1]。在保护生态环境的前提下，我国国家公园在试点建设过程中，通过建设生态科普馆与宣教服务中心（如钱江源国家公园体制试点区）、编撰环境教育读本（如祁连山国家公园体制试点区）、打造森林峡谷览胜走廊（如三江源国家公园）等途径有序开展国家公园自然教育体验项目。从国外国家公园及国内试点的经验来看，将自然教育融入国家公园游憩中，提供多样化的自然教育类生态体验项目，是实现国家公园自然教育功能的重要途径。

国外关于自然教育类生态体验项目的研究起步较早，主要集中在探讨自然教育与生态体验项目之间的关系[2]、国家公园内自然教育类生态体验项目的设计与开发[3]等。国内对国家公园生态体验项目的研究尚处于起步阶段，如崔庆江等[4]以生态体验功能建设为目标构建了大熊猫国家公园生态体验机会谱系；方玮蓉[5]在研究三江源国家公园精益化可持续发展模式时将三江源国家公园生态体验项目分为环境体验项目、文化体验项目和红色体验项目。自然教育类生态体验项目，国内学者的研究聚焦于自然教育体系构建[6]、自然教育功能定位[7]、环境解说系统建设[8]、环境解说系统对访客环境行为意向的影响[9]等方面。在旅游偏好方面，国外学者的研究内容侧重于偏好的影响因素[10]、旅游产品偏好[11]和旅游地偏好[12]，研究成果多用于产品的优化与公众参与意愿的提升；国内学者的研究以不同旅游者的旅游目的地偏好[13-15]为主。相较于国外，国内学者对丰富自然教育类生态体验项目谱系、提升公众参与自然教育意愿的研究较为薄弱。基于普达措国家公园自然教育类生态体验项目形式单一、有效供给不足的现状，本研究借鉴国外生态体验项目发展经验，立足普达措国家公园总体规划，参考公园管理方意愿，以旅游偏好为切入点创新设计5类生态体验项目，研究访客对自然教育类生态体验项目的偏好情况及其影响因素，以期为普达措国家公园自然教育类生态体验项目的发展提供参考和借鉴。

一、数据来源及样本特征

(一)数据来源

2020 年 9 月 13 日-9 月 15 日,在香格里拉普达措国家公园属都湖大巴车候车厅发放 50 份问卷进行预调研,对预调研的结果进行分析后,完善问卷中出现的问题,于 2020 年 9 月 26 日至 9 月 30 日采用便利抽样方法共发放问卷 600 份,回收问卷 600 份,其中有效问卷 494 份,有效率为 82%。

(二)受访者人口学特征

受访者中女性占 53%,年龄以 26-35 岁为主,个人月收入以 10001 元以上居多,受教育水平以本科为主,样本人口学特征描述统计数据见表 1。

表 1 样本人口学特征统计表

项目	特征	频数	占比/%
性别	男	232	47.0
	女	262	53.0
年龄	18 岁以下	1	0.2
	18-25 岁	105	21.3
	26-35 岁	271	54.9
	36-55 岁	105	21.2
	55 岁以上	12	2.4
月收入	4000 元及以下	93	18.8
	4001-6000 元	76	15.3
	6001-8000 元	74	14.9
	8001-10000 元	79	16.0
	10001 元及以上	172	34.0
受教育水平	高中及以下	48	9.8
	大专	101	20.4
	本科	248	50.2
	硕士及以上	97	19.6

（三）受访者生态体验项目偏好状况

在问卷中，要求受访者从 14 个生态体验项目中选择出 3 个喜欢的项目，再从 5 类生态体验类型中选择出 1 个最喜欢的类型。表 2 反映了受访者对生态体验项目及类型的偏好情况。

表 2　受访者生态体验类型和项目偏好情况

偏好类型	频数	占比/%	偏好项目	频数	占比/%
生态观光	190	38.5	徒步远足	273	18.4
			骑马游览公园	148	10.0
休闲游憩	112	22.7	野外露营	203	13.7
			野生动植物观赏	116	7.8
			主题节会	55	3.7
自然教育	17	3.4	少年护林员计划	19	1.3
			加入教师研讨会	9	0.6
			参观主题科普教育馆	31	2.1
户外运动	130	26.3	登山	113	7.6
			森林探险	214	14.4
			野外生存训练	88	5.9
			野外定向运动	81	5.5
民族文化	45	9.1	藏民家访	91	6.1
			拜佛转经	42	2.8

由表 2 可知，受访者选择"徒步远足"的频次最高，为 273 次，说明大部分受访者偏好这种健康、环保的生态体验项目；自然教育类生态体验项目中，受访者选择"加入教师研讨会"的频次最低，仅为 9 次，"少年护林员计划"和"参观主题科普教育馆"被选择频次也均较低，说明大部分受访者对自然教育类生态体验项目缺乏兴趣。

受访者最喜爱生态观光类生态体验项目，然后依次是户外运动类、休闲游憩类、民族文化类、自然教育类，与具体生态体验项目的选择意愿相符合。通过与部分受访者的深度访谈得知，受访者对国家公园发展理念的了解程度不够，大部分受访者认为国家公园只是一个普通的自然景区，没有意识到国家公园还具有的自然教育功能，另外部分受访者表示鲜少接触及参与此类生态体验项目，因此对它们的选择意愿较弱，体验欲望较低。基于此，本研究将偏好构造理论与技术接受模型两者结合进一步探讨影响访客自然教育类生态体验项目偏好的因素。

二、研究方法

（一）生态体验项目设计

借鉴国外国家公园生态体验项目发展经验，结合普达措国家公园管理方的相关意见及建议，为普达措国家公园创新设计了未来可开展的5类14个生态体验项目，见表3。

表3　普达措国家公园生态体验项目设计一览表

项目类别	项目内容
生态观光	徒步远足、骑马游览公园
休闲游憩	野外露营、野生动植物观赏、参加主题节会
自然教育	少年护林员计划、加入教师研讨会、参观主题科普教育馆
户外运动	森林探险、登山、野外生存训练、野外定向运动
历史文化	拜佛转经、藏民家访

表3中自然教育类的3个生态体验项目是美国、英国、加拿大等国家的国家公园提供频率高且较为成熟的经典项目，其中参与"少年护林员计划"的访客可在普达措国家公园访客中心领取活动手册，由受过专业培训的护林员带领在国家公园里了解自然和历史，完成手册中针对不同年龄段的青少年访客所列出的要求后即可获得护林员勋章/证书；"加入教师研讨会"的访客可以与相关研究人员一起在普达措国家公园中访问两个星期左右，访客可以获得研究人员对自然资源的特殊访问权限，深入了解国家公园；"参观主题科普教育馆"来源于管理方有意愿增设的"重唇

鱼主题科普教育馆"，旨在加深访客对普达措国家公园内动植物知识的学习和了解。

（二）理论基础与变量选择

偏好构造理论认为消费者的偏好不是固有的或已存在的东西，而是基于心理情感和认知导向，根据外在任务和环境的特点构造出来的[16]。技术接受模型（TAM）认为个体接受和消费新产品的意愿受感知有用性和感知易用性影响[17]，前者是指消费者感觉选择新产品提高其生活质量的程度，后者是指消费者认为参与新产品的简易程度。偏好构造理论强调消费者偏好的主要构成，TAM侧重于新产品与消费者选择行为之间的关系，将偏好构造理论和TAM有效结合能够更好地解释和预测访客对生态体验项目的偏好。本研究考虑到国家公园生态体验项目的特殊性，基于访客的人口学特征[18]，设置了"性别""年龄"和"文化程度"3个解释变量；基于偏好构造理论的心理情感维度[18]设置了"主要出行动机"和"性格"2个解释变量；基于偏好构造理论的认知导向维度[19]设置了"是否曾去过国家公园试点"和"对国家公园理念的了解程度"2个解释变量；基于偏好构造理论的外在环境维度[18-19]设置了"同行者"和"身体素质"2个解释变量；基于技术接受模型[20]，设置了"感知有用性"和"感知易用性"2个解释变量，将基于偏好构造理论和技术接受模型的影响因素相结合，共确定了11个解释变量，见表4。

表4　解释变量名称

维度	变量名称
	性别
访客人口学特征	年龄
	文化程度
偏好构造理论（心理情感）	主要出行动机
	性格
偏好构造理论（认知导向）	是否曾去过国家公园试点
	对国家公园理念的了解程度

维度	变量名称
偏好构造理论（外在环境）	同行者
	身体素质
TAM 模型	感知有用性
	感知易用性

（三）模型选择

本研究的被解释变量"生态体验项目类型"属于多元无序型分类变量，解释变量中存在多个无序型分类变量，因此选择多元无序 Logistic 回归模型进行访客"生态体验项目类型"偏好的回归分析。实证分析中将被解释变量"生态体验项目类型"中的生态观光类取值为1，休闲游憩类取值为2，自然教育类取值为3，户外运动类取值为4，民族文化类取值为5。以 J 为参照类型，对于任意的选择 j=1，2，…，j，多元无序 Logistic 回归模型可以表示为：

$$\ln = \left[\frac{P(y = j/x)}{P(y = J/x)} \right] = a_j + \sum_{n=1}^{n} \beta_{jn} x_n \tag{1}$$

式（1）中：P 表示访客偏好第 j 种生态体验项目类型的概率，x_n 为第 n 种影响访客偏好的自变量，β_{jn} 表示自变量回归系数向量。为了研究需要，本研究以赋值为 3 的类别（自然教育类）作为参照组，相应地可以得到以下 4 个 Logistic 函数，即：

$$\ln\left(\frac{P_1}{P_3}\right) = a_1 + \sum_{n=1}^{n} \beta_n x_n \tag{2}$$

$$\ln\left(\frac{P_2}{P_3}\right) = a_2 + \sum_{n=1}^{n} \beta_{2n} x_n \tag{3}$$

$$\ln\left(\frac{P_4}{P_3}\right) = a_4 + \sum_{n=1}^{n} \beta_{4n} x_n \tag{4}$$

$$\ln\left(\frac{P_5}{P_3}\right) = a_5 + \sum_{n=1}^{n} \beta_{5n} x_n \tag{5}$$

三、结果与分析

本研究运用 SPSS 22.0 统计软件，采用极大似然估计法建立多元无序 Logistic 模型，除"感知有用性"和"感知易用性"外，剩余 9 个解释变量均为分类变量，因此首先对这 9 个变量的各个类别进行哑变量处理，即将解释变量的各个分类处理为二元变量，最终模型拟合的 P 值小于 0.01，模型通过检验，模型结果如表 5。

表 5   模型回归结果

影响因素			B 值	P 值	OR 值	95%CI	
						下限	上限
模型Ⅰ	生态观光类/自然教育类	主要出行动机=接受环境教育	−3.787	0.013**	0.023	0.001	0.449
		同行者=小孩	−2.388	0.036**	0.092	0.010	0.854
模型Ⅱ	休闲游憩类/自然教育类	主要出行动机=接受环境教育	−4.166	0.011**	0.016	0.001	0.386
		对国家公园理念的了解程度=比较了解	−2.426	0.012**	0.088	0.001	6.471
		同行者=小孩	−2.457	0.045**	0.086	0.008	0.950
模型Ⅲ	户外运动类/自然教育类	感知有用性	−0.090	0.009***	0.914	0.287	2.909
		感知易用性	0.318	0.001***	1.374	0.484	3.900
		主要出行动机=接受环境教育	−4.484	0.006***	0.011	0.000	0.273
		同行者=小孩	−2.711	0.027**	0.066	0.006	0.732
模型Ⅳ	民族文化类/自然教育类	性别=女	−1.716	0.041**	0.180	0.035	0.929
考克斯-斯奈尔伪 R 方值	0.435	拟合优度检验统计值	782.965	内戈尔科伪 R 方值			0.471

注：上角标**、***分别表示在5%、1%水平上统计显著。

（一）人口学特征变量分析

访客的性别在模型Ⅳ中通过了5%统计水平上的显著性检验，且系数为负，优势比（OR 值）为 0.18，由此表明，对比"民族文化类"，女性访客相较于男性访客选择"自然教育类"生态体验项目的可能性增加 0.18 倍。

（二）偏好构造理论变量分析

访客主要出行动机在模型Ⅰ、模型Ⅱ、模型Ⅲ中均通过了显著性检验，其中"主要出行动机"在模型Ⅲ中通过了 1% 统计水平上的显著性检验。在模型Ⅰ、模型Ⅱ、模型Ⅲ中，"主要出行动机"的系数均为负，优势比（OR 值）分别为 0.023、0.016 和 0.011，意味着相较于"生态观光类""休闲游憩类""户外运动类"，主要出行动机为"接受环境教育"的访客相较于主要出行动机为"感受自然之美"的访客选择"自然教育类"生态体验项目的可能性分别增加 0.023 倍、0.016 倍和 0.011 倍；在模型Ⅰ、模型Ⅱ、模型Ⅲ中，"同行者"的系数均为负，优势比（OR 值）分别为 0.092、0.086 和 0.066，意味着相较于"生态观光类""休闲游憩类""户外运动类"，同行者中有小孩的访客相较于同行者中没有小孩的访客选择"自然教育类"生态体验项目的可能性分别增加 0.092 倍、0.086 倍和 0.066 倍。其中在模型Ⅱ中，"对国家公园理念的了解程度"通过了 5% 统计水平上的显著性检验且系数为负，优势比（OR 值）为 0.088，即相较于"休闲游憩类"生态体验项目，对国家公园理念比较了解的访客相较于非常不了解的访客选择"自然教育类"生态体验项目的可能性增加 0.088 倍。

（三）TAM 模型变量分析

在模型Ⅲ中，"感知有用性"和"感知易用性"均在 1% 的统计水平上显著，"感知有用性"的系数为负，优势比（OR 值）为 0.914，意味着相较于"户外运动类"生态体验项目，"感知有用性"高的访客选择"自然教育类"生态体验项目的可能性增加 0.914 倍；"感知易用性"的系数为正，优势比（OR 值）为 1.374，意味着相较于"自然教育类"生态体验项目，"感知易用性"高的访客选择"户外运动类"生态体验项目的可能性增加 1.374 倍。

四、结论与建议

（一）结论

总体来说，目前访客对自然教育类生态体验项目了解程度不够，偏好程度较低，选择意愿不高。女性访客大多认为自然教育类生态体验项目"很有意义"，带孩子出行的访客为了能让孩子获得自然知识，"接受环境教育"的出行动机显著影响了访客偏好，因此这部分访客更愿意选择自然教育类生态体验项目；感知有用性越高，即对"生态体验项目带来了新奇特殊的体验，开拓了视野增长了知识"的认同度越高以及对国家公园理念比较了解的访客，对新知识新事物的接受度更高，更注重国家公园的游憩特殊性，因此更愿意选择自然教育类生态体验项目；而感知易用性越高，即对"此次游览过程很方便，掌握参与生态体验项目所需专业技能很容易"认同度越高的访客，对比自然教育类更愿意选择需要拥有一定技能才能获得更好游憩体验的户外运动类生态体验项目。

（二）建议

1. 注重个性化的服务与多元化项目的供给

普达措国家公园可为不同类型的访客提供个性化的项目引导与参与服务，如利用学生夏季出游的机会设计提供不同主题的"研学亲子游"类生态体验项目；根据老年人的生理、心理特征和需求建立设有无障碍通道的科普教育馆供老年访客休憩参观；针对有意愿的成年访客在满足体验标准的情况下为其提供加入教师研讨会的机会，研讨会可以涉及一些专门领域，如野生动物、地质学、生态学、历史、植物、艺术以及户外活动的技巧等。

2. 激发访客"接受环境教育"的出行动机

从政府宣传的维度出发，改变公众对环境教育的认知。环境教育不仅针对儿童，对成年人树立正确的环境意识，形成良好的环境素养也是不可或缺的。普达措国家公园未来可利用网络媒体如官方微博、微信公众号等，加强对自然教育类生态体验项目的推送与宣传，强化公众对生态环境的认知，唤醒公众的环境保护意识，激发公众基于"接受环境教育"的出游动机。

3. 重视国家公园理念传播

可在普达措国家公园内设立"国家公园主题周"，通过举办科普宣传活动、赠送公园画册和科普读本等方式向访客宣传国家公园理念；可在中小学生课外读物中增加国家公园相关知识点，不定时举办国家公园科普讲座进校园活动；可通过行前教育的方式向访客普及国家公园理念。

参考文献

[1] 唐芳林，等. 国家公园理论与实践 [M]. 北京：中国林业出版社，2017.

[2] Paul E. Ecotourism and Environmental Education：Relationships [J]. Pathways the Ontario Journal of Outdoor Education，1999，12（02）：15-17.

[3] Cole D. Exploring the Sustainability of Mining Heritage [J]. Journal of Sustainable Tourism，2004，12（06）：480-494.

[4] 崔庆江，赵敏燕，唐甜甜，等. 基于国家公园生态体验机会谱系的公众体验意向评估研究：以大熊猫国家公园为例 [J]. 生态经济，2021，37（07）：132-139.

[5] 方玮蓉. 三江源国家公园精益化可持续发展模式研究：以果洛藏族自治州 M 县生态体验项目为例 [J]. 青海民族研究，2021，32（01）：53-59.

[6] 李霞，余荣卓，罗春玉，等. 游客感知视角下的国家公园自然教育体系构建研究：以武夷山国家公园为例 [J]. 林业经济，2020，42（01）：36-43.

[7] 李铁英，陈明慧，李德才. 新时代背景下中国特色的国家公园自然教育功能定位与模式构建 [J]. 野生动物学报，2021，42（03）：930-936.

［8］赵敏燕，董锁成，崔庆江，等．基于自然教育功能的国家公园环境解说系统建设研究［J］．环境与可持续发展，2019，44（03）：97-100.

［9］郭海健．解说系统对游客环境行为意向影响研究：以普达措国家公园为例［D］．昆明：西南林业大学，2016.

［10］Tekalign M, Zevert N G, Weldegebriel A, et al. Do Tourists' Preferences Match the Host Community's Initiatives? A Study of Sustainable Tourism in One of Africa's Oldest Conservation Areas ［J］. Sustainability, 2018, 10（11）：41-67.

［11］Lörincz K, Banász Z, Csapó J. Customer Involvement in Sustainable Tourism Planning at Lake Balaton, Hungary - Analysis of the Consumer Preferences of the Active Cycling Tourists ［J］. Sustainability, 2020, 12（12）：51-74.

［12］何洋．中俄度假旅游者偏好和行为特征比较研究［D］．大连：东北财经大学，2019.

［13］马耀峰，赵华，王晓峰．来华美国旅游者旅游偏好的实证研究［J］．西北大学学报（自然科学版），2006，36（01）：137-140.

［14］肖景义，曹广超，侯光良．青藏高原地质公园生态旅游产品开发研究：以坎布拉国家地质公园为例［J］．地球学报，2011，32（02）：225-232.

［15］沈丹，孙婉，刘扬．昆明市大观公园南区自然教育的提升改造设计［J］．西南林业大学学报（社会科学版），2021，5（05）：38-42.

［16］Bettman J R, Luce M F, Payne J W. Constructive Consumer Choice Processes ［J］. Journal of Consumer Research, 1998, 25（03）：187-217.

［17］Davis F D. Perceived Usefulness, Perceived Ease of Use, and User Acceptance of Information Technology ［J］. MIS Quarterly, 1989, 13（03）：319-340.

［18］娄在凤．国内游客红色旅游偏好及影响因素分析［J］．商业经

济研究，2015（25）：121-124.

[19] 张红涛，王二平. 态度与行为关系研究现状及发展趋势 [J].
心理科学进展，2007，15（01）：163-168.

[20] 姚云浩，栾维新. 基于 TAM-IDT 模型的游艇旅游消费行为意
向影响因素 [J]. 旅游学刊，2019，34（02）：60-71.

14　云南省防护林固碳贡献与增汇对策[①]

张凯迪　苏建兰

摘要：基于七次全国一类森林资源清查数据和云南省二类森林资源清查数据，采用生物量转换因子法，核算云南省防护林固碳贡献。结果表明如下：（1）云南省防护林碳储量由 1988 年的 8868.03 万 t 增加到 2018 年的 37635.01 万 t，年均增长量为 821.91 万 t，防护林碳储量对于云南省森林总碳储量的贡献率由 17.59% 增加到 41.63%，防护林总平均碳密度在波动中呈上升趋势。（2）从不同龄级角度分析，中龄林碳储量贡献率（20.20%-27.44% 之间）最大，幼龄林碳储量贡献率最低；防护林总平均碳密度随龄级增加而增加，成熟林和过熟林碳密度随时间有所下降。（3）从不同起源角度分析，天然防护林是云南省防护林碳储量的主要贡献者，其贡献率（95.80%-99.53% 之间）逐期下降，天然防护林碳密度随龄级增加而增加；人工防护林碳储量、碳密度相比于天然防护林处于较低水平，人工防护林总平均碳密度呈上升趋势，不同龄级人工防护林碳密度表现为成熟林>近熟林>过熟林>中龄林>幼龄林。（4）从地域角度分析，迪庆州是云南省防护林碳储量的主要贡献者（贡献率为 17.65%），滇西北部地区防护林固碳量占云南省防护林固碳总量的 44.19%。云南省

---

①　本文发表于《林业建设》2023 年第 6 期，全文保持发表格式。

应该注重中幼龄防护林的顺利成熟，加强人工防护林的经营管理，提升云南防护林的碳储能力。

关键词：防护林；碳储量；碳密度；云南省

Carbon sequestration contribution of shelterbelt in Yunnan province and countermeasures for increasing sinks

Zhang Kaidi　Su Jianlan

Abstract：Based on the data of seven national forest resources inventory and second-class forest inventory in Yunnan province, the contribution of carbon sequestration of shelterbelt in Yunnan province was calculated by biomass expansion factor method. The results show that as follows：(1) The carbon storage of shelterbelt in Yunnan Province increased from 88, 680, 300 t in 1988 to 376, 350, 100 t in 2018, with an average annual growth of 8, 219, 100 t, the contribution rate of shelterbelt carbon storage to the total forest carbon storage in Yunnan Province increased from 17. 59% to 41. 63%, and the total average carbon density of shelterbelts showed an upward trend in fluctuation. (2) From the perspective of different age levels, the contribution rate of carbon storage in middle-aged forests (between 20. 20% and 27. 44%) was the largest, while that in young forests was the lowest; the total average carbon density of shelter forest increased with the increase of age class, and the carbon density of mature forest and over-mature forest decreased with time. (3) From the perspective of different origins, the natural shelter forest was the main contributor to the carbon storage of shelter forest in Yunnan province, and its contribution rate (between 95. 80% and 99. 53%) decreased gradually, while the carbon density of natural shelter forest increased with the increase of age; compared with natural shelterbelt, the carbon storage and density of artificial shelterbelt was at a low level, and the total average carbon density of artificial shelterbelts was on the rise. The carbon density of artificial shelterbelt of different age classes was mature forests > near-mature forests > over-mature forests > middle-aged forests > young forests. (4) From a geographical point of view, Diqing Prefecture was the main contributor of carbon storage of shelterbelt in Yunnan province (the contribution rate is 17.65%), and the carbon sequestration of shelterbelt in northwest Yunnan accounts for 44.19% of the total carbon sequestration of shelterbelt in Yunnan province. Yunnan province should pay attention to the smooth maturity of middle-aged and young shelterbelt, strengthen the management of artificial shelterbelt, and enhance the carbon storage capacity of Yunnan shelterbelt.

Key words: shelterbelt; carbon storage; carbon density; Yunnan province

森林植被碳储量占陆地植被碳储量的 76%-98%，在促进区域和全球碳平衡、缓解 CO_2 气体及维护气候方面起着关键作用[1-3]。工业的发展和人类活动范围的不断扩张使得世界范围内大规模的森林遭到破坏[4]，而防护林作为防御自然灾害、保护生产、改善环境和维持生态平衡为目的的森林群落，防护林工程建设也逐渐受到世界各国的重视，防护林工程建设不仅是我国林业重点工程之一，还是我国应对气候变化及增加森林碳汇功能的重要阵地。理论界与实践界普遍认为防护林工程不仅具有巨大的防护效益和经济效益，还能以较低成本带来较大的固碳效益[5-6]，开发防护林的碳汇效益实质为生态经济型防护林经营的创新性举措。不仅确定了防护林作为森林资源主力军[7] 在碳汇领域的贡献，还可根据防护林的碳储量和碳密度变化作出经营方案优化和实践指导[8]。因此基于中国"双碳"目标探索我国防护林的碳汇议题至关重要，是与时俱进实现防护林多重效益的有益探索。

自 20 世纪 80 年代以来，我国逐步实施了"三北"防护林、长江流域防护林、珠江流域防护林、沿海防护林、平原绿化、太行山绿化等防护林体系工程的建设。位于我国西南部的云南省是长江、珠江的上游和源头，也是金沙江、澜沧江、伊洛瓦底江、怒江、红河等水系的上游地区。云南省境内水流流域生态环境的状态直接影响了长江、珠江等流域中下游地区的生态安全，因此云南省防护林工程不仅对于流域地区水土的保持、径流的稳定等生态服务功能至关重要，还成为云南省森林增汇的关键渠道。纵览国内外研究文献，目前已有不少学者基于国家或省域尺度对森林植被碳储量、碳密度进行研究[9-10]，或者对我国防护林工程建设现状与发展进行研究并提出了部分对策建议[11-13]。随着防护林工程的不断推进，如何结合国家"碳达峰、碳中和"目标，充分发挥防护林生态功效，挖掘其巨大的碳汇潜力成为当前重要议题。目前学者对于云南省防护林的研究主要集中于工程建设成效评价[14-15]，没有针对云南省境内防护林碳储量变化的研究。因此，基于 1984–2018 年间全国森林资源清查数据、2014-2016 年间云南省二类森林资源调查数据估算云南省不同清查期间防护林碳储量、碳密度，了解云南省防护林碳储量动态变化特征，为云南省防护林固碳能力研究提供基础数据，并为云南省防护林资源结构的优化及增汇对策提供参考依据。

1 数据来源与研究方法

1.1 数据来源

我国于 1973-1976 年间开启了第一次全国森林资源清查。由于早期的调查在数据形式和完善程度上都有欠缺，在历次全国森林资源清查的数据中从第三次开始有专门针对不同地区不同起源及各龄组防护林面积及蓄积量的调查数据，故本文以第三次清查（1984–1988 年）至第九次清查（2014-2018 年）的数据为基础估算云南省不同清查期间的碳储量和碳密度，并对其进行分析。同时，云南省于 1984 年开启每十年一次的森林资源二类调查。由于前三次二类调查完善度有所欠缺，没有针对云南省境内不同州市不同龄组防护林面积和蓄积量的具体统计，故本文以云南省第四次森林资源二类调查（2014-2016 年）数据为基础展开云南省各州市防护林碳储量与碳密度的分析。

1.2 研究方法

1.2.1 森林碳储量估算

森林生态系统碳储量的估测方法有生物量法、蓄积量法、微气象学法、遥感估算法等。本文采用样地清查法中生物量转换因子法，通过考虑生物量与蓄积量的关系，根据不同树种的不同含碳率、不同树种的生物量转换因子、不同的木材密度和根茎比等角度对云南防护林各龄组碳储量以及不同起源防护林碳储量进行估算。

生物量转换因子法计算公式如下：

$$C_t = \sum_j^n \sum_k^m \left[V_{j,\,k} \cdot BEF_{j,\,k} \cdot WD_j \cdot (1 + RSR_{j,\,k}) \cdot CF_j \right] \qquad (1)$$

式中：C_t 为某一森林植被的小班碳储量（10^9 kg），$V_{j,\,k}$ 为某一数组某一龄级的小班蓄积量（m^3），WD_j 为某一树组的基本木材密度（t/m^3），$BEF_{j,\,k}$ 为生物量转换因子，$RSR_{j,\,k}$ 为某一树组的根茎比即某一树组地下生物量与地上生物量的比值，CF_j 为林木生物量中有机碳占有机质总量的比值，也称为含碳率（%）。其中，某一数组生物量转换因子 $BEF_{j,\,k}$，某一数组根茎比 $RSR_{j,\,k}$ 并不是一成不变的，而是随着林龄、个体密度、林分状况不同而发生变化。因此实际计算时针对不同林种不同龄组采纳不同数值；WD_j、CF_j 则采用云南省对应的加权平均值以减少估算过程中造成的误差。各优势树种（组）按龄组划分的上述碳储量碳计量参数，来源于对现有文献资料和野外实测数据的整理分析。

1.2.2 森林碳密度估算

碳密度是森林单位面积的碳储量，云南省防护林碳密度计算公式为：

$$p = C_t / S \qquad (2)$$

式中：p 为碳密度（t/hm^2）；S 为某一树种林地面积（hm^2）。

2 结果与分析

2.1 云南省防护林建设成效

云南省生态区位的重要性使得云南省境内防护林体系工程建设的意义

重大。云南省境内的防护林工程主要是长江流域防护林体系建设工程和珠江流域防护林体系建设工程，以及部分护岸、护路防护林工程，其长江防护林二期和三期工程全部被纳入天然林保护工程或岩溶区石漠化治理工程。在第三次全国森林资源清查期间（1984-1988年），云南省防护林面积为160.26万hm²，占云南省乔木林总面积的18.65%；在第九次清查期间（2014-2018年），云南省防护林面积达673.79万hm²，同期云南省乔木林林地总面积为1862.87万hm²，防护林面积占同期省域内乔木林总面积的36.17%。七次清查期间防护林面积呈升—降—升的趋势，年均增长量为15.10万hm²，年均增长率为9.23%。七次清查期间，云南省防护林幼龄林面积始终最多，过熟林面积有所下降，但不同清查期间中龄林、近熟林面积的增加说明随着对林木抚育和林木自身的生长，云南省防护林林龄结构逐渐趋于合理。

在第九次全国森林资源清查期间，云南省全省乔木林蓄积量达197265.84万m³，其中防护林蓄积量达76868.72万m³，占同期全省乔木林蓄积量的38.97%。第三次至第九次清查期间云南省防护林蓄积量占同期云南省森林总蓄积量的比例（18.40%、23.27%、26.00%、64.08%、38.94%、41.53%、38.97%）在后期趋于稳定，同期蓄积量占比第二的是用材林。云南省天然防护林蓄积量长期占云南省防护林蓄积总量的95%以上，但人工防护林蓄积量也呈上升趋势。第九次清查期间云南省人工防护林蓄积量达3188.38万m³。从总体上看，近20年来云南省防护林的蓄积量增长率高于面积增长率，说明云南省防护林林木质量、林分结构都在不断改善。

2.2 云南省防护林碳储量、碳密度动态

云南省防护林碳储量从第三次清查期间的$8868.03×10^4$t增加到第九次清查期间的$37635.01×10^4$t，年均增长量为$821.91×10^4$t；不同清查期间云南省防护林碳储量处于$8868.03×10^4$t-$43664.98×10^4$t之间；第六次清查期间碳储量达到最大（$43664.98×10^4$t）各清查期间云南省防护林均表现为碳汇。1984-2018年间云南省防护林碳储量及碳密度的具体变动状况

如表 1 所示：

表 1　云南省不同清查期间防护林碳储量和碳密度

清查期间	第三次	第四次	第五次	第六次	第七次	第八次	第九次
碳储量（10^4t）	8868.03	12232.60	15976.00	43664.96	29317.57	34182.01	37635.01
碳密度（t/hm²）	55.34	67.99	53.88	45.43	50.08	53.11	55.86

　　自第三次全国森林资源清查以来，云南省防护林碳储总量（除第六次清查期间外）呈不断增加的趋势，七次清查期间，云南省防护林分别储存了云南省森林碳储总量的 17.59%、22.92%、25.61%、64.00%、38.72%、41.28%、38.72%，云南省防护林碳储量净增加 28766.98×10^4t，占云南省森林碳储量总增加量的 61.51%，云南省防护林碳储量占据云南省森林碳储功能的主体地位。研究期间云南省防护林总平均碳密度在 45.43t/hm²-67.99t/hm² 区间内波动，2004 年后云南省总平均碳密度不断稳步升高，防护林碳储作用明显，这与云南省省域内长江流域等重点防护林工程、农田防护林网工程、绿色生态走廊工程等建设的推进以及封山育林、天然林禁伐政策、森林后期的经营管理等密切相关。

2.3　不同龄组防护林碳储量、碳密度动态

　　森林碳储量与森林的林龄结构密切相关，林龄结构的变化与森林林木自身演化发展和外来干扰有关。干扰频率越高，幼龄林所占成分越大[1]。由图 1 可知，七次清查期间，云南省中龄防护林碳储量长期处于较高状态，且总体呈增加趋势，占同期防护林碳储总量的比例（2.20%、20.73%、22.20%、25.95%、24.43%、26.07%、27.44%）也呈上升趋势，从第六次清查期间开始中龄林是云南省防护林碳储量的最大贡献者。七次清查期间，成熟林和过熟林碳储量处于波动状态，在第三至第五次清查期间二者碳储总量贡献率较大（分别为 68.90%、53.41%、50.74%），从第六次清查期间开始其碳储量贡献率开始下降（分别为 40.68%、42.31%、41.79%、36.37%），相比于其他龄组，成熟林和过熟林的碳密

度处于较高水平。但在整个研究期间的后期，云南省防护林成熟林和过熟林的面积处于不断减少的状态，加之幼龄林面积的大幅增加使得二者碳储量贡献率不断下降；云南省幼龄防护林碳储量呈"升—降—升"的趋势，第六次清查期间云南省开启了长防林、珠防林一期工程的建设，幼龄林面积大幅增加进而使得同期幼龄林碳储量贡献率较高。七次清查期间近熟林的碳储量、碳密度均处于稳定状态，碳储量贡献率处于 14.07%−17.40% 之间，无较大波动。

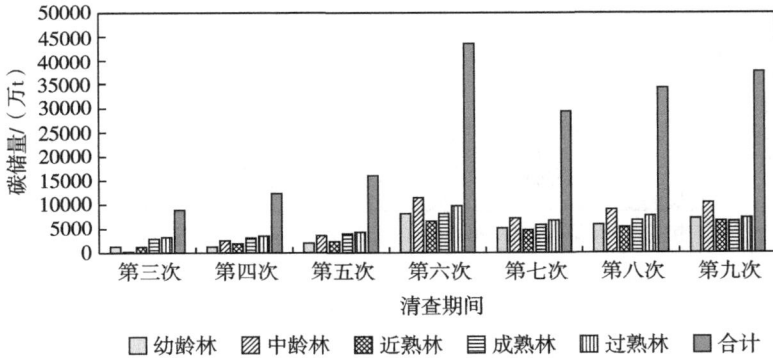

图1 云南省不同清查期间各龄组防护林碳储量

　　碳密度是衡量森林生态系统结构优化的重要指标，可有效评价森林保护与管理的水平。研究期间云南省防护林总平均碳密度随着龄级的增加而增加（过熟林>成熟林>近熟林>中龄林>幼龄林），中龄林与近熟林碳密度水平差值较小，过熟林碳密度远远高于其他龄组碳密度，符合森林植被碳密度随林龄增加而增加的趋势。由图2可知七次清查期间云南省防护林总平均碳密度增幅较小（增量为 0.52t/hm²），研究期间成熟林碳密度下降，说明其受干扰和衰退程度较大，林分质量和单位面积蓄积量下降。第六次全国森林资源清查期间各龄组碳储量和面积与第五次相比大幅增加，各龄组碳密度几乎持平。但云南省防护林总平均碳密度显著下降，是由于云南省于 1998 年启动天然林保护工程以及禁伐措施使得幼龄林、中龄林面积大幅增加，龄级越低碳密度越低，使得总平均碳密度从第五次清查期间的 $53.88t/hm^2$ 降低到第六次清查期间的 $45.43t/hm^2$。云南省一系列的造林工程导致幼龄林、中龄林较多，其面积占比过高即表明云南省防护林林分质量和结构组成不够优化，也意味着继续对云南省防护林加以管理和保护，现有防护林资源随着林木的生长和成熟可以提供巨大的碳储量。

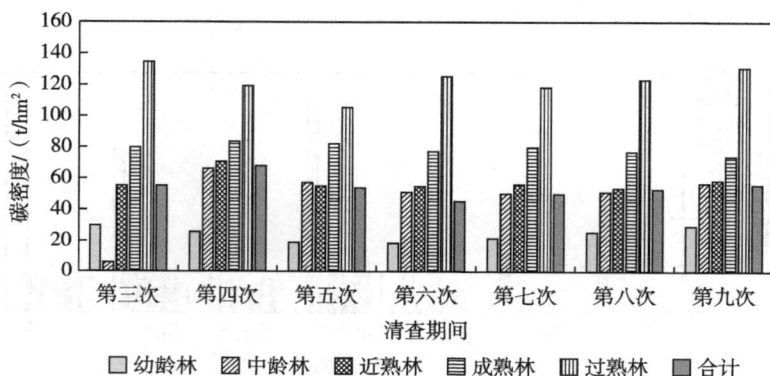

图2　云南省不同清查期间各龄组防护林碳密度

2.4　不同起源防护林碳储量、碳密度动态

全国森林资源清查从第三次开始专门有针对防护林面积和蓄积的统计，而从第四次全国森林资源清查期间开始才有针对不同起源防护林的统计，按起源不同，云南省防护林碳储量、碳密度变化如图3所示：

研究期间云南省天然防护林碳储量总体呈上升趋势，净增加 $23880.11 \times 10^4 t$，占云南省防护林碳储总量增加量的 94.01%，年均增加 $796.01 \times 10^4 t$。整个研究期间，云南省人工防护林碳储量净增加 $1522.29 \times 10^4 t$，人工防护林碳储量在第九次清查期间达到最大（$1597.57 \times 10^4 t$），但其仅占同期云南省防护林碳储总量的 4.20%，各清查期间其碳储量占同期云南省防护林碳储总量的比例（0.47%、0.55%、2.58%、1.33%、

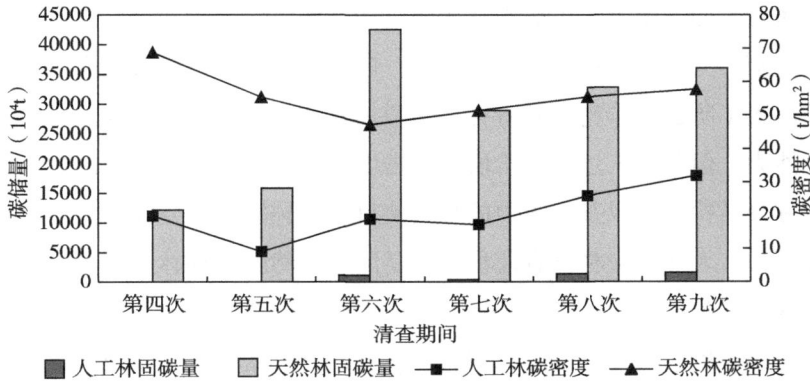

图3　云南省不同起源防护林碳储量、碳密度

3.88%、4.20%）呈上升趋势，但云南省天然防护林在云南省防护林中仍旧占据十分重要的地位。由图3可知，每个清查期间云南省天然防护林平均碳密度远高于人工防护林平均碳密度，但二者之间的差值在逐期减少，由第四次全国森林资源清查期间的48.88t/hm² 的差值减少到第九次全国森林资源清查期间的25.77t/hm² 的差值。

　　人工林普遍面临着树种单一、林木结构简单、易感染病虫害等问题，使得普遍情况下人工林碳密度和碳储量都处于较低水平。本研究中，云南省天然防护林碳储量远高于人工防护林，云南省人工防护林碳密度与同期天然防护林碳密度的比值为0.28、0.16、0.40、0.34、0.47、0.55，这主要是由于天然防护林受人类活动的干扰程度较小，林分结构更加合理，使得天然防护林碳密度相较于人工防护林而言处于较高状态，固碳能力较强。因此，保持和维护天然防护林对于云南省防护林工程的建设至关重要。从另一方面来说，近15年人工防护林碳密度的不断增加说明良好的森林经营管理对于提升人工防护林林分质量十分重要，人工防护林的合理经营管理可以使其为云南省防护林碳储功能做出更大贡献。

　　对于云南省天然防护林来说，防护林碳密度随着龄级的增加而增加（过熟林>成熟林>近熟林>中龄林>幼龄林），过熟林碳密度远远高于幼龄林碳密度，而云南省人工防护林碳密度随龄级增加呈升-降的趋势（成熟林>近熟林>过熟林>中龄林>幼龄林），过熟林碳密度长期低于成熟林、近熟林。人工防护林碳密度随着林龄的增加其增长较快，说明其具有快速的储碳能力；但其进入过熟林阶段，碳密度便大幅下降，主要是因为人工防护林林分结构简单以及竞争力的缺失使得过熟林缺失水分和养分而更易老化和死亡。天然防护林没有此种现象是因为天然防护林林分结构复杂，同一地区树木林龄各异且树种多样，所以即使是过熟林也很少出现因为竞争不利而使得单位碳储量下降的现象。并且，目前云南省天然防护林中幼龄林较多，树木普遍处于林龄较低的状态，这也使得即使是过熟林也可以充分增长。

2.5 云南省不同地区防护林碳储量贡献

云南省第四次森林资源二类调查（2014-2016 年）期间，其境内防护林总面积达 628.98 万 hm²，蓄积总量为 48539.19 万 m³。迪庆州防护林面积最多（66.48 万 hm²），且其州内防护林蓄积量最大（州内防护林蓄积量为 9285.7 万 m³，占云南省防护林总蓄积量的 19.13%）；面积位于第二位、第三位的分别是楚雄州、昆明市（62.29 万 hm²、56.93 万 hm²），但蓄积量位于第二位、第三位的分别为普洱市、丽江市（4720.18 万 hm²、4661.36 万 hm²）。楚雄州和昆明市防护林面积较多而蓄积量较少说明其州市内质量及其抚育管理能力有待提高；怒江州州内拥有怒江、澜沧江、独龙江三大干流及无数支流，怒江州防护林面积较少而其蓄积量较多表明其州内防护林生态环境较优。

在第四次云南省二调中，云南省防护林碳储总量达 24607.50×10⁴t。其中，中龄林碳储量为 10487.04×10⁴t，占云南省防护林总碳储量的 42.62%，近熟林和成熟林碳储量分别占云南省总碳储量的 17.50% 和 17.80%。从地域来看，云南省内迪庆州的防护林碳储量最高，州内防护林固碳总量达 4342.31×10⁴t，占云南省防护林总碳储量的 17.65%，这主要是由于迪庆州具有金沙江、澜沧江、怒江三江并流的地理态势。云南省防护林碳储量位于第二位至第六位的分别是普洱市、丽江市、怒江州、西双版纳和大理州，保山市防护林碳储量最少。滇西北部地区的保山市、丽江市、大理州、怒江州和迪庆州的防护林碳储量占云南省防护林碳储总量的44.19%。由图4可知，迪庆州防护林碳储量较高得益于成熟林的固碳贡献，大部分州市都表现为中龄林为防护林碳储量的主要贡献者，且碳密度较大的近熟林和过熟林碳储量贡献较小，这也表明云南省各州市需要加强对防护林资源中近熟林和过熟林的保护。

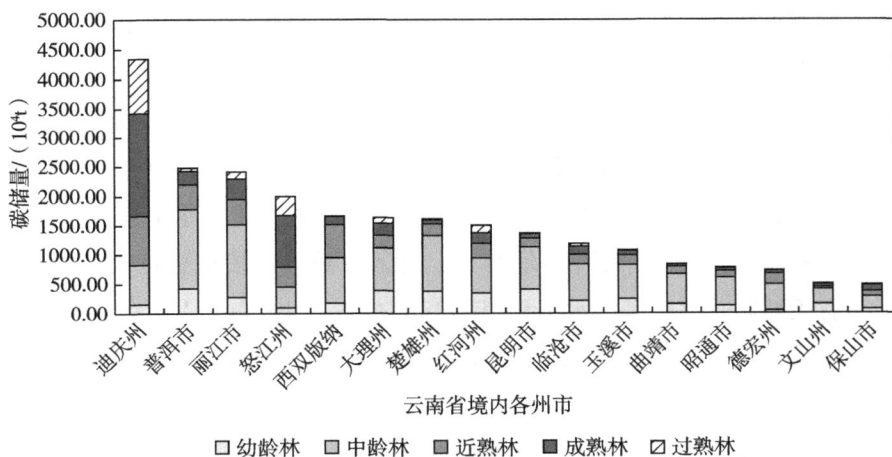

图4 云南省各州市不同龄组防护林碳储量

3 结论与建议

3.1 结论

（1）近些年来云南省防护林碳储总量和碳密度水平总体呈上升趋势。云南省防护林碳储量由第三次清查期间的8868.03×10⁴t增加到第九次清查期间的37635.01×10⁴t，净增加28766.98×10⁴t，占云南省森林碳储总增加量的61.51%，各清查期间云南省防护林均表现为碳汇。云南省防护林总平均碳密度呈"升—降—升"的变动趋势，于45.43t/hm² - 67.99t/hm² 区间内波动，第六次清查期间由于中幼龄防护林的大量增加而碳密度最低。

（2）云南省幼龄防护林面积远高于其他龄组，长期居于首位，但其碳储量处于一般水平；中龄防护林碳储量长期处于较高水平，且占各期云南省防护林碳储总量的比例不断增加；近熟林碳储量处于较为稳定状态，碳储量贡献率处于 14.07%-17.40%之间；成熟林和过熟林碳储量处于波动状态，研究后期二者碳储总量贡献率不断下降，且二者面积也有不断减少趋势。研究期间，云南省防护林总平均碳密度随龄级增加而增加（过熟林>成熟林>近熟林>中龄林>幼龄林），过熟林碳密度远高于其他龄组，中龄林与近熟林碳密度差值较小，成熟林和过熟林碳密度有所下降。

（3）天然防护林碳储量在云南省防护林碳储总量中占据绝对优势，总体呈上升趋势，净增加 $23880.11×10^4t$，占云南省防护林碳储增量的 94.01%，人工防护林碳储量呈增加趋势，净增加 $1522.29×10^4t$。云南省天然防护林碳密度随龄级增加而增加，人工防护林碳密度水平表现为成熟林>近熟林>过熟林>中龄林>幼龄林，进入过熟林阶段碳密度大幅下降。云南省天然防护林碳密度水平长期高于人工林，但云南省人工防护林碳密度总体呈上升趋势，与天然林碳密度的差值由 $48.88t/hm^2$ 缩减为 $25.77t/hm^2$。

（4）云南省迪庆州防护林碳储量水平最高（$4342.31×10^4t$，占同期云南省防护林碳储总量的 17.65%），普洱市、丽江市防护林碳储量位于第二和第三，滇西北部地区防护林碳储量占同期云南省防护林碳储量的 44.19%。云南省各州市大都以中龄防护林为州市内防护林碳储量的主要贡献者，各州市过熟林碳储量贡献率处于较低水平。

3.2 对策建议

（1）强化现有中幼龄防护林的抚育经营，优先保证成熟林和过熟林。目前云南省中幼龄防护林因林地面积优势使得其成为云南防护林碳储量的主要贡献者，碳密度远高于二者的成熟林和过熟林面积趋势不容乐观。因此，应该注重云南省防护林体系工程中幼龄林的后续抚育和管理，保证幼龄林成活并在其成长过程中合理间伐、去劣留优以提高林分质量，确保现有中幼龄林顺利成熟。同时应该优先保证成熟林和过熟林，在林产品的开发及采伐中对二者合理利用，减少人为经营和破坏对二者的程度，助力云南省防护林碳储量的进一步提高。

（2）加强人工防护林的经营管理，提高碳密度，增强其碳汇碳储能力。人工防护林是土地覆盖类型的重要组成部分，是防护林工程建设不可缺少的组成部分，虽然目前人工防护林并不是云南省防护林的主力军，但是云南省人工防护林的林地面积和碳储量贡献率都呈增加趋势，其碳密度却不足天然防护林碳密度的50%。因此，应该准确估算目前云南省人工防护林不同乔木树种固碳能力差异，优先保护优势树种，对于新增的人工防护林林地在兼顾生态平衡和经济效益的同时优先选择碳密度较高的树种。同时，要加强人工防护林的集约高效经营管理，进行长时间、大范围的不同层次的林业规划，以调整人工防护林的林层和树种结构，增强其稳定性、生态系统自我调节能力及林分质量进而提高其固碳能力。由于人工林过熟林碳密度大幅减少的特性，林业部门应该及时进行老化林木的更新，既重视造林又重视管护，建立符合经营目标，合理轮伐，建设生态经济型防护林的同时也合理利用人工防护林快速碳积累能力，提高人工防护林碳储量贡献率。

（3）优化防护林林种结构和龄组结构，提高林分质量。森林植被的碳储量动态变化与森林面积、林木生长、龄级结构及人类经营活动密切相关。因此，应该注重防护林林种结构和龄组结构的改善，加强中幼龄林的抚育，同时要积极进行低效林、退化林的更新改造以不断优化云南省防护林总体的林龄结构；在新造林地上，多元化种植优势树种，优化云南省防护林的树种结构。政府部门应该继续推进一系列相关政策来规范防护林的林木利用标准、严格控制林木采伐，减少不合理的人类活动对现有防护林资源的干扰；同时积极使用无人机及大数据平台等先进技术，及时准确监测和分析防护林资源的状态，推动云南省防护林林分质量和整体防护效能的提高，助力云南省碳中和的实现，为我国"碳达峰、碳中和"贡献云南力量。

参考文献

［1］Cook-Patton S C，Leavitt S M，Gibbs D A，et al. Mapping Carbon Accumulation Potential from Global Natural Forest Regrowth［J］. Nature，2020（585）：545-550.

［2］付玉杰，田地，侯正阳，等 . 全球森林碳汇功能评估研究进展［J］. 北京林业大学学报，2022，44（10）：1-10.

［3］朱建华，田宇，李奇，等 . 中国森林生态系统碳汇现状与潜力［J］. 生态学报，2023（09）：1-16.

［4］柏方敏，戴成栋，陈朝祖，等 . 国内外防护林研究综述［J］. 湖南林业科技，2010，37（05）：8-14.

［5］龚维，李俊，何宇，等 . 发展林业碳汇推动三北防护林体系建设［J］. 生态学杂志，2009，28（09）：1691-1695.

［6］武金洲，郑晓，高添，等 . 三北防护林体系建设工程对科尔沁沙地社会经济影响的定量分析［J］. 生态学杂志，2020，39（11）：3567-3575.

［7］张林，王礼茂 . 三北防护林体系森林碳密度及碳贮量动态［J］. 干旱区资源与环境，2010，24（08）：136-140.

［8］郭兆迪，胡会峰，李品，等 . 1977~2008 年中国森林生物量碳汇的时空变化［J］. 中国科学：生命科学，2013，43（05）：421-431.

［9］张逸如，刘晓彤，高文强，等 . 天然林保护工程区近 20 年森林植被碳储量动态及碳汇（源）特征［J］. 生态学报，2021，41（13）：5093-5105.

［10］闫睿 . 重庆市乔木林碳储量动态分析及潜力预测［J］. 林业经济，2019，41（07）：70-77.

［11］朱教君 . 防护林学研究现状与展望［J］. 植物生态学报，2013，37（09）：872-888.

［12］张韶立 . 山西省"三北"防护林工程区退化林修复改造研究

[J].山西林业，2021（05）：32-33+48.

[13] 高建利，张小刚.对三北防护林体系工程灌木林发展的思考[J].林业资源管理，2018（04）：1-5.

[14] 马裕霞.云南省珠江流域防护林体系工程建设成效评价[J].陕西林业科技，2017（02）：21-25.

[15] 张伏全.云南防护林工程建设任重道远[J].云南林业，2014，35（04）：58-59.

15　云南省经济林碳汇测算及其产品开发探析①

傅乐乐　苏建兰　张凯迪

摘要： 本文运用生物量法，以九次全国森林资源清查报告和云南省森林资源报告数据为基础，测算分析云南省经济林固碳状况。结果表明：九次统计期间，云南省经济林固碳量从 280.56 万吨增长到 2928.37 万吨，绝对增量为 2647.81 万吨，总体呈现增长的趋势；按不同经济林用途，果树林、工业原料林、食用油料林三种经济林类型的固碳作用最为显著；从不同区域看，西双版纳、临沧、普洱、大理以及红河五个区域的经济林固碳量居于前列。综合考虑云南省经济林资源的发展现状、碳汇项目方法学、农民增收愿望以及政策支持，提出主要从两个方面开发具有云南特色的经济林碳汇产品，即经济林碳汇项目和碳汇金融，将云南特色的碳汇项目与金融市场相结合，为该地区的经济林产业注入新的活力，为云南省多方向、多渠道实现经济林更大的效益提供坚实的基础。

关键词： 经济林碳汇；碳汇测算；碳汇产品；云南省

---

①　本文发表于《现代农业研究》2024 年第 2 期，全文保持发表格式。

Calculation of carbon sink of Economic Forests in Yunnan Province and Its product development

FU Lele   SU Jianlan   ZHANG Kaidi

Abstract: This paper used biomass method to measure and analyze the carbon sequestration status of economic forests inYunnan province, based on the data of the nine national forest resources inventory reports and the Yunnan provincial forest resources report. 'The results showed that during the nine statistical periods, the carbon sequestration of economic forests inYunnan province increased from 2, 805, 600 tons to 29, 283, 700 tons, with an absolute increment of 26, 478, 100 tons, showing an overall increasing trend. According to different uses of economic forests, the three types of economic forests, namely fruit forests, industrial raw material forests and edible oilseed forests, have the most significant carbon sequestration effects. In terms of different regions, the five regions of Sipsongpanna, Lincang, Pu'er, Dali and Honghe have the highest carbon sequestration in economic forests. Considering the current development status of economic forest resources in Yunnan province, the methodology of carbon sink projects, the desire of farmers to increase their income, and the policy support, it is proposed to develop carbon sink products of economic forests with Yunnan characteristics mainly from two aspects, i. e. , carbon sink projects of economic forests and carbon sink finance. Combining the carbon sink projects with Yunnan characteristics and the financial market will inject new vitality into the region's economic forest industry and provide a solid foundation for realizing greater benefits from economic forests in Yunnan province through multiple directions and channels.

Key words: economic forest carbon sink; carbon sink measurement; carbon sink products；Yunnan province

引言

利用森林碳汇功能是推动减排增汇工作进程的有效手段[1]。经济林作为森林资源中重要的组成部分，生物多样性丰富。云南省经济林面积约占全国经济林总面积 1/10，位居我国经济林面积首位，是我国经济林重要生产区域。云南省位于亚热带、热带和温带气候交汇区，拥有丰富的生态资源，为经济林的生长创造了有利条件；地形地貌多样，有高山、平原、丘陵等不同类型，提供了多样化的生态环境，有利于不同类型经济林的种植。随着社会对生态环境的关注不断增加，云南省积极推动绿色发展理念，鼓励农民合理利用土地资源，采用可持续的种植方式以保护生态环境。云南省经济林资源具有可持续性，在大力发展经济林产业的基础上发挥好云南省经济林碳汇价值对我国经济林碳汇发展具有重要意义。

经济林学术研究方面，国外学者首先对其理论概念进行研究，将经济林定义为木材以外的生物材料，认为其来自于森林或者其他林地和森林外的树木[2]；将经济林产品定义为人类在自然或人为改变的环境中从野生生物多样性中获得的具有较高价值的木材以外的生物产品[3]。在森林碳汇概念的普及下，逐渐有学者对经济林碳汇展开研究，对美洲栗、银合欢、夏栎等经济林生物量进行探讨[4-5]，同时也有学者对果园生态系统中土壤呼吸对碳平衡的作用进行研究，指出经济林在维护生态系统碳平衡方面具有重要作用[6]。我国经济林资源在世界上具有独特的优势，20 世纪60 年代我国已经开始建设经济林产业[7]，经济林产业的发展也是提高农村居民收入、拓展农村经济空间的主要方式之一[8]。王伟等[9] 核算了新疆七种主要经济林的固碳能力，依据碳税法和市场经济价值法的规定对新疆经济林固碳功能效益进行评估，为全面了解新疆经济林固碳功能、评估经济林生态系统生产力提供参考；郭梦晴等[10] 研究了高州油茶人工林碳储量及分布特征，并估算评价其固碳效应；李少宁等[11] 定量评估了北京市经济林生态系统服务功能，指出北京市内经济林在涵养水源、固碳释氧、净化大气等方面具有良好的作用；王娜等[12]、王谢等[13]、高瑞等[14]对不同经济林的土壤有机碳展开探讨。总体而言，国外对经济林的研究更加注重经济林产业发展、经济效益、种植技术等，偏向于经济林市场交易方面，经济林碳汇项目涉及较少；国内研究更多偏向经济林产业方面，或对经济林土壤的碳特征展开研究，关于整个经济林生态系统的碳汇功能研究较少。

当前经济林主要被用于实现经济价值，如木材、果实、竹子等的生产，为农民提供了重要的经济来源。许多学者的观点是经济林的主要作用是实现经济功能，不必过多考虑其生态功能，认为将经济林引入碳汇似乎过于理想化。然而，本研究认为经济林碳汇开发具有重要的生态、社会和经济价值，应受到更多的关注和支持。基于此，本研究在测算分析云南省经济林固碳量的基础上，结合碳汇市场发展变化，对云南省经济林碳汇产品开发的可能方式提出构想，力求更大程度地发挥经济林资源利用价值，助力经济林碳汇的发展。

1 云南省经济林固碳状况分析

1.1 云南省经济林固碳量测算

关于云南省经济林固碳量的测算以全国森林资源清查数据为基础。全国森林资源清查报告在经济林方面只有面积数据较为完整，因此本研究采用方精云等[15]提出的平均生物量法来估算经济林的固碳量。

生物量计算公式为：

$$W = B \times S \tag{1}$$

其中，W 为生物量（t），B 为单位面积平均生物量（t/hm²），S 为面积（hm²）。经济林的单位面积平均生物量密度取值 23.70t/hm²[16]。

经济林的固碳量为生物量乘以其含碳系数，固碳量计算公式为：

$$C = W \times \sigma \tag{2}$$

其中，C 为经济林固碳量（t），σ 为含碳系数，经济林的含碳系数取值 0.50。

云南省经济林固碳量具体测算结果如表 1 所示。

表 1   九次全国森林资源清查期间云南省经济林固碳量统计表

统计时期	经济林固碳量（万吨）	固碳增长量（万吨）	固碳增长率（%）
第一次森林资源清查（1973-1976 年）	280.56	—	—
第二次森林资源清查（1977-1981 年）	379.91	99.35	35.41
第三次森林资源清查（1984-1988 年）	343.89	-36.02	-9.48
第四次森林资源清查（1989-1993 年）	801.77	457.88	133.15
第五次森林资源清查（1994-1998 年）	1131.44	329.67	41.12
第六次森林资源清查（1999-2003 年）	1614.92	483.48	42.73
第七次森林资源清查（2004-2008 年）	1973.14	358.22	22.18
第八次森林资源清查（2009-2013 年）	2513.39	540.25	27.38
第九次森林资源清查（2014-2018 年）	2928.37	414.98	16.51

1.2   云南省经济林固碳量测算结果分析

1.2.1   经济林固碳量总体分析

如图 1 所示，在九次森林资源清查期间，云南省经济林总体呈现向上增长的趋势，云南省经济林固碳量从第一次森林资源清查期间的 280.56 万吨增长到第九次森林资源清查期间的 2928.37 万吨，净增长 2647.81 万吨，增长九倍之多，实现了经济林固碳量的历史性跨越。

从折线走势可以看出，第一到第四次森林资源清查期间的固碳量增长率波动起伏较大，这是因为这四个期间关于经济林清查的分类依据并不统一，导致最终的统计数据存在差异。在 2000 年左右云南省部分地区开始退耕还林试点工作，2002 年开始全面启动退耕还林工程。为进一步推进农村贫困地区的经济发展，云南省鼓励并引导广大退耕群众因地制宜种植特色经济林，发展经济林产业，推动生态和经济的共同发展。因此，在第

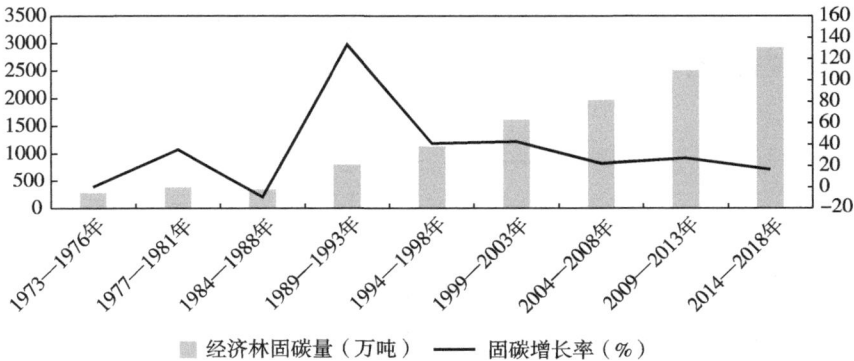

经济林固碳量（万吨）　　—— 固碳增长率（%）

图1　九次全国森林资源清查期间云南省经济林固碳量统计图

五到第九次森林资源清查期间，经济林面积在退耕还林工程推进过程中有序增长，经济林固碳量也呈现稳定增加的趋势。但是增长率有轻微的下降趋势，这是因为随着退耕还林工程的进展，经济林面积基数逐渐扩大，增长速度逐渐变缓；部分经济林已进入成熟期，其固碳速率可能下降，而新种植的经济林还处于快速生长期，其固碳速率较高，但这部分贡献不足以抵消老林地的减少；同时，经济林的种植和管理可能受到市场需求的影响，市场需求下降，会减少对新的经济林的投资，导致固碳速率的下降。综上，云南省经济林固碳状况良好，固碳量波动增长。

1.2.2　不同用途分类经济林固碳状况分析

由于全国森林资源清查报告将经济林进行分类统计的依据有所差异，第七至九次的统计分类一致，因此本研究选取第七至九次的数据进行经济林不同用途分类固碳量的分析，如图2所示。根据经济林不同用途分类，果树林、工业原料林和食用油料林的固碳量较多，而药材林和其他经济林的固碳量较少；果树林的固碳量基数最大，在这三次统计时期内稳定上升，增长幅度较为显著，这是因为果树林在云南省经济林中占据很大一部分，各类坚果、鲜果等果树类资源相对于其他经济林资源更加丰富；食用油料林固碳量也有所增加，增长幅度较小；工业原料林的固碳量在增长后又回降了部分。综上，云南省不同用途的经济林呈现不同的固碳效应，固碳量的变化趋势有所差异。

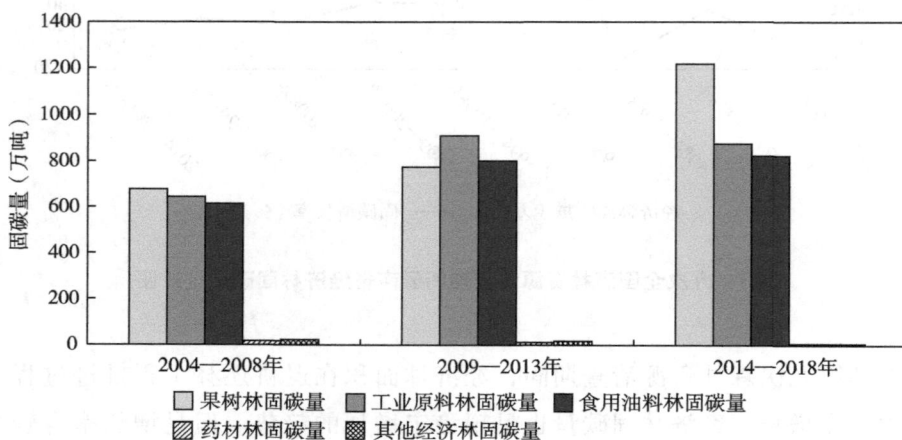

图2　第七至九次森林资源清查期间云南省不同用途经济林固碳量统计图

1.2.3　云南省各州市经济林固碳状况分析

利用云南省森林资源二类调查数据对各州市主要经济林（乔木经济林地和灌木经济林地）固碳量进行估算[17]，结果如图3所示。全省经济林固碳量为2521.32万吨，其中西双版纳州、临沧市、普洱市、大理州、红河州经济林固碳量较多，分别为621.93万吨、371.76万吨、321.37万吨、190.76万吨、157.49万吨，这5个地区固碳量占据全省总固碳量的65.97%，为云南省主要经济林固碳贡献区。这5个地区经济林资源相对于其他地区更加丰富，因此固碳效应更好。曲靖市、怒江州、迪庆州这3个地区经济林固碳量最少，合起来仅占全省经济林固碳量的3.48%。综上，云南省境内经济林在不同州市呈现不同的固碳效应，在经济林资源相对丰富的地区固碳效应更好，而经济林资源较少的地区则固碳效应较差。

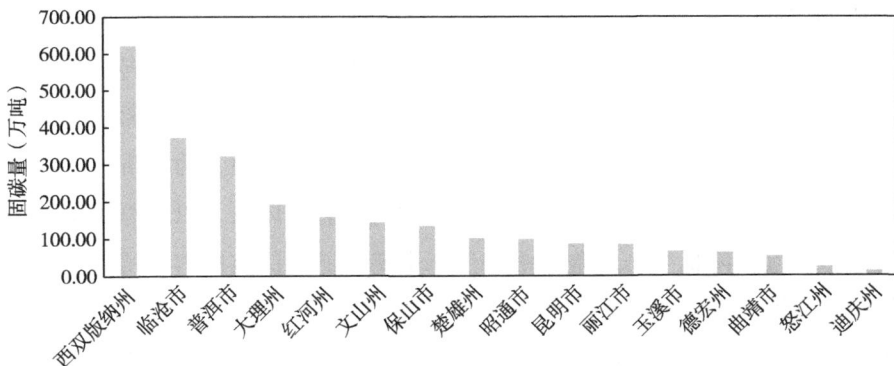

图3 云南省各州市经济林固碳状况统计图

2 云南省经济林碳汇产品开发可行性分析

2.1 云南省经济林资源丰富，碳汇潜力巨大

云南省丰富的经济林资源为碳汇产品提供了可持续的原材料基础，不同类型的经济林，如橡胶、茶叶、水果等，都可以成为碳汇项目的重要组成部分，多样性的资源为碳汇产品的开发提供了更多选择和创新空间。根据前文测算可知，截至第九次全国森林资源清查期间，云南省经济林固碳量为2928.37万吨，固碳量大意味着经济林能够在生长过程中吸收更多的二氧化碳，从而在市场上具有更强的竞争力，这为投资者和企业提供了更大的动力去参与碳汇项目，从而推动经济林碳汇产品的创新和发展。云南省作为生态多样性地区，其经济林的碳汇潜力还带来了生态保护和生态恢复的机会，通过开发经济林碳汇项目，可以改善土壤质量、促进水源保护、增加生物多样性等，从而实现环境和生态的双重效益。因此，经济林自身资源的优势为相关碳汇产品开发提供了坚实的基础，碳汇产品的有效开发又为云南省带来了经济和生态效益，并且在一定程度上促进碳减排工作进程，推动低碳发展的迅速实现。

2.2 经济林碳汇方法学成立，助力碳汇产品开发

已有的碳汇项目方法学并不适合经济林碳汇项目的开发，2022年多

个机构共同开发的"经济林碳汇项目方法学"通过了专家评审和科技成果评价，优化了已有的减排机制，与国内同类方法学相比更具科学性、合理性和实用性。经济林碳汇项目方法学的确立使得能够测量和验证经济林中的碳汇量，有助于确保项目的可行性、降低不确定性，为经济林碳汇项目开发奠定了坚实的基础；有助于建立相应的监测体系，以跟踪生态系统的健康状况，降低生态风险，维护生态平衡；通过优化树木种植、生长和维护的实践，可以更大程度地提高碳汇效益，同时确保经济林的长期健康，促进经济林的可持续管理；最为重要的是经济林碳汇项目方法学为经济林碳汇项目提供了经济机会，可以更好地连接经济林碳汇产品与碳市场，从中获得经济效益。综合来看，经济林碳汇项目方法学的成立提供了一个框架，为经济林碳汇产品开发提供了有利的环境，有助于碳汇效益最大化，使其能够在生态保护和经济发展等方面实现多重效益。

2.3　农民增收意愿强烈，双向推动发展

农民作为云南省的主要人口群体之一，其增收意愿对经济林发展具有重要作用。首先，种植经济林可以带来经济价值，提高农民参与种植和管理的积极性，提高了经济林这一领域的产能，从而增加经济林固碳量。其次，为了增收，农民通常需要更好地保护当地生态系统，减少非法砍伐和土地开垦等破坏性行为，从而促进生态系统的保护和可持续发展。再次，经济林碳汇产品的开发需要劳动力，包括种植、管理和采收等环节，因此可以提供就业机会，对于经济林地区的农民来说，有助于增加他们的家庭收入。此外，通过销售经济林碳汇产品，农民可以获得额外的经济回报，从而提高他们的收入水平。综上，农民的增收意愿对云南省经济林碳汇产品开发具有积极作用，他们的参与推动了经济林的种植和管理工作，促进了经济林碳汇的发展，为当地农村经济发展带来更多机会和挑战。

2.4　国家和地方性政策支持，提供坚实保障

云南省从省情出发，充分挖掘自身的优势，提出了"三张牌"策略，即"绿色能源牌"、"绿色食品牌"和"健康生活目的地牌"，而后进一步扩展了"三张牌"的战略部署，以绿色经济为引领，旨在促进云南省

产业升级和生态发展。"三张牌"战略意味着更多的支持和关注将被投入到绿色产业领域，其中包括生态经济和经济林的发展，将激励更多的企业和投资者参与到云南省的经济林项目中，从而提升碳汇开发的可持续性和效益。在国家提出"碳达峰、碳中和"目标后，云南省发布了《云南省国民经济和社会发展第十四个五年规划和二〇三五年远景目标纲要》，其中明确要加强生态文明建设，深入实施可持续发展战略，这有助于推动云南省更加积极地采用可持续的经济林种植和管理实践。此外，云南省多地设立"节能减排及应对气候变化工作领导小组"，统筹推进减排增汇工作，协同合作有助于确保各个部门和利益相关方在经济林碳汇开发中的紧密合作，避免了资源的浪费和信息的不对称，也有助于更好地整合技术和管理经验，以提高经济林的碳汇潜力。

3　云南省经济林碳汇产品开发构想

按照碳市场的交易内容，可分为基于项目的碳交易和基于配额的碳交易两种形式。基于项目的碳交易主要包含核证减排量和减排单位两种碳汇产品；基于配额的碳交易主要包含分配数量单位，欧盟碳减排配额 EUA 现货、期货、期权与 CER 期货、期权，六种温室气体排放额的金融衍生品三种碳汇产品[18]。依据云南省经济林自身属性及其发展状况，云南省经济林可以发展以经济林碳汇项目和碳汇金融为核心的产品。

一方面，开展具有云南特色的经济林碳汇项目。首先，需要在云南省选择合适的地点开展碳汇项目。西双版纳州、临沧市、普洱市、大理州及红河州的经济林固碳量位居前五，因此这些地区可以被视为潜在的碳汇项目的首选地点。在选择具体地点时，需要考虑土地的可利用性、现有的经济林覆盖面积以及潜在的碳汇增益等。其次，在开展碳汇项目之前必须对经济林进行详细的评估，以确定其固碳潜力。评估过程需要考虑经济林的树种的选择、树龄、土壤状况以及气象条件等因素，只有各个方面符合方法学标准的经济林才能成为碳汇项目的合适候选者。云南省果树林、工业原料林、食用油料林三类型的固碳量较为突出，这些类型的经济林在云南特色碳汇项目中具有巨大的潜力。根据具体的评估和筛选，云南省果树林、工业原料林和食用油料林中的一些具体区域或农场可以被选定为碳汇项目的重点区域。一旦合适的地点和经济林资源被确定下来，就可以开始试点碳汇项目。当然，需要考虑注重适应当地气候和土壤条件等，种植更多适宜的树种，以最大程度地提高固碳效益；定期进行碳汇量的监测和测量，以确保项目达到预期的碳汇效果，必要时进行调整和改进；为确保经济林的健康和生长，采取灌溉、施肥、病虫害管理等维护措施，以提高经济林的生长速度和固碳效率。云南特色的经济林碳汇项目不仅可以提高经济林固碳量，还可以改善生态环境、促进可持续发展，为当地经济带来新的机会。

另一方面，开发以经济林碳汇金融为核心的产品。碳汇金融产品可以吸引投资者和金融机构的参与，为碳汇项目提供资金支持，并将经济林碳汇的效益与金融回报结合起来，为实现"碳达峰、碳中和"目标贡献力量。首先，开发经济林碳汇证券，可以包括股权和债务工具，允许投资者购买碳汇项目的股份或债券，这种融资方式不仅可以为碳汇项目提供资本，以扩大经济林的范围和提高固碳速率，还可以为投资者提供未来碳汇销售的一部分收益。投资者在获得经济回报的同时，也为环境保护事业做出实际贡献，这种社会责任投资有助于塑造更加可持续的金融市场，鼓励更多的资金流入经济林碳汇项目。其次，金融机构的参与至关重要，可以为碳汇项目提供贷款和融资支持。这些贷款可以用于购买种植经济树木所需的设备、进行监测和维护等。通过为碳汇项目提供必要的流动资金，金融机构在实现金融回报的同时，也为可持续发展提供了坚实的支持，不仅有助于碳汇项目的持续发展，还为金融机构提供了潜在的贷款利润，鼓励更多金融机构参与支持碳汇项目。此外，引入碳汇保险产品，气象事件和自然灾害可能对经济林碳汇项目造成损害，而碳汇保险产品可以提供保障，确保碳汇项目的稳定运行和资金回报，这种保险形式可以减轻投资者和金融机构的风险，增加他们对碳汇项目的信心，从而推动更多的资金流入该领域。通过开发经济林碳汇金融产品，可以吸引更多的资金流入碳汇项目，并为金融机构提供新的商机。通过综合的方法将碳汇项目与金融市场联系起来，为环境保护和可持续经济发展创造了有力的支持体系。通过资本市场、金融机构和保险产品的综合运用建立一个全方位的系统，以支持云南特色的碳汇项目，为未来的可持续发展铺平道路。

总体而言，在云南特色的碳汇项目中，经济林碳汇项目和碳汇金融产品的发展是双轮驱动的关键策略。经济林碳汇项目地点的选择和经济林资源的评估等将有助于最大程度地提高固碳效益，改善生态环境，促进可持续发展，同时为农村地区带来新的经济机会；另一方面，碳汇金融产品的开发将吸引资金流入碳汇项目，将环境保护与金融回报紧密结合，为实现"碳达峰、碳中和"目标提供重要支持。通过统筹兼顾的方法，云南特色的碳汇项目不仅有助于应对气候变化的挑战，还为碳汇金融市场创新、农村驱动发展提供了新的机会。

4 结论

云南省作为我国的重要生态区域，拥有丰富的经济林资源，不仅在经济上具有巨大的潜力，还在碳汇方面表现出色。云南省的地理位置、气候和土壤条件为经济林的生长提供了得天独厚的条件，使其具有出色的固碳潜力。云南省开展经济林碳汇项目不仅关乎环境保护，还是经济林产业的一大机遇。通过开发经济林碳汇产品，可以注入新的活力，推动整个经济林产业的发展。更为重要的是，经济林碳汇产品将从多方向、多渠道实现经济林更大的效益，不仅有助于减轻气候变化的影响，还为云南经济林产业的可持续发展创造了更多的机会。通过合理的管理和投资，经济林可以为社会、环境和经济的各个领域带来更大的效益，有效助力云南省"碳达峰、碳中和"目标进程。

参考文献

[1] 付玉杰，田地，侯正阳，等．全球森林碳汇功能评估研究进展[J]．北京林业大学学报，2022，44（10）：1-10.

[2] Fandohan B A, Fandohan B, Adegbidi A, et al. Economic Value and Socio-cultural Determinants of Non-timber Forest Products Harvesting in the WTransboundary Biosphere Reserve, Benin/Valor Econômico Edeterminantes Socioculturais Dos Produtos Florestais Não madeireiros na Reserva Transnacional W da Biosfera, Benim [J]. Revista Espinhaço, 2019, 8（01）：13-23.

[3] Sardeshpande M, Shackleton C. Wild Edible Fruits：A Systematic Review of an Under-Researched Multifunctional NTFP（Non-Timber Forest Product）[J]. Forests, 2019, 10（06）：467-467.

[4] Youkhana H A, Idol W T. Allometric Models for Predicting Above-and Belowground Biomass of Leucaena-KX2 in a Shaded Coffee Agroecosystem in Hawaii [J]. Agroforestry Systems, 2011, 83（03）：331-345.

[5] Kaarakka L, Vaittinen J, Marjanen M, et al. Stump Harvesting in Picea Abies Stands：Soil Surface Disturbance and Biomass Distribution of the Harvested Stumps and Roots [J]. Forest Ecology and Management, 2018（425）：27-34.

[6] Blanke M M. Soil Respiration in an Apple Orchard [J]. Environmental and Experimental Botany, 1996, 36（03）：339-341.

[7] 林明鑫, 吕柳, 曹福亮, 等. 我国经济林科技与产业发展研究综述 [J]. 世界林业研究, 2020, 33（02）：72-76.

[8] 袁军, 石斌, 谭晓风. 林下经济与经济林产业的发展 [J]. 经济林研究, 2015, 33（02）：163-166+171.

[9] 王伟, 师庆东, 许紫峻, 等. 新疆经济林碳汇价值评估 [J]. 西北林学院学报, 2018, 33（02）：283-288.

[10] 郭梦晴, 杨颖, 许叶, 等. 高州油茶人工林碳储量分布特征 [J]. 华南农业大学学报, 2020, 41（03）：86-92.

[11] 李少宁, 陶雪莹, 鲁绍伟, 等. 北京市经济林生态系统服务功能评估 [J]. 西北林学院学报, 2022, 37（01）：267-272.

[12] 王娜，李乐，勾蒙蒙，等．基于 GWR 模型的秭归县柑橘园土壤有机碳空间异质性分析 [J]．长江流域资源与环境，2023，32（04）：751-763.

[13] 王谢，胡洋，郭海霞，等．中国桑园土壤碳氮耦合特征的空间分异（英文）[J].Journal of Resources and Ecology，2023，14（01）：84-91.

[14] 高瑞，王祎珂，艾宁，等．陕北特色经济林深层土壤有机碳特征及影响因素 [J]．森林与环境学报，2021，41（05）：464-470.

[15] 方精云，陈安平，赵淑清，等．中国森林生物量的估算：对 Fang 等 Science 一文（Science，2001，291：2320~2322）的若干说明 [J]．植物生态学报，2002（02）：243-249.

[16] 涂宏涛，周红斌，马国强，等．基于第九次森林资源清查的云南森林碳储量特征研究 [J]．西北林学院学报，2023，38（03）:185-193.

[17] 云南省林业厅．云南森林资源 [M]．昆明：云南出版集团公司云南科技出版社，2018.

[18] 刘珉，胡鞍钢．中国打造世界最大林业碳汇市场（2020-2060年）[J]．新疆师范大学学报（哲学社会科学版），2022，43（04）：89-103+2.

16　中国近10年森林生态产品价值实现研究进展①

刘　燕　张超华

　　摘要：2012年以来，我国持续推进美丽中国建设，人们积极探索生态产品价值实现的机制及路径。本文以2013-2023年CNKI发表的298篇论文为对象，基于Cite Space软件，采用文献归纳法，分析中国近10年期间森林生态产品价值的研究成果。结果显示：森林生态产品价值研究的文献呈现稳步上升的趋势，森林生态产品价值实现的相关研究已经取得明显进展，国内现有研究主要涉及森林生态产品内涵界定、森林生态服务价值评估、森林生态产品价值实现机制、森林生态产品价值实现模式等，研究重点逐步转向系统应用。研究结果表明，森林生态产品价值实现仍是极具潜力的研究领域，森林生态产品价值实现的理论基础和制度协调耦合、价值共识到实践操作的跨越和政府市场有效结合等是未来研究中急需解决的重点问题。

　　关键词：森林生态产品；价值实现；文献计量分析；研究进展

---

　　①　本文发表于《西部林业科学》2023年第6期，全文保持发表格式。

Research Progress and Prospects of the Value Realization of Forest Ecological Products during the Past Ten Years in China

LIU Yan   ZHANG Chaohua

Abstract: Since 2012, China has been consistently advancing the construction of "the beautiful China Intiative" and actively exploring mechanisms and pathways for realizing the value of ecological products. This study analyzed the research progress on the value of forest ecological products using 298 articles published in CNKI from 2013 to 2023 with the assistance of Cite Space software. The results indicate that research on the value of forest ecological products has shown a steady upward trend in literature publications. Substantial progress has been made in research related to the realization of the value of forest ecological products. Current domestic research primarily involves defining the content of forest ecological products, assessing the value of forest ecological services, exploring mechanisms for realizing the value of forest ecological products, and establishing models for the realization of their value. Research focus is gradually shifting towards practical applications. The realization of the value of forest ecological products remains a highly promising research area. Key issues that need to be addressed in future research include the theoretical foundation for the realization of the value of forest ecological products, the coordination and coupling of institutions, consensus on value, and the integration of value into practical government-market operations.

Key words: forest ecological products; value realization; bibliometric analysis; research progress and prospects

2012 年以来，我国持续推进美丽中国建设，积极探索生态产品价值
实现的机制及路径，生态产品价值实现进入了快速发展阶段。生态产品价
值实现成为研究热点，受到学界的广泛关注。森林生态系统是地球上最重
要的生态系统之一，它为人类提供了空气净化、水源涵养、土壤保持、生
物多样性保护、碳汇功能、木材和非木质林产品等生态服务和物质产
品[1]。森林生态产品的价值能否实现是森林生态系统能否获得有效利用
和保护的关键环节，也是森林生态系统能否健康持续地为人类提供服务的
关键环节。由于森林生态服务及产品具有很强的外部性、不可分割性及公
共性，仅依靠市场机制很难充分实现其经济价值。相关的学术研究在明确
生态产品的相关概念、特性、实现机制的基础上，针对森林生态产品价值
实现的实践难点提出有针对性的解决方案，为推动森林生态服务或产品的
价值实现提供了智力支持。对森林生态服务或生态产品价值实现相关研究
进行系统梳理与分析，有助于把握未来研究方向，推进我国森林生态产品
价值实现机制创新，最大程度地发挥森林在生态文明建设中的积极作用。
本文基于 CNKI 数据库收录的 2013-2023 年期间发表的森林生态产品价值
实现的相关核心期刊文献，利用 Cite Space 软件绘制关键词共现、关键词
聚类和关键词突现的可视化知识图普进行统计分析，进而从相关概念的界
定、森林生态服务价值评估、森林生态产品价值实现机制、森林生态产品
价值实现模式与实践等方面梳理相关研究进展，从而寻找现实需求与理论
研究的差距，提出未来需要研究的重点领域。

1 数据来源与研究方法

1.1 数据来源

本文的数据来源于中国知网（CNKI）学术期刊数据库，检索设定如
下：按照森林生态产品价值实现的研究主题，确定检索主题为"生态产
品"或"森林生态产品"和"价值实现"，"森林生态补偿"或"森林生
态服务付费"，检索条件＝"精确"，选择 2013 年至 2023 年间发表的北大
核心和 CSSCI 来源期刊的论文，共计检索到 359 篇文献（检索日期

为：2023 年 10 月 9 日）。然后，对检索结果进行筛选，剔除投稿须知以及相关性较弱的文献 61 篇，最终得到 298 篇文献作为本文分析的基础数据，所选文献均能够保证论文质量和研究数据最终得到 298 篇文献作为本文分析的基础数据，所选文献均能够保证论文质量和研究数据的可靠性。

1.2　研究方法

本文运用 Cite Space 知识可视化软件，对检索到的 298 篇核心期刊论文进行森林生态产品（服务）价值实现领域共现分析。分析过程中参数设置如下：时区跨度设置为 2013 年 1 月至 2023 年 10 月，1 年为一个时间切片，绘制森林生态服务价值实现相关研究的年度发文量、关键词共现等图表，客观分析我国近 10 年森林生态服务价值实现相关研究的热点问题、研究趋势。利用文献归纳法总结了我国近 10 年森林生态产品价值实现领域的研究进展，并结合现实需求和理论研究差距探讨未来有待突破的研究领域。

2　结果与分析

2.1　基础数据统计与分析

（1）年度发文量分析　森林生态产品价值研究在 2013 年至 2018 年发文量保持稳定，每年核心期刊论文基本稳定在 10 篇上下。2018 年至 2023 年发文量增长较快，2018 年呈爆发式增长，由 2018 年 11 篇增长至 2022 年发文量达到 76 篇（图 1）。究其原因，2018 年 5 月习近平总书记在全国生态环境保护大会讲话提出，"'要加快构建生态文明体系'，并建立'反映市场供求和资源稀缺程度、体现生态价值、代际补偿的资源有偿使用制度和生态补偿制度'"，这引发学者对生态价值实现的广泛关注。近年来国内学者对森林生态产品价值保持较高的研究热情和关注度。

（2）研究热点分析　关键词是作者对文章内容的高度概括和总结，可以体现文章的核心主题和中心思想。关键词分析能够反映时间段内研究的热点，在一定程度上解释研究领域内研究成果的形成和发展[2]。本文将所选文献信息导入 Cite Space 软件，节点类型设为关键词模块，时间切

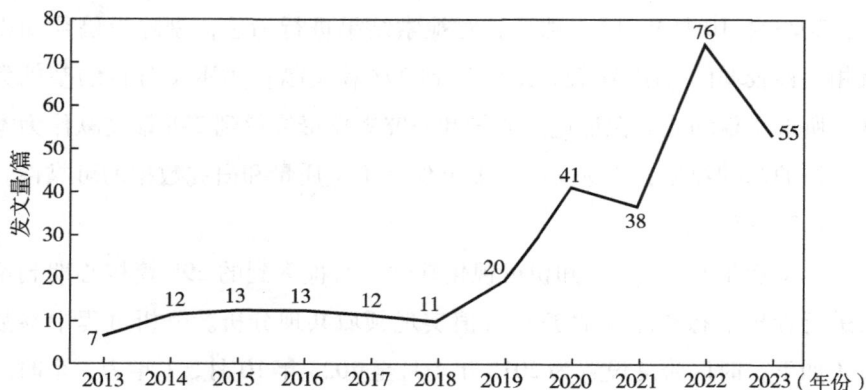

图 1　CNKI 数据库中以森林生态产品价值为主题的论文数量变化

片设置为 1 年，然后绘制关键词共现与聚类图谱，对相关研究热点进行分析。

　　近 10 年森林生态产品价值研究关键词共现图参见图 2。图谱关系线颜色由深蓝向橙红过渡这代表着时间的演进顺序。图 2 中，节点数 N ＝ 285，连线 E ＝ 492，出现了生态产品、价值实现、生态补偿、森林、森林汇碳等字号较大的关键词，表明这些关键词在森林生态产品价值实现文献中出现的频率较高，是森林生态产品价值实现领域研究的核心问题。其他关键词，如森林生态、机制等主题也有学者关注。从图中生态产品与价值实现的节点颜色主要呈现橙红色，说明相关话题在最近几年关注较多。

　　进一步将图 2 中的关键词进行汇总形成聚类，得到聚类图谱（图 3）。依据相关文献[3]，我国近 10 年森林生态产品价值研究关键词共现分析图谱中 Q ＝ 0.6258、S ＝ 0.8884，说明该图的聚类划分非常显著，并且是高效率和高信度的。借助关键词聚类图谱，可以归纳总结近 10 年来本领域研究状况和热点。图 3 的关键词聚类图谱中展示了 11 个聚类，聚类序号数值越大，包含的文献量越少。结合关键词和聚类图谱来看，近 10 年来，森林生态产品价值研究以价值实现、生态补偿、森林等为主要内容，以生

图2　近10年森林生态产品价值研究关键词共现图

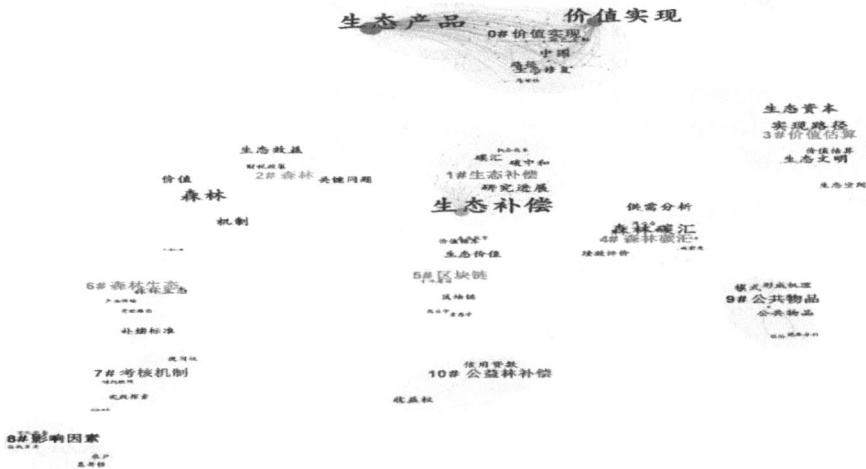

图3　近10年森林生态产品价值研究关键词聚类图谱

态产品价值实现和生态补偿为主要路径进行研究，还探索了森林生态产业发展和增强生态文明意识等问题。

（3）研究主题的演变　研究热点的切换可以直观地表现研究趋势的

变化，利用关键词突现测度相关领域中突然出现的概念和研究问题，从而反映该时段的研究热点或者新的研究趋势[4]。分析聚类后的关键词突现，得到图 4 中的 2013 年至 2023 年的 20 个突现词。

关键词	年份	强度	开始	终止	2017–2023年
森林	2014	3.97	2014	2017	
生态效益	2014	1.63	2014	2016	
研究进展	2014	1.37	2014	2018	
功能价值	2014	1	2014	2017	
森林碳汇	2015	2.28	2015	2018	
影响因素	2015	1.83	2015	2018	
生态补偿	2013	4.11	2016	2017	
补偿标准	2016	2.42	2016	2019	
扶贫	2016	1.09	2016	2018	
机制	2016	0.97	2016	2017	
减贫	2016	0.95	2016	2019	
森林生态	2014	0.96	2017	2018	
公益林	2018	1.36	2018	2020	
浑河流域	2018	0.9	2018	2020	
价值评估	2018	0.9	2018	2020	
生态价值	2019	1.99	2019	2020	
区块链	2019	0.99	2019	2020	
收益权	2020	0.9	2020	2021	
实践探索	2020	0.9	2020	2021	
生态文明	2020	0.9	2020	2023	

图 4　近 10 年生态产品价值实现关键词突现图

图 4 中，"强度"表示突现强度，"开始"和"终止"分别表示突现词开始和终止的年份。结果显示，2014 年至 2017 年突现词主要是森林、生态效益、功能价值、森林汇碳、生态补偿、扶贫与机制；2018 年至 2023 年突现词主要是生态文明、公益林、价值评估、生态价值、实践探索。不同时期有不同的突现词，突现词的出现与当时社会背景、政策文件、经济状况紧密相连，反映出不同研究所处的政策背景和理论及实践需要。

2.2 森林生态产品价值实现研究进展

2.2.1 森林生态产品内涵与特征

森林生态服务是生态系统服务中不可或缺的组成部分。我国2020年发布的国家标准《森林生态系统服务功能评估规范》（GB/T 38582—2020）[5] 中明确，森林生态系统服务包括支持服务、调节服务、供给服务和文化服务，即人类从森林生态系统中获得的各种惠益。森林生态产品则是基于森林生态系统服务而形成的供人们消费的最终商品和服务。

从现有研究对森林生态服务及生态产品概念来看，出现了以下3种倾向：（1）森林生态服务等同于森林生态产品[6-8]；（2）森林生态服务包含森林生态产品，生态系统服务不仅包括提供的有形产品（如食品、木材、药材等），还提供调节类服务与文化类服务等无形产品[9]；（3）森林生态产品包含森林生态服务[10-12]。有学者用包括自然要素产品、生态系统服务、生态设计、生态标签的连续统一模型表示生态产品，并认为生态产品的范围会随着研究目的变化而变化[12-13]。

人们对森林生态产品定义的差别和变化，反映了人们对森林生态产品认识的深化过程。借鉴关于生态产品内涵的相关研究[13]，笔者认为，森林生态产品应该包括以下3个方面：（1）森林生态系统服务，包括森林的调节服务、支持服务及文化服务；（2）农林产品，如木材、药材、野生菌、林果与森林蔬菜等，是人类劳动与自然要素共同生产的产品，也是森林生态系统供给的主要内容；（3）生态标签产品，包括通过可持续经营的方式，减少对森林资源的消耗生产出来的有机食品、绿色农林产品、林业制成品等物质产品。同时，依据消费中是否具有竞争性与排他性，森林生态产品可以分为4个类别：具有竞争性和排他性的私人产品（木材、药材、森林食品等）；具有非竞争性和非排他性的公共物品（森林生态效益，包括调节服务、文化服务和支持服务）；具有排他性和非竞争性的俱乐部物品（森林公园、森林康养类产品）；具有非排他性和竞争性的公共资源（森林资源本身）。不同类别的森林生态产品，其价值实现路径不同。

森林生态产品具有可交易、有用性和终端产品等特征[14]，同时，森林生态产品还具有公共物品的特征，非竞争性和非排他性使其价值实现充满挑战。森林生态产品还有一定的区域性和整体性[15]。总之，森林生态产品区别于普通产品的根本特征在于其生产或消费中生态效益的外部性。森林生态产品价值实现，就是要将上述外部性影响内部化，将其生态价值有效转化为经济价值[16]。

2.2.2 森林生态服务价值评估

森林生态服务价值评估是森林生态产品价值实现的基础和前提条件[17]，是森林生态系统服务功能对人类重要性的体现。自 Costanza 等[18]首次对生态系统服务的全球经济价值进行全面评估以来，森林生态系统服务的价值也受到学者的广泛关注。2013 年以来，国内森林生态服务价值评估在国内外研究的基础上持续推进。国内学者从不同尺度上对森林生态系统服务价值进行评估：（1）以全国历次森林资源清查数据和森林生态连清数据为基础，进行森林生态系统服务评估[19-21]。原国家林业局中国森林生态系统服务功能评估项目组（2018）的评估结果显示，我国森林生态功能显著增强，固碳量、释氧量和吸收污染气体量实现了倍增，其他各项功能增长幅度均在 70% 以上[22]。（2）对省级行政区、代表性地市、林区等区域开展森林生态系统服务评估[23-29]。（3）对我国林业重点工程涉及的森林生态系统功能的评估[30]。也有研究从 Meta 元回归方法在价值评估中的应用[31]、固碳释氧价值[32]、社会价值[33]、调节温度等方面进行方法及单项功能价值评估[34]。综合来看，《森林生态系统服务功能评估规范（LY/T 1721—2008）》[35] 和《森林生态系统服务功能评估规范（GB/T 38582—2020）》[5] 发布以来，评估指标体系和评估方法的探讨明显减少，不同尺度上的应用研究相对增多，加强了不同尺度评价结果的可比性，为森林生态产品价值实现提供了技术条件。

2.2.3 森林生态产品价值实现机制

价值实现机制是森林生态产品价值实现研究的核心，也是最具创造性的部分。由于森林生态产品在消费中的竞争性和排他性不同于其他消费品，仅依靠市场机制无法实现生态产品的全部价值，所以还需通过制度安排、政策措施和社会行动等手段，以促进森林生态产品价值的合理实现。因此，森林生态产品价值实现机制也得到了学者们的广泛关注。王会等[36] 从公共物品的排他性理念出发，构建了"排他性-明确的消费主体-制度供给主体-支付机制"的价值实现逻辑，为我国生态产品价值实现机制构建提供了框架。由于生态产品价值实现存在生态产品价值核算体系不统一、市场交易机制不完善、交易平台不规范、绿色金融滞后、市场化激励机制不完善等问题，有学者探讨多元核算方法与热力学、景感学、经济学相结合，通过区块链、大数据等技术赋能，构建生态资产加密数字货币化的可能性，并进一步形成不同生态产品的价格形成机制、成本监审制度和价格调整机制，完善生态产品市场交易机制[37]。生态产品价值实现机制核心要件包括交易主体、支付标准测度和价值实现方式选择，而且还面临生物物理界限、制度界限、伦理界限和权利界限的权衡。有学者将自然资源生态产品价值实现机制归纳为 3 种类型：科层化机制、市场化机制和 NGO（非政府组织）机制[38]。针对森林碳汇价值的实现，学者们提出森林碳票制度将森林碳汇资源变成资产，进而变成资本，最终实现森林碳汇价值，其价值实现机制包括碳资源资产资本化、碳汇核算体系和碳票市场化等三方面[8,39-40]。

生态产品价值实现的多元主体利益也得到了学界关注。马国勇等[41] 基于利益相关者理论构建"政府-市场-家庭-社会组织多元主体参与"的生态产品价值实现机制，分析了武夷山国家公园的案例，为生态产品价值实现提供理论参考与实践启示。研究涉及的生态产品价值实现方式主要有转移支付、政府购买、生态补偿、市场交易、绿色金融等[42]。有学者提出，对于生态产品中共公物品类别的产品，在机制设计时，应着力解决公共物品供给不足和外部性的问题，具体机制包括多元主体参与机制、行政与非行政手段协同机制、基于数据链的价值核算评估机制以及财政资金分配机制和资源环境税费定价机制[43]。

综上所述，在生态产品价值实现机制主要有以下三种类型：一是以公共生态补偿、转移支付、政府购买、生态税费等为主的政府主导型机制；二是以生态产业化经营、生态载体溢价、绿色金融、权属交易等模式为代表的市场主导型机制；三是以生态权益交易、资源配额交易、生态产品PPP模式为主的混合参与型机制[44]。这些机制各有特点和适用条件，需要根据不同类型和层级的森林生态服务进行设计和实施，并注意效率、公平和可持续性等原则的实现。

2.2.4 森林生态产品价值实现模式与实践

在森林生态服务价值核算基础上，根据不同的森林生态产品价值实现机制，总结国内森林生态产品价值实现的模式及实践案例也是当前研究的重点领域，具体主要涉及森林生态效益补偿、绿色金融模式、森林生态产业开发、森林生态产品权属交易和森林生态载体溢价等森林生态产品价值实现模式与实践案例总结[45]。

（1）生态补偿模式 森林生态补偿是把生态服务的提供方和受益方，以生态服务或产品为标的，通过市场或准市场中契约的形式联系在一起，实现生态服务产品的价值[46]。按照生态补偿融资形式，可分为公共部门森林生态补偿和私人部门森林生态补偿，其核心都是外部性内部化的问题[46]。森林生态服务产品的生态补偿也可以分为庇古式的补偿和科斯式的补偿。庇古式的生态补偿是在政府干预下，采取征税或补贴的形式将外部成本或外部收益内部化。森林生态效益补偿就是我国普遍的森林生态补偿制度的具体实践。我国于1981年提出构建森林生态补偿制度，并进行了退耕还林还草、天然林保护、森林资源生态补偿试点工作[46]。2001年，中央财政设立"森林生态效益补助资金"，这标志着我国开始进入一个有偿使用森林资源生态价值的新阶段[47]。2004年，财政部建立中央森林生态效益补偿基金。为保护公益林资源，维护生态安全。2007年中共中央、国务院《关于加快林业发展的决定》明确，各级政府按照事权划分建立森林生态效益补偿基金。本质上，我国的退耕还林工程补助就是森林生态产品价值实现的一种公共政策选择，其目的是以生态补偿的形式弥补农户生态服务产品提供中的利益损失。国务院办公厅《关于健全生态保护补偿机制的意见》（2016）要求建立多元化生态保护补偿机制，提出"以生态产品产出能力为基础，加快建立生态保护补偿标准体系"，将生态补偿作为生态产品价值实现的重要方式，推动了生态补偿在理论及实践上的发展[13]。

科斯模式是基于产权被清晰界定、交易成本低这两个条件，通过利益相关团体自由谈判，由服务的收益方向服务的提供方进行支付，从而森林生态服务价值得以实现的方式。例如新安江跨省流域横向生态补偿的后期就属于这种类型。新安江跨省流域横向生态补偿从第三轮试点（2018-2020 年）开始，中央资金全部退出，通过两省的谈判确定生态服务付费的规则。按照协议的付费规则，2018-2020 年间安徽省从浙江省获得生态补偿资金共 $5×10^8$ 元[48]。这种生态补偿还具有非常重要的收入就业的正效应[49]。

好的森林生态补偿模式要求模式本身能有效解决向谁补偿、补偿什么、补偿多少、补偿标准及如何支付等问题。就目前中国森林生态补偿模式而言，还存在产权弱化、项目之间重叠和融资渠道单一（以政府融资为主导）的问题[50]。建立多元化的森林生态补偿模式是森林生态产品价值实现的重要内容。

（2）绿色金融模式 由于生态产品在提供和生产中面临资金投入不足、市场有效需求缺乏等问题，绿色金融能够起到杠杆作用，撬动更大规模的社会资源参与生态产品的供给[51]。绿色金融的生态产品价值实现模式以生态产品有用性、稀缺性、产权明晰和交易成本较低为基础条件，模式运行包括 4 个关键阶段：生态产品价值核算、形成明晰可供流转和交易的产权、生态产品商品化、生态产品市场金融化。同时，森林债券、碳排放权交易、森林生态银行也属于绿色金融支持生态产品价值实现的模式[51-52]。福建南平"森林生态银行"，通过构建银行式的运作平台，以收储的形式对碎片化与分散化的林业资源进行整合、优化，通过林权抵押担保、赎买收储、托管经营、租赁、合作经营等模式提升森林资源经营收益，打通资源变资产、资产变资本的通道[52-54]。还有学者探讨了生态银行在流域生态补偿机制中的应用问题[55]。

（3）生态产业开发模式　对于适宜经营的森林生态产品，如林产品、森林旅游、森林康养类产品，由于其消费中具有排他性，可采用政府+市场的模式实现其生态价值。产品的供需由市场决定，政府则主要进行宏观引导、规划和调控。在国际上，一些国家在扶持传统林业产业的同时，不断地鼓励森林资源多功能利用，例如俄罗斯依托森林景观发展特色生态旅游产业，有效实现了森林生态文化产品的价值[45]。近年来，我国政府加强了对森林相关生态产业发展的引导，木材可持续利用、加工、林下经济、森林旅游、森林康养等产业融合发展，在发挥森林资源经济效益的同时，也形成了明显的生态效益和社会效益，使生态产业开发成为森林生态产品价值实现的重要模式。在生态产业开发模式中，国家森林公园建设是森林文化类产品价值实现最典型的代表[10]。森林公园的价值实现模式通常是由政府和市场合力而行，政府负责改善森林公园的基础设施和周边环境，市场通过满足消费者对优质生态环境的需求，以旅游产品的形式获得消费者的支付对价，森林生态产品价值得以实现，同时促进了经济、生态和社会的协调发展。崇义县依托阳明山国家森林公园，积极发展生态旅游、森林康养等特色产业，带动全县森林康养直接从业人员 3000 多人，间接就业人数 $1×10^4$ 余人[10]，取得突出成效。

（4）生态产品权属交易模式　森林生态产品权属交易包括林业碳汇和林地使用权等交易，通常由政府或第三方机构制定交易规则并搭建平台，由市场确定供需要关系[45]。国际碳交易的兴起源于《京都议定书》设立的清洁发展机制（CDM），是以市场形式解决外部性问题的典范，也是森林生态产品价值实现的重要路径。我国林业碳汇市场就是首先明确各方减排的义务，然后制定森林碳汇交易规则，进而通过碳市场交易实现碳汇生态产品价值[20]。学界对基于碳票的森林碳汇生态产品价值实现机制的探索始于福建省三明市发行的第一张碳票实践[39]。在当前"双碳"背景下，国内碳市场发展如火如荼，也为我国森林碳汇产品的价值实现提供了很好的契机。

（5）生态载体溢价模式　针对森林生态系统提供的私人物品，由于其生产过程中存在着较强外部性，可通过第三方认证模式，将外部成本内部化，从而实现其生态产品的价值，促进森林生态系统持续、健康地为人类提供服务。生态载体溢价模式最早源于生态标签的应用，本质上是通过产品标签或认证标识传递产品环境的正外部性给消费者，引导其支付高于产品内部生产成本的价格，以生态溢价形式补偿给生产者为维持生态系统服务而付出的额外努力，从而鼓励生产者积极探索更加绿色可持续的生产方式。实践中，福建南平森生态银行模式下，经营主体通过森林认证的参与获得了额外的效益，从而实现了部分生态产品的价值[56]。当前，我国森林认证开展已经进入了快速发展的轨道，森林认证自 20 世纪 90 年代以来，发展迅速，在森林可持续经营中发挥了重要作用。PEFC（Programme for the Endorsement of Sorest Certification）和 FSC（Forest Stewardship Council）是全球公认的两大森林认证体系。中国森林认证管理委员会（CFCC）是我国自己的森林认证体系，也已成功地与 PEFC 和 FSC 体系实现了互认。截至 2023 年 10 月，中国森林认证体系共认证森林面积达 $599.74 \times 10^4 \mathrm{hm}^2$，产销监管链（COC）认证企业 359 家，认证机构数量 11 家。截至 2023 年 6 月，中国有 $333.47 \times 10^4 \mathrm{hm}^2$ 的森林经过了 PEFC 体系的认证，464 家企业获得其 COC 认证[57]。截至 2023 年 10 月，共有 106 个森林经营单位的 $165.65 \times 10^4 \mathrm{hm}^2$ 森林通过 FSC 认证，19893 个企业获得 COC 认证[58]。除了森林认证，绿色食品认证、有机产品认证都能为相关生态产品带来一定程度的溢价。

3　结论与展望

本文借助 Cite Space 软件对 2013-2023 年收录于 CNKI 数据库中关于森林生态产品价值实现相关文献的年度发文量、关键词及研究热点进行了统计分析，并对这些文献进行归纳和总结，可得出以下结论：

（1）森林生态产品价值实现的相关研究已经取得明显进展。森林生态产品价值实现相关研究已经引起了学界广泛关注，发文量呈上升趋势，

2019 年以来，年均发文量都在 20 篇以上。相关文献在内涵的确定、森林生态服务价值评估、价值实现机制及价值实现模式实践总结等方面均取得明显的进展。

（2）森林生态产品价值实现的相关研究重点逐步转向系统应用。通过关键词共现和聚类分析，近年来的生态产品价值实现研究可以追溯到森林生态补偿、森林碳汇、价值估算及生态资本相关领域。2014-2017 年间关键词主要集中在森林生态效益、功能价值、森林碳汇、生态补偿等，2018 年以后，关键词则主要集中在生态文明、价值评估、生态价值及实践探索等。这也意味着森林生态产品价值实现相关文献从基础研究向应用研究方向的转化。今后，沿着实践探索的路径向系统化应用转变，并整合成系统的机制与路径，仍然是极富潜力的研究领域。

（3）森林生态产品价值实现的理论基础和制度协调耦合有待深化。从当前的研究进展可以看出，学界对森林生态产品及价值实现的内涵还不统一，导致研究较为分散，研究的系统性还有待增加。未来，在明确森林生态产品概念的内涵和外延的基础上，依据森林生态产品的不同特征，整合不同的价值实现机制，厘清国家政策制度的协调性，也是未来研究亟待突破的方向。

（4）森林生态产品价值实现，亟待实现从价值共识到实践操作的跨越。森林生态产品价值实现的基础的价值评估工作取得了较大的进展，随着相关国家标准的发布，评估指标体系和评估方法的探讨明显减少，不同尺度上的应用研究相对增多，这一定程度上加强了不同尺度评价结果的可比性，为森林生态产品价值实现提供了技术条件。但是对于基础性工作，只有在国家的统一协调下才能消除分歧，服务于森林生态产品价值实现。目前森林生态服务价值评估与不同类别森林生态产品价值实现的对接方面的研究仍需进一步深化。

（5）森林生态产品价值实现过程中政府与市场的有效结合仍待探索。森林生态产品价值实现的机制认识较为统一，集中在政府主导型机制、市场主导型机制和混合型机制等 3 种形式。然而不同的机制其实都需要政府与市场的结合才能完成生态产品价值实现，往往政府与市场的界限不是很明确，因此，未来政府和市场在生态产品价值实现中作用机制仍然是值得深入研究的问题。

（6）森林生态产品价值实现模式仍是极具潜力的研究领域。本文梳理了5种生态产品价值实现模式及相关实践的研究文献，结果表明：不同的模式可以在不同的机制下运行，不同模式可以协同运用于某类产品的价值实现中。未来，进一步探索和总结实践模式，关注不同模式之间的协同应用，为不同地区、不同类型的生态产品价值实现提供参考，也是值得研究的重点领域。

参考文献

［1］ Wang J Li, W Liu Z. Ecosystem Services and Their Valuation of Forest Ecosystem ［J］. Scientia Silvae Sinicae, 2004, 40（01）: 1−7.

［2］ 吴胜男，王晓锋，刘婷婷，等. 基于CITESPACE的湿地恢复研究进展及热点演变分析 ［J］. 生态学报，2022，42（03）: 1224−1239.

［3］ 陈悦，陈超美，刘则渊，等. CiteSpace知识图谱的方法论功能 ［J］. 科学学研究，2015，33（02）: 242−253.

［4］ Chen C, Hu Z, Liu S, et al. Emerging Trends in Regenerative Medicine: A Scientometric Analysis in CiteSpace ［J］. Expert Opinion on Biological Therapy, 2012, 12（05）: 593−608.

［5］ 国家市场监督管理总局，国家标准化管理委员会. 森林生态系统服务功能评估规范：GB/T38582−2020 ［S］. 北京：中国标准出版社，2020.

［6］ 曾贤刚，虞慧怡，谢芳. 生态产品的概念、分类及其市场化供给机制 ［J］. 中国人口·资源与环境，2014，24（07）: 12−17.

［7］ 朱颖，张滨，倪红伟，等. 基于公共产品供给理论的森林生态产品产出效率比较分析 ［J］. 林业经济问题，2018，38（02）: 25−32+102.

［8］ 于丽瑶，石田，郭静静. 森林生态产品价值实现机制构建 ［J］.

林业资源管理，2019（06）：28-31+61.

［9］Millennium Ecosystem Assessment. Ecosystems and Human Well-being［M］Washington DC：Island Press，2005.

［10］窦亚权，杨琛，赵晓迪，等. 森林生态产品价值实现的理论与路径选择［J］. 林业科学，2022，58（07）：1-11.

［11］靳诚，陆玉麒. 我国生态产品价值实现研究的回顾与展望［J］. 经济地理，2021，41（10）：207-213.

［12］黄如良. 生态产品价值评估问题探讨［J］. 中国人口·资源与环境，2015，25（03）：26-33.

［13］张林波，虞慧怡，李岱青，等. 生态产品内涵与其价值实现途径［J］. 农业机械学报，2019，50（06）：173-183.

［14］黄登良，罗贤宇，陈杰. 基于"两山"转化逻辑的森林生态产品价值实现模式［J］. 林业经济问题，2022，42（05）：462-469.

［15］戴芳，冯晓明，宋雪霏. 森林生态产品供给的博弈分析［J］. 世界林业研究，2013，26（04）：93-96.

［16］孔凡斌，王宁，徐彩瑶，等. 浙江省山区26县森林生态产品价值实现对城乡收入差距的影响［J］. 林业科学，2023，59（01）：44-58.

［17］李凡，颜晗冰，吕果，等. 生态产品价值实现机制的前提研究——以南京市高淳区生态系统生产总值（GEP）核算为例［J］. 环境保护，2021，49（12）：51-58.

［18］Costanza R，d'Arge R，Groot R D，et al. The Value of the World's Ecosystem Services and Natural Capital［J］. Nature，1997，387（15）：253-260.

［19］中国森林资源核算研究项目组. 生态文明构建中的中国森林资源核算研究［M］. 北京：中国林业出版社，2015.

［20］王兵，牛香，宋庆丰. 中国森林生态系统服务评估及其价值化实现路径设计［J］. 环境保护，2020，48（14）：28-36.

［21］邬紫荆，曾辉. 基于Meta分析的中国森林生态系统服务价值评

估［J］. 生态学报，2021，41（14）：5533-5545.

［22］国家林业局中国森林生态系统服务功能评估项目组. 中国森林资源及其生态功能四十年监测与评估［M］. 北京：科学出版社，2018.

［23］夏尚光，牛香，苏守香，等. 安徽省森林生态连清及生态系统服务研究［M］. 北京：中国林业出版社，2016.

［24］潘金生，张红蕾，廉培勇，等. 内蒙古呼伦贝尔市森林生态系统服务功能及价值研究［M］. 北京：中国林业出版社，2019.

［25］徐云. 广东惠州森林生态系统服务功能与价值评估［J］. 林业资源管理，2023（03）：140-145.

［26］左松源，陈国富，左宗贵，等. 南京市森林生态系统服务功能与价值评估［J］. 林业资源管理，2021（06）：76-82.

［27］刘曦，刘经伟. 东北国有林区森林生态系统服务功能价值量的监测与评估［J］. 东北林业大学学报，2020，48（08）：66-71.

［28］刘兴诏，林丽丽，董建文，等. 国家森林公园生态系统服务评估——以福州国家森林公园为例［J］. 石河子大学学报（自然科学版），2019，37（05）：596-603.

［29］肖强，肖洋，欧阳志云，等. 重庆市森林生态系统服务功能价值评估［J］. 生态学报，2014，34（01）：216-223.

［30］张改英. 天保工程区生态服务功能价值评估研究——以山西省为例［J］. 会计之友，2021（11）：111-116.

［31］赵正，韩锋，侯一蕾. 基于 Meta 回归方法的中国城市森林生态系统服务功能价值再评估［J］. 长江流域资源与环境，2021，30（01）：64-75.

［32］李俊梅，龚相澔，张雅静，等. 滇池流域森林生态系统固碳释氧服务价值评估［J］. 云南大学学报（自然科学版），2019，41（03）：629-637.

［33］高艳，刘康，马桥，等. 基于 SolVES 模型与游客偏好的生态系统服务社会价值评估——以太白山国家森林公园为例［J］. 生态学杂

志，2017，36（12）：3564-3573.

[34] 冯海英，冯仲科. 基于 MODISLST 产品的山东省森林调节温度生态服务价值评估新方法 [J]. 林业科学，2018，54（02）：10-17.

[35] 国家林业局. 森林生态系统服务功能评估规范：LY/T1721-2008 [S]. 北京：中国标准出版社，2011.

[36] 王会，李强，温亚利. 生态产品价值实现机制的逻辑与模式：基于排他性的理论分析 [J]. 中国土地科学，2022，36（04）：79-85.

[37] 刘耕源，王硕，颜宁聿，等. 生态产品价值实现机制的理论基础：热力学，景感学，经济学与区块链 [J]. 中国环境管理，2020，12（05）：28-35.

[38] 丘水林，庞洁，靳乐山. 自然资源生态产品价值实现机制：一个机制复合体的分析框架 [J]. 中国土地科学，2021，35（01）：10-17+25.

[39] 黄婷，杨建州."双碳"目标下森林生态产品价值实现机制研究——以碳票交易为例 [J]. 福建论坛（人文社会科学版），2023（05）：92-100.

[40] 周佳，董战峰. 碳汇产品价值实现机制与路径 [J]. 科技导报，2022，40（11）：98-104.

[41] 马国勇，刘欣. 基于利益相关者理论的生态产品价值实现机制探析——以武夷山国家公园为例 [J]. 世界林业研究，2023，36（04）：87-93.

[42] 刘江宜，牟德刚. 生态产品价值及实现机制研究进展 [J]. 生态经济，2020，36（10）：207-212.

[43] 赵斌，郑国楠，王丽，等. 公共产品类生态产品价值实现机制与路径 [J]. 地方财政研究，2022（04）：35-46.

[44] 张林波，虞慧怡，郝超志，等. 国内外生态产品价值实现的实践模式与路径 [J]. 环境科学研究，2021，34（06）：1407-1416.

[45] 刘浩，余琦殷. 我国森林生态产品价值实现：路径思考 [J].

世界林业研究，2022，35（03）：130-135.

[46] 刘璨，张敏新. 森林生态补偿问题研究进展 [J]. 南京林业大学学报（自然科学版），2019，43（05）：149-155.

[47] 王前进，王希群，陆诗雷，等. 生态补偿的经济学理论基础及中国的实践 [J]. 林业经济，2019，41（01）：3-23.

[48] 刘青松，胡勘平，聂春雷，等. 跨省流域生态补偿的新安江模式——基于生态补偿机制的新安江流域美丽河湖保护与建设调研报告 [J]. 中国生态文明，2023（增刊）：63-67.

[49] 李坦，徐帆，祁云云. 从"共饮一江水"到"共护一江水"——新安江生态补偿下农户就业与收入的变化 [J]. 管理世界，2022，38（11）：102-124.

[50] Pan X，Xu L，Yang Z，et al. Payments for Ecosystem Services in China：Policy，Practice，and Progress [J]. Ecosystem Services，2017（21）：109-119.

[51] 许寅硕，薛涛. 基于绿色金融的生态产品价值实现机制 [J]. 济南大学学报（社会科学版），2023，33（01）：101-112.

[52] 黄颖，温铁军，范水生，等. 规模经济、多重激励与生态产品价值实现——福建省南平市"森林生态银行"经验总结 [J]. 林业经济问题，2020，40（05）：499-509.

[53] 崔莉，厉新建，程哲. 自然资源资本化实现机制研究——以南平市"生态银行"为例 [J]. 管理世界，2019，35（09）：95-100.

[54] 张文明. 完善生态产品价值实现机制——基于福建森林生态银行的调研 [J]. 宏观经济管理，2020（03）：73-79.

[55] 张筱雨. 生态银行在流域生态补偿机制中的应用——以黄河流域为例 [J]. 财会通讯，2022（12）：155-160.

[56] 林宗禾. 福建省南平市建立竹林生态产品价值实现机制 [J]. 中国林业产业，2022（08）：14-15.

[57] PEFC. PEFC Global Statistics [DB/OL]. [2023-10-15]. ht-

tps：//cdn. pefc. org/pefc. org/media/2023-08/99c11a41-cab5-43f8-951c-d15780ca9eeb/be5ad9f9-ef0c-5b61-ab15-5d0ab7794c68. pdf.

［58］FSC. Facts-figures ［DB/OL］. ［2023-10-15］. https：//connect. fsc. org/impact/facts-figures.